主办
中国人民大学中国合作社研究院
中国合作经济学会

中国合作经济评论

THE CHINESE COOPERATIVE ECONOMIC REVIEW

2017年第2期（总第2期）

主　编：**孔祥智**
副主编：**陈卫平　钟真　谭智心　毛飞**
本期执行主编：**钟真**

社会科学文献出版社
SOCIAL SCIENCES ACADEMIC PRESS (CHINA)

《中国合作经济评论》编辑委员会

主　任　张晓山　温铁军　孙中华
委　员　（按姓氏拼音排序）
　　　　陈东平　陈建华　陈良彪　陈卫平　郭翔宇
　　　　何广文　黄胜忠　柯水发　孔祥智　刘进喜
　　　　马九杰　庞晓鹏　仇焕广　任大鹏　孙中华
　　　　唐　忠　仝志辉　王明利　温铁军　夏　英
　　　　徐　晖　徐旭初　应瑞瑶　苑　鹏　查迎新
　　　　张利庠　张晓山　张云华　张照新　赵　鲲
　　　　郑风田　郑有贵　周　立

主　　　编　孔祥智
副　主　编　陈卫平　钟　真　谭智心　毛　飞
本期执行主编　钟　真

目 录

合作经济热点

国家视角下的供销合作社改革 …………………………………… 汤益诚 / 3
合作社成员准入门槛设置与目标指向
　　——作为平衡机制的合作社扶持政策 ………… 曲承乐　任大鹏 / 18

合作社治理

内部治理机制对农民合作社盘活资源绩效的影响
　　——来自山西省左权县易地扶贫搬迁地区的证据 … 郭　铖　何安华 / 39
统分结合新形式与农业规模化经营的实现
　　——基于河南省荥阳市新田地种植专业合作社的
　　　案例分析 ……………… 周　振　张　琛　安　旭　孔祥智 / 56
公司领办型合作社中社员间社会交换与
　　信任博弈分析 …………………………………… 黄胜忠　伏红勇 / 79

合作社调查

供销合作社改革、土地托管与服务规模化
　　——山东省供销合作社综合改革调查与思考 ……… 孔祥智　钟　真 / 97

以产权与业务对接促进供销合作社上下贯通
　　——对广东省供销合作社综合改革试点的调查 ………… 魏后凯　王　军 /112
莒南县供销合作社综合改革与农民合作社联合社运行
　　机制调研报告 ……………………………………………… 钟　真　穆娜娜 /127
东阿县供销合作社综合改革与农民合作社联合社运行
　　机制调研报告 …………………………………… 赵　昶　钟　真　孔祥智 /151

合作与发展

不同模式粮食规模经营的增收效果比较分析
　　——基于3家新型农业经营主体的调查 ………………………… 穆娜娜 /185
农户加入农民合作社对粮食生产率的影响：一个农户模型
　　及实证分析 …………………………… 张　琛　彭　超　钟　真　孔祥智 /203
水产品价值链视角下的新型渔业经营主体
　　发展研究 ………………………………………………… 赵　蕾　孙慧武 /225

海外撷英

农户加入合作社能提升农户家庭福利吗？
　　来自中国苹果种植户的证据 ………… Wanglin Ma　Awudu Abdulai /243
农村地区的嵌入性、社会资本与学习过程
　　——以苏格兰生产合作社为例 ……… Angela Tregear　Sarah Cooper /265

投稿者须知 ……………………………………………………………………… /288

CONTENTS

Cooperative Economic Hot Issue

Reform of Supply and Marketing Cooperatives from the
    Perspective of the State   *Tang Yicheng* / 3
The Entry Threshold of the Cooperative and Its Goal Orientation
    —As a Balance Mechanism for the Cooperative
    Support Policy   *Qu Chengle Ren Dapeng* / 18

Cooperative Governance

The Effect of Internal Governance Mechanism of Cooperatives of Peasants on
    Their Performance in Revitalization of Resources
    —Evidence from Relocation Areas of Zuoquan County,
    Shanxi Province   *Guo Cheng He Anhua* / 39
The New Form of Integration of Unification and Separation and the
    Realization of Large Scale Agricultural Management
    —Case Study of Xintiandi Planting Cooperatives of Xingyang City in
    Henan Province *Zhou Zhen Zhang Chen An Xu Kong Xiangzhi* / 56
An Analysis on Social Exchange and Trust Game between Members in Enterprise-
    leading Farmers' Cooperatives   *Huang Shengzhong Fu Hongyong* / 79

Cooperative Investigation

Reform of Supply and Marketing Cooperatives, Land Trusteeship and
Scale of Services
—Investigation and Reflection on Comprehensive Reform of Shandong
Supply and Marketing Cooperatives　　*Kong Xiangzhi　Zhong Zhen* / 97

Promote the Supply and Marketing Cooperatives Closely Linked in Diffident
Level by Linking Property Rights and Business
—The Survey of the Comprehensive Reform Pilot of Guangdong
Supply and Marketing Cooperatives
　　　　　　　　　　　　　　　　　　　Wei Houkai　Wang Jun / 112

Report about the Comprehensive Reform of Supply and Marketing Cooperatives and the Operating Machanism of Farmers' Cooperatives
Association in Junan County　　　　　*Zhong Zhen　Mu Nana* / 127

Report about the Comprehensive Reform of Supply and Marketing Cooperatives and the Operating Machanism of Farmers' Cooperatives
Association in Dong'e County
　　　　　　　　Zhao Chang　Zhong Zhen　Kong Xiangzhi / 151

Cooperation and Development

Comparative Analysis about the Income-growth Effect of Different
Grain Scale-management Patterns
—Based on the Survey of Three New Agricultural
Business Entities　　　　　　　　　　　　　　　　*Mu Nana* / 185

The Effect of Farmers' Participation in Farmer Cooperatives on Grain Productivity:
A Household Model and Empirical Analysis
　　　　　　Zhang Chen　Peng Chao　Zhong Zhen　Kong Xiangzhi / 203

Research on the Development of New Fishery Management Subject from the
Perspective of Aquatic Product Value Chain
　　　　　　　　　　　　　　　　　　　Zhao Lei　Sun Huiwu / 225

Oversea Essence

Does Cooperative Membership Improve Household Welfare? Evidence
　　from Apple Farmers in China　　　　　　*Wanglin Ma　Awudu Abdulai* / 243
Embeddedness, Social Capital and Learning in Rural Areas: The Case of
　　Scotland Producer Cooperatives　　　　　*Angela Tregear　Sarah Cooper* / 265

Instructions for Authors　　　　　　　　　　　　　　　　　　　／288

合作经济热点

国家视角下的供销合作社改革

汤益诚[*]

摘　要　我国在不同历史时期都选择供销合作社这种合作经济组织形式和制度安排，对解决"三农"问题发挥了不可替代的独特作用。当前中央又把供销合作社综合改革纳入全面深化改革总体部署中，并做出新的顶层设计。本文对新的顶层设计的主要内容、显著特点以及重点问题进行了阐述。

关键词　合作经济　供销社改革　国家设计

解决好"三农"问题始终是执政的中国共产党治国理政的重中之重。早在新中国成立之初，我国就选择了供销合作社这种合作经济组织形式和制度安排，对解决"三农"问题发挥了不可替代的独特作用。无论在计划经济、体制转轨还是在社会主义市场经济时期，每当历史关头，党和政府都审时度势地把供销合作社作为解决"三农"问题的战略性选择，这本身就是一个值得研究和思考的重大问题。特别是在当前全面深化改革的新时期，供销合作社的改革再次被纳入了深化农村改革的总体布局中，并在国家层面党和政府有了新的设计和安排。那么，党和政府到底对供销合作社赋予了哪些重要使命？新时期中央对供销合作社改革寄予了什么希望？供销合作社如何沿着正确的方向不断改革发展？本文试图就这些重要问题做一深入的探讨。

---

[*]　汤益诚，中华全国供销合作总社监事会副主任，主要研究方向为供销合作经济研究。

一 为农服务自始至终都是国家和时代赋予供销合作社不变的历史使命

新中国成立之初,国家面临由农业国转变为工业国、由新民主主义社会转变为社会主义社会,在一个小农占绝大多数人口的落后农业大国进行社会主义建设的新任务。如何快速实现工业化,并引导小生产者走社会主义道路是一个重大的政治经济问题。党中央经过认真研究和实践总结,决定优先发展供销合作社。一方面它是相对薄弱的国有经济中最可靠有力、最具有决定意义的助手,是国家五种经济形态之一,是国有经济的同盟军;另一方面,它是小生产者与国家结合起来的一根经济纽带,符合国情又符合长远目标,最受农民欢迎。因此,优先发展供销合作社要作为各级党委和政府的主要工作之一。各级党委和政府自上而下普遍组织,派得力干部去办,并给予扶助和优待;同时明确供销合作社要为社员服务,为下级社服务,为农业生产、城乡流通服务,为农民生活服务,为工业生产服务,为出口贸易服务。供销合作社是劳动群众自己的经济组织,实行民主管理,是一个独立的群众团体,只要按法律办事,政府就不予干预。被派去的干部必须掌握社会经济发展规律,精通合作社业务。在各级党委和政府强有力的组织推动下,供销合作社从组织体系到建章立制,迅速发展成为一个网点遍布全国、自成体系的合作经济组织,成为满足农民生产生活需要、组织农村商品流通的主要渠道,成为连接城乡、联系工农、沟通政府与农民的桥梁和纽带,在为工业化提供物资积累和引导农民走社会主义道路等方面发挥了重要的作用。虽然此期间,中华全国供销合作总社与原商业部三次合并后又三次分开,但供销合作社体系一直相对独立运行。

1992年10月,党的十四大明确指出我国经济体制改革的目标是建立社会主义市场经济体制。经历了10多年的改革开放,农村的商品经济市场已经有了很大发展,广大农民迫切要求国家能够提供各种经济、技术、信息等服务,农民能够联合起来进入市场,国家也要对农村经济加以指导和调控。哪个组织能够担当起这个重任呢?党中央、国务院经过深入调查,认为虽然作为计划经济体制下发展起来的供销合作社受到了市场经济的严重冲击,但在市场经济条件下做好农业农村工作,必须发挥供销合作社的重要作用并加快对其进行改革。1995年,党中央、国务院决定恢复成立中华全国供销合作总社,深化供销合作社改革,强调供销合作社的问题就是农业、农村、农民的问题,供销合作社改革是整个经济体制特别是农村经济体制改革的重要组成部分。并进一步明确了新形势下供销合作社的性质、宗旨和重点任务,要求各级供销合作社都要把为农服务放在首位,要从单纯的购销组织向农村经济的综合服务组织转变。指出一切活动要围绕建立和完善农业社会化服务体系,做好为农业、农村、农民服务的工作。在此后的近20年里,供销合作社秉承为农服务宗旨,加快理顺体制机制,积极拓宽服务领域,不断加强基层基础建设,着力构建农村现代流通网络。发展活力开始增强,服务水平得到提高,综合实力明显壮大,逐渐成为引领农业社会化服务、发展农村现代流通、带动农民专业合作不可或缺的重要力量。

党的十八大以来,我国农业生产经营方式发生深刻变化,农村经济社会发展进入了新阶段。这迫切需要加强农业发展、服务农民,打造中国特色为农服务的综合性组织。供销合作社能否再次担当重任又是党中央需要做出的一次重大抉择。以习近平同志为核心的党中央高瞻远瞩,2014年7月24日,在纪念中华全国供销合作总社成立60周年电视电话会议中明确指出:"在新的历史条件下,要继续办好供销合作社,发挥其独特优势和重要作用。"(张洪胜,2014)供销合作社综合改革由此被纳入全面深化改革总体部署之中,并作为进一步深化农村改革的6项重点任务之一。持续推进的改革和发展已经为进一步深化供销合作社改革打下了良好基础。2015年3月,党中央、国务院正式做出深化供销合作社综合改革的决定,明确指出,供销合作社"完全有条件成为党和政府抓得住、用得上的为农服务骨干力量""在发展现代农业、促进农民致富、繁荣城乡经济中更好地发挥独特优势,担当起更大责任"(中发〔2015〕11号文件)。供销合作社改革发展进入新的历史阶段,供销合作事业掀开了新的历史篇章。

回顾上述历史不难看出,第一次选择,国家是在严格的计划经济下,通过供销合作社为农服务,在农村实行统购统销,重点解决城乡物资交流、保障市场供给和工业化原始积累问题;第二次选择,在农村改革实行统分结合的双层经营体制之后,"分"的问题解决了,"统"的问题越来越突出,要求供销合作社尽快承担起"把一家一户办不了或办不好的事情办起来,把千家万户的分散经营与大市场连接在一起"(中发〔1995〕5号文件)的重任;第三次选择,在推进农村土地"三权分置"改革背景下,农业现代化持续加快,不断涌现的新型经营主体需要新型服务主体配套,多种形式的适度规模经营需要避免"非农化""非粮化"的解决方案,长期存在的小农生产需要更高水平的社会化服务配套。以农户家庭经营为基础、合作与联合为纽带、社会化服务为支撑的立体式复合型现代农业经营体系的构建更加迫切,要求供销合作社通过综合改革,发挥出不可替代的"国家队"作用。三次选择,既是"三农"工作的客观需要,也是国家战略的大局需要,是国家主动顺应时代的历史性选择,体现了执政为民的价值理念和高瞻远瞩的战略远见。尽管不同时期要解决的重点问题有所不同,但为农服务始终是国家和时代赋予供销合作社不变的历史使命。

二 新的历史条件下国家对供销合作社改革的顶层设计

党中央关于深化供销合作社综合改革的决定,实际上就是新时期国家对供销合作社改革的顶层设计。这个设计,旨在解决供销合作社与农民合作关系不够紧密、综合服务实力不强、层级联系松散、体制不够顺畅等突出问题。"按照为农服务宗旨和政事分开、社企分开方向,把供销合作社打造成为同农民利益联结更紧密、为农服务功能更完备、市场运行更有效的合作经营组织体系。"(2016年5月25日习近平总书记在农村改革座谈会上的讲话)为便于理解,本文把这个设计概括为由互为联系、有机统一的"四个体系"组成。

(一) 以服务为导向的目标体系

第一,把更广泛、更深入地为"三农"提供综合服务作为首要任务,一切改革都要奔着为农服务去。强调始终把服务"三农"作为供销合作社的立身之本、生存之基,把为农服务的成效作为衡量工作的首要标准。重点是不断强化基层社与农民在组织上和经济上的联结;拓展整个供销合作社系统经营服务领域,推动由流通服务向全程农业社会化服务延伸、向全方位城乡社区服务拓展，加快形成综合性、规模化、可持续的为农服务体系。在农业生产服务上，创新生产方式和服务手段，提供系列化服务，与技术服务有机结合；在流通服务上，着重加强农产品流通网络建设，创新流通方式，提升服务水平，推动现代流通服务网络工程建设，加快发展电子商务，实现线上线下融合发展；在生活服务上，着力打造城乡社区综合平台，加快建设农村综合服务社和城乡社区服务中心，大力发展农村新兴服务业，积极参与美丽乡村建设；在金融服务上，明确在有条件的地方稳步开展农村合作金融服务。

第二，着重在基层社、县级社和城市供销合作社打造综合服务平台。基层社要引导农民专业合作社联合社发展，充分发挥供销合作社综合服务平台作用；县级社要统筹运营县域内供销合作社资源，打造县域范围内服务农民生产生活的综合服务平台，着力培育规模化服务优势；城市供销合作社要发展城市商贸中心和经营服务综合体。对打造综合服务平台的要求，显然比办成综合服务组织又上了一个新台阶。要求城市供销合作社更多发挥整合和共享资源作用，兼具生产性和生活性功能，为农民创业增收提供综合服务，为各类专业合作社和新型经营主体提供专门服务，为第一、二、三产业提供融合服务，为国家支农政策下乡提供载体服务，为农村居民提供经营性和公益性服务，为社会治理创新提供公共服务。

这种设计足以说明供销合作社不是一般的经济组织，既要完成经济任务，又要履行政治使命。目标是服务，核心是密切与农民利益联结，根本在于打造更加完备的服务功能和中国特色的为农服务综合性组织。

（二）以市场为导向的发展体系

第一，突出经济组织与经营服务功能。供销合作社首先是经济组织，必须尊重经济规律，政府要"兼顾它的经济利益"（中发〔1995〕5号文件）。经营服务是它实现目标的主要方式。要深化体制改革，创新运行机制，加快形成连锁化、规模化、品牌化经营服务新格局，实现线上线下融合发展；更要强调企业的支撑与龙头带动作用，加快完善现代企业制度，跨区域横向联合、跨层级纵向整合，在农资、棉花、粮油、鲜活农产品等重要涉农领域和再生资源行业培育一批大型企业集团。

第二，发挥行业指导与组织功能。在经营服务的同时，强调供销合作社发挥组织功能，实现"双轮驱动"，既要有存量的增长，又要通过扩大组织规模实现增长，这是供销合作社优于一般企业的优势。发挥组织功能主要包括：基层社改造和恢复重建，领办专业社组建联合社，推进生产、供销、消费、信用等合作，大力发展行业协会，通过开放办社更加广泛地吸纳农民和各类新型农业经营主体加入等。从而真正体现出供销合作社广泛的群众基础和平台作用。同时，采用多种方式加强联合社层级间的联合合作，贯通上下，打造出深耕农村、联结农民、遍布城乡的庞大网络，形成系统优势和规模优势。

这种设计说明，供销合作社既有经济功能，又有组织功能，两种功能兼具、两股力量聚合，只有充分发挥两种功能和力量，才能打造出供销合作社独特优势和整体优势，实现更快发展，更好提升服务能力。

（三）以创新为导向的治理体系

第一，健全"三会"制度。在创建之初，供销合作社要加强与群众的联系，建立社员代表大会为最高权力机构、理事会为执行机构、监事会为监察机构的民主管理制度。1995年供销合作社的恢复成立和这次综合改革都要求理顺内部管理体制。供销合作社实行代表大会制，设立理事会和监事会，强化民主管理、民主监督，并以强化基层社和创新联合社治理机制为重点。

第二，分层级构建不同特点的治理结构。专业合作社按照《中华人民共和国农民专业合作社法》重点实行规范的"三会"制度；基层社进行改造并采取多种形式广泛吸收农民和各类新型农业经营主体入社，按照合作原则加快完善治理结构，落实基层社社员代表大会、理事会、监事会制度，强化民主管理、民主监督；县级社着力推进民主办社、开放办社，逐步办成基层社共同出资、各类合作经济组织广泛参与、实行民主管理的经济联合组织；各级联合社创新治理结构，县及以上联合社机关参照《公务员法》管理的前提下，按照建设合作经济联合组织的要求优化各级联合社机关机构设置、职能配置。

第三，建立双线运行机制并加以规范。在构建联合社机关主导的行业指导体系上，总社要充分发挥领导全国供销合作事业发展的作用，落实县级以上联合社对成员社的资产监管职责，建立成员社对联合社的工作评价机制，完善联合社对成员社的工作考核机制。在构建社有企业支撑的经营服务体系上，加快社有企业改革，推进兼并重组，建立发展基金和投资平台，健全自我发展能力，按照社企分开方向构建规范的联合社与社有企业关系，加强资产监管，优化社有资本布局。

第四，因地制宜，给予探索创新空间，设置必要的过渡期。允许差异性、过渡性的制度和政策安排，包括允许不同发展水平的联合社机关选择参公管理模式或企业化管理模式，参公管理的联合社机关相关人员可探索实行聘任制，联合社机关参公人员经批准可到本级企业兼职但不兼薪，选择有条件的县级联合社进行实体性合作经济组织改革试点等，不搞"一刀切"，给基层更多选择权。

这种设计说明，供销合作社既不是行政组织，也不是一般的工商企业，具有自身独特的内部治理特点。只有创新符合国情社情的内部治理结构，完善服务机制，才能实现科学管理和高效的市场化运行，不断提升服务水平。

（四）以支持为导向的保障体系

党中央在新的顶层设计中强调重视和加强供销合作事业是党和政府做好"三农"工作的传统和优势。在指导思想上，要站在加快推进中国特色农业现代化、巩固党在农村执政基础的战略高度，树立重视供销合作社就是重视农业、扶持供销合作社就是扶持农民的理念，加快推进供销合作社综合改革，继续办好供销合作社；在加强领导上，强调各级党委和政府要落实领导责任；在措施部署上，要求各部门形成支持合力，财政要给予必要支持，抓紧处理历史遗留问题；在立法保障上，明确抓紧制定供销合作社条例，以确立特定的法律地位。

这种设计说明，供销合作社不但是合作经济组织，而且是为农服务的合作经济组织，需要各方面给予更多的支持和保障。供销合作社不仅是为了自身发展，更重要的它还是为农服务的阵地，是党和政府做好"三农"工作的重要载体。

三 新的改革设计与以往相比的几个显著特点

（一）改革目标方面

在改革目标上，新的改革着眼于创新组织体系和服务机制，以"打造成为与农民联结更紧密、为农服务功能更完备、市场化运行更高效的合作经济组织体系，成为服务农民生产生活的生力军和综合平台，成为党和政府密切联系农民群众的桥梁纽带，切实在农业现代化建设中更好地发挥作用"（中发〔2015〕11号文件）为目标任务。毫不动摇地坚持合作方向和合作经济基本属性，采取更加务实和多方位探索推进的安排，明确供销合作社是为农服务的合作经济组织；强调要按照合作要求，充分尊重农民意愿，推动多种形式的联合，实行民主管理、互助互利；要求按照合作原则完善基层社治理结构，把基层社逐步办成规范的、以农民社员为主体的合作社；按照建设合作经济联合组织要求，优化联合社机关机构设置、职能配置，有条件的县级社可以设立实体性合作经济组织改革试点。这样的制度设计和安排既尊重了国情社情现实，又坚定不移地朝着既定方向扎实推进，同时也厘清了与同期农垦公司化、集团化改革的区别，强调供销合作社的改革是为了强化合作经济属性，强化独具特色的系统优势和规模优势，发挥全系统为农服务的整体合力，而不是简单的企业化、公司化。新的设计中也更加注重有质量的发展，追求影响力、辐射力、控制力；更加注重自我发展能力的培育，追求可持续性，实现良性循环的长远发展；更加注重协同发展，以形成为农服务合力。

（二）定性定位方面

在定性定位上，新的改革第一次明确了供销合作社具有特定法律地位，其组织和服务体系独具中国特色，地位性质特殊，"既体现党和政府政策导向，又承担政府委托的公益性服务，既有事业单位和社团组织的特点，又履行管理社有企业的职责，既要办成以农民为基础的合作经济组织，又要开展市场化经营和农业社会化服务"（中发〔2015〕11号文件）。要抓紧起草制定《供销合作社条例》，把供销合作社正式纳入法制化轨道。作为党和政府以合作经济组织形式推动"三农"工作的重要载体,供销合作社的定性定位更加清晰,它不是一般的市场主体,既要充分发挥市场在资源配置中的决定性作用,增强发展活力,又要更好地发挥政府作用,弥补市场失灵,不仅要有一般企业没有的行政资源和动员能力,还要有一般行政单位没有的市场资源和经营主体。明确提出"国家队"这种内涵深刻的定位寓意,意义重大。从经济上看,它是政府拥有农村市场调控能力的主要载体,是党和政府抓得住、关键时候用得上的一支为农服务骨干力量,是专门服务农民生产生活的生力军和综合平台;从政治上看,它是中国特色农村经济制度一个不可或缺的组成部分,是党和政府保持与农民群众密切联系的桥梁和纽带,关系到党在农村的执政基础,也是党的农村工作体系的组成部分。在到底是"官办"还是"民办"这个存有争议的问题上,不再简单地下结论,而是实事求是地根据国情社情,稳定基本的,保留必要的,允许过渡的,指出大方向,"开出口子"鼓励或允许按照中国特色、合作经济组织方向进行探索创新。在处理社企关系上,按照现代企业制度的要求进行理顺、规范和创新。

(三)改革路径方面

在改革路径上,新的改革更加强调"改造自我",通过深化综合改革,"进一步激发内在动力和发展活力"(中发〔2015〕11号文件)。改革与创新并举,既推进体制改革,又推进一系列创新,包括联合社治理机制、运行机制、治理结构创新,服务方式、流通方式、商业模式创新,管理方式、投资方式创新等,把创新摆到了十分重要的位置。同时也不再拘泥于过去"就汤下面"还是"另起炉灶"的思维,一方面鼓励大力发展农民专业合作社,另一方面继续办好供销合作社,体现了"多条腿走路"、多种形式发展的新思路。要求供销合作社在领办创办专业合作社的同时,对其他合作社的发展重在服务引导、联合合作、搭建融合发展平台。在解决上下贯通问题上,不是简单采取虽有效率但问题复杂的行政式整合,而是要求做实合作发展基金,允许上级社争取的同级财政扶持资金依法以股权形式投入下级社,推进社有企业相互参股和跨层级整合,加强各层级社有企业间的产权、资本和业务联结等,鼓励以产权连接、组织联合等多种方式,按照市场的手段和合作经济的原则予以逐步推进。

（四）改革方法方面

在改革方法上，新的改革强调要用改革的思路和市场的办法不断破解体制机制难题，着力在关键环节和重点领域取得突破。既明确了改革必须遵循的基本原则和统一要求，又注重分类指导、因地制宜，允许差异性和过渡性安排，鼓励创新性探索，不追求同步到位，有刚性要求，又有弹性选择；既做好顶层设计，又鼓励基层大胆实践，先试点探路，再总结推广；既强调地方党委、政府的领导责任和改革的主动性，又强调上级督导考核，要求各省拿出实施方案，明确时间表、路线图和责任分工，由党中央统一审核把关，一级抓一级，层层落实；既要求大力推进改革、积极探索创新，又强调稳妥有序、守住"五个不能"的底线；既强调各级供销合作社要切实增强深化综合改革的自觉性主动性，发挥主观能动性，又强调加大对供销合作社综合改革的支持力度。与以往的设计相比，这次的总体设计是立足供销合作社这个老系统、大系统实际和现有体制提出的改革方案，更多地考虑了复杂的国情、农情和社情，更好地体现了问题导向，更具有操作性和配套性，较好地体现了科学的改革方法论。

四 在全面深化综合改革中必须解决好的几个重点问题

2014年4月，供销合作社综合改革先从河北、浙江、山东、广东四省试点开启，2015年3月，全面展开。三年多的实践已取得阶段性成果，目前进入到由点到面、全面深化的新阶段。随着改革的深入，一些长期积累的老大难问题开始破题，各种创新模式逐渐形成。河北省着力构建新型供销合作社组织架构，提高了农民生产经营组织化程度；浙江省集中打造生产、供销、信用"三位一体"的为农服务大平台，把供销合作社的流通优势、农民合作社的生产优势、信用合作社的资金优势以及农业科技推广机构的技术优势整合到"农合联"组织，实现了大平台与小农户的对接；山东省大力探索和推进土地托管服务，促进了农业增效和农民增收，避免了"非农化""非粮化"问题，探索出一条适应中国国情农情的农业现代化路径；广东省推动跨层级、跨区域联合合作，促进了供销合作社上下贯通。其他省（市、区）都在积极探索，已经形成了不少各具特色的经验和做法，涉及重点领域和关键环节的改革专项试点已经在全国铺开。供销合作社综合改革正按照中央的统一要求自上而下、由点到面全面有序地向前推进。新一轮供销合作社的改革仍面临不少艰巨任务，需要我们认真总结改革发展的历史经验和教训，始终保持清醒的头脑和战略定力；需要各级党委、政府和相关部门强有力的领导，给予必要的扶持和提供良好的改革发展环境；尤其需要在全面深化综合改革的进程中，始终坚持不懈地解决好以下三个事关全局的重点问题。

（一）能否始终如一地履行好服务"三农"的使命和责任

供销合作社作为中国特色农业经济体系的重要组成部分和国家以合作经济组织形式推动"三农"工作的重要载体，为农服务的方向不能动摇，为农服务的宗旨要始终如一地履行，这是贯穿供销合作社综合改革的主线，也是供销合作社生命力和价值之所在。具体讲，包括不可分割的两个方面：第一是紧盯而不偏离为农服务方向；第二是紧跟而不滞后于"三农"不断提升的新需求。放眼世界，合作社一直是解决农民组织化的有效形式，加快推进我国农业现代化离不开合作经济的普遍发展。因此，在县级以下特别是基层社，加快与农民的经济联结和组织联合，将其改造成规范的以农民为主体的合作经济组织，这是必然的要求，其成效如何也是检验供销合作社综合改革的一块"试金石"，无疑需要做长期艰苦的努力；在各级联合社的资本布局中处理好重点投向并保持盈利，在市场激烈竞争中的企业不偏离为农服务方向，在市场运行与服务履责之间实现总体动态平衡，这在实践中经常是不易实现的，需要坚定不移的信念和高超的智慧；"三农"的需求一直处在变化中，顺应需求积极应变，既服务好"三农"、服务好农业现代化，又服务好新兴产业发展，需要供销合作社具备较强的拓展和变革创新能力；处于流动中的各级供销合作社主要领导人，牢固树立起为农服务的政绩观，更好地做到将对上负责与对下负责有机结合，党政机关的领导干部摆脱行政化思维和工作方式，使市场化运行更高效，这涉及关键少数人的素质、能力的提升；各级党委和政府能否长期自觉地担负起领导责任，在对供销合作社领导的考核与使用上能否与为农服务真实绩效紧密挂起钩来，并探索建立一套不会因人而异、变形走样的规范程序和基本规则，使其可复制、可推广，从体制上制度上确保合作经济不变，为农、务农、姓农不变，从制度层面建立长效机制等，这些都是供销合作社综合改革最终成功的重要考验。供销合作社在60多年间出现的波折，往往与供销合作社姓不姓"农"密切相关，多是因姓"商"而并、因姓"农"而分，因归"公"（公有制）而并，因归"合"（合作制）而生。服务好"三农"始终是供销合作社改革的逻辑起点和核心指向。所以一定要真正领悟习近平总书记提出的"不但要为农而且要务农、姓农"的深刻内涵，矢志不渝地坚守立身之本，无论是体制改革、机制创新还是经营服务各项工作，都要一心一意地奔着为农服务去。

（二）如何准确把握社会主义市场经济改革方向

党中央要求供销合作社改革要发挥市场在资源配置中的决定性作用，更多地运用经济手段开展经营服务，增强经济实力和市场竞争能力，不走行政化的道路，也不能走计划经济的老路。一般意义上，供销合作社要将履行为农服务宗旨与市场机制有机结合，这对其在客观上要求更高、难度更大，从产业选择看，供销合作社要更多投向微利的涉农产业；从地域选择讲，要重点在农村发展；企业要担负龙头带动责任，与农民合作要实现共享双赢。这些要求，从企业追求利润最大化的目标来看，从供销合作社走向市场的方向来看，似乎束缚较多，但从供销合作社发展的整体来权衡，其优势和潜力恰恰都在农村，离开了"三农"，供销合作社将会一事无成，广大的农村足以支撑供销合作社的生存和繁荣发展。脱离了"三农"，即便一些企业做成功了，供销合作事业也必将衰败。只有把坚持为农服务宗旨与坚定社会主义市场经济方向有机统一起来，供销合作社才能开创出一片崭新的天地，这种大局观和自信心必须牢固地树立起来。在为农服务实践中，关键要善于从延长服务产业链中获得延伸收益，从综合服务中获取综合收益，从创新服务模式中获取创新收益，从拓展服务领域中获取拓展收益，不断开辟新的服务和盈利空间；要善于把经济效益与社会效益有机地统一起来，把企业追求利润最大化与供销合作社服务宗旨协调好，不断增强大局意识和提升市场化运作水平；要着力把龙头企业与遍布基层的经营网点连接起来，形成有效的网络，把整个体系上下贯通起来，集聚整体的力量，不断增强独特优势、整体优势，从而形成强有力的市场竞争优势。这些年在综合改革的实践中，已经涌现出很多成功的案例。例如，一些地方在推进农业社会化服务中，兼顾多方利益，实现了村集体、农民和供销合作社"三赢"的局面；一些地方打造盈利板块，以盈补亏，实现了综合动态平衡；还有一些地方积极承担政府向社会力量购买的公共服务，办好为农服务，在政府支持下，逐步走上了良性发展的道路。实际工作中必须旗帜鲜明地反对片面追求企业单方利益甚至小集体利益，而与为农服务渐行渐远的情况，防止过度依靠支持而长期不能自负盈亏的情况，同时还要注意防止和纠正一些领导干部忽视成本、不讲效益，盲目上项目、铺摊子，甚至个别领导干部把供销合作社岗位当作个人转岗晋升的跳板，追求短期效应，搞出一些所谓"为农服务"的形象工程，红火一阵子，违背经济规律而劳民伤财。因此，按照社会主义市场经济改革方向的要求，当前特别需要破除行政思维的传统定式，提高各级供销合作社领导干部的大局意识、市场意识和市场化运作能力，勇于面对市场，多从体制机制入手，激发内在动力和发展活力，为市场化奠定坚实的思想和制度基础。在重点工作推进中，要在企业改革这个关键环节上多下功夫，跟上国有企业改革步伐，大胆创新，抓紧理顺关系，切实把企业办好办活，既要打造好供销合作社企业集团这支"正规军"，又要发展好经营组织遍布各地的"游击队"，尽快建立起自我发展的机制，切实把社有资本做大，为尽快构建起强大的经营服务体系提供支撑；要在县级社这个重点领域率先创新运行机制上多做文章，积极探索建立市场化的管理体制、经营机制、用人制度，争取尽早取得突破；还要善于运用股权投资、基金投资等市场经济的新办法，学习掌握以管理资本为主加强对社有资产监管的新模式和委托法人代表管理、特殊管理股股权管理的新方法，积极引入市场元素，不断强化市场机制，着力解决供销合作社行政化过浓顽疾，清除供销合作社走向市场的"拦路虎"。从一定意义上说，供销合作社综合改革能否成功，取决于市场化改革能否成功，正因如此，必须通过坚持不懈的努力，确保供销合作社综合改革坚定地朝着市场化方向不断迈进。

（三）怎样探索中国特色供销合作社治理体系

构建中国特色供销合作社治理体系十分重要，要形成有效的内部治理机制，达到市场化运作更加高效、内生动力和发展活力进一步激发的目标要求，这无论在国际还是国内都没有现成的模式可以照搬，需要在实践中破解不少难题。只能充分考虑中国国情农情，按照全面深化改革的大方向和建设合作经济联合组织的要求，在实践中不断探索、总结和创新。比如，如何把党的领导与"三会"制度有机融合，如何按照层级的不同特点有所区别地构建治理结构，如何在实践中形成民主办社的多种实现形式，如何有效地发挥"三会"各自的作用，如何进一步厘清行政管理、行业指导和经济发展三方面职能，如何探索具有合作经济组织特点的干部人事管理制度，如何进一步减少行政化色彩增强合作经济组织属性，如何逐步建立起适应供销合作社经济组织特点的激励约束机制等，这些都是事关大局的重点问题，也是难点问题。应在与国际合作社的比较中寻找共同规律同时又加以区别，在与行政组织、群团组织和国企改革的对比中找准差异同时又把握其中相通的思路，积极探寻符合中国国情、农情和社情的改革之路。杨团（2017）认为，2012年以来，同样地处东亚的韩国农协开启了一场结构性市场化改革，目的在于处理好农协与公司、公益与商业的关系，持续打造国家行政模式与市场模式之间的、可持续成长的第三条道路，这对中国深化供销社综合改革具有启示作用。国内的国有企业经过混合所有制、现代企业法人治理结构等一系列改革之后，又把党的领导嵌入国企法人治理结构中，群团组织的改革更加突出民主管理、民主监督的特点，这些对于探索中国特色供销合作社治理体系，同样具有重要的启示。构建中国特色供销合作社治理体系是一个不断破旧立新、逐步走向成熟的过程，需要解放思想，也需要责任担当。

参考文献

杨团，2016，《综合农协：中国三农改革的突破口》，《西北师范大学学报》第3期。

张洪胜，2014，《习近平：在新的历史条件下继续办好供销合作总社》，《烟台果树》第4期。

Reform of Supply and Marketing Cooperatives from the Perspective of the State

Tang Yicheng

Abstract: In different historical periods, our country has chosen the supply and marketing cooperatives as a form of economic organization and institutional arrangements, which plays an irreplaceable unique role in solving the "three rural issues". At present, the central government has integrated the comprehensive reform of the supply and marketing cooperatives into the overall reform of the overall deepening of reform, and made new top-level design. In this article the main content of the new design, the main contents of the new design, significant features and key issues are described.

Key words: cooperative economy; reform of supply and marketing cooperatives; national design

合作社成员准入门槛设置与目标指向
——作为平衡机制的合作社扶持政策

曲承乐　任大鹏[*]

摘　要　农民专业合作社设置成员入社准入门槛和收敛人数规模的行为体现了对扶持政策的阶段性、差异化的利用方式。这种主动放弃现有制度设计中开放性原则的做法，既来自经营绩效的压力，也与益贫性在现实中的掌控力不足有关。这种状况的改变主要依赖于基于弥补合作社广泛的正外部效应成本而设立的扶持政策。本文以两个合作社为案例说明准入门槛设置的成因不在于成员异质性，而是与合作社的益贫性目标和产业发展目标之间的冲突相关，即有的扶持政策的平衡性之所以没有得到有效发挥，主要原因在于承担着多元目标的扶持政策在实践交互的层面上出现了与目标设置偏离的情况。平衡机制要真正发挥形塑作用，除了在序列上采用重点让位的方法外，政策制定者应从受众的角度在不同的目标之间寻求一种目标交集，并把这种交集强调执行到具体的地方情境之中。

关键词　准入门槛　益贫性　扶持政策　平衡机制

一　引言

农民专业合作社（以下简称"合作社"）尽管作为一种游离于市场机制

---

[*] 曲承乐，中国农业大学人文与发展学院博士研究生，主要研究方向为农村发展与管理；任大鹏，中国农业大学人文与发展学院教授、博士生导师，主要研究方向为农业与农村法制、合作经济。

失灵边缘的制度设计对扶持政策具有天然的倾向性（崔宝玉，2014），可是在《中华人民共和国农民专业合作社法》（以下简称《农民专业合作社法》）实施的这十年间，随着合作社数量的快速增加和质量的逐渐稳定，作为政府规制、扶持对象的合作社在实际运营过程中对这种外部诱导与规制不再是一味地马首是瞻，而是表现出一定的自主性反思。基于弥补广泛的正外部效应成本而设立的扶持政策（任梅，2013）难以长期弥补合作社的竞争劣势。所以在实践中，合作社便出现了对扶持政策、示范社评审条件、农业项目申报条件等法律规制和政策诱导的阶段性、差异化利用。比如，《农民专业合作社法》一直以来在对合作社内部事务方面都给予合作社充分的自治权限，然而，现实中绝大多数合作社成立初期却往往不经成员大会讨论而直接套用主管部门所拟的示范章程（徐旭初、吴彬，2017）。随着合作社自身经营水平与能力的不断提高，合作社内部在一定程度上开始显现出自治需求，已有成员逐渐意识到运用章程等自治规范对合作社实施民主控制。这一过程中的一个具体表现是合作社将成员门槛问题纳入议事日程之中，合作社出现设置入社准入门槛和收敛人数规模的需求。

基于合作社成员异质性的研究发现，在合作社成立初期，成员异质性的低准入门槛有利于激励相关行为主体的积极性（徐旭初、吴彬，2017）。即便是在资金要素得以满足的情况下，合作社仍然会借助较为宽泛的入社条件，实现规模扩张，以匹配其配置的专用性资产的要求（孔祥智、周振，2017）。除自身需求之外，政策的刺激、示范社的评审要求与导向作用也是合作社在初期急速扩张的重要缘由。关于合作社扶持与规制必要性的研究素来将异质性现实下低门槛的入社制度设计视为重要的理由。随着合作社的发展，大多数的研究将视角集中在合作社成员参与问题上。而土地"三权分置"等新情况的出现，一些合作社已经试图在生产资料上摆脱对小规模农户的依赖，通过逐步剥离小规模农户的方式将大农户和小农户形成的合作社逐渐变成一种大农户间日趋成熟的合作（任大鹏，2015）。在成员退社的问题上，现有关于成员退出的研究往往把视角放在农户的身上（崔宝玉等，2008；孙亚范，2010），或者是政策应激上（任智超，2011）。在合作社内部管理层面上，现有研究则主要倾向于运用优势群体的优势利用来解释，较少研究合作社出于经营考虑而进行收敛人数规模的策略。这种视角的产生既与受访合作社的发展水平和阶段有关,也与研究者和合作社都受制于合作社制度设计上的退社自由原则有关。除此之外,合作社设置入社准入门槛的策略往往对既有成员的效力有限,而对新成员则具有隐蔽性,这也是这种现象产生的重要原因。

更多的先前讨论没有将成员异质性和合作社发展的阶段性特征纳入分析之中,而是以结果呈现的方式将合作社宽容的准入条件视为合作社发展的阻力。比如,团队生产不完备的监督和高昂考核成本引发的众多"搭便车"现象(奥尔森,1995)与激励不足(Binswanger & Rosenzweig,1986)常常被用于解释中国面临的合作社发展的难题与困境。大量借用产权与制度经济学、公共选择理论、集体行动理论对当前合作社生产无效率症结的讨论背后都影射着合作社入社的低门槛和成员同质这一前提。从已有文献来看,合作社内部成员是否异质并不影响合作社出于经营效率的考虑做出抬高入社门槛与收敛人数规模的决定。[①]

现有文献为研究合作社的成员门槛问题提供了可借鉴的视角,但本文认为仍有一些问题值得深入探讨:第一,实践中合作社为什么会主动放弃现有制度设计中的开放性原则、包容性态度,出现设置或者抬高成员准入门槛的需求?门槛设置的积极意义与负面作用又是什么?第二,影响合作社做出这种选择的因素既与合作社的目标指向有关,又与外力相关,这就需要扶持政策在其中起到平衡的作用,而承担着多元目标的扶持政策在实践交互的层面上则可能出现与目标设置偏离的情况,对此的探讨有助于进一步认清抬高门槛背后隐含的逻辑。为了将"能人治社"中"能人"个人的意愿尽可能地排除在讨论之外,本文选取了成员异质与成员同质两种不同的现实合作社样态,分析说明了合作社高门槛和收敛人数规模需求产生的逻辑及承载着综合效应的扶持政策对合作社成员规模的形塑。

---

① 目前,关于成员退出权问题的理论性研究(林毅夫,1990、1993;Dong & Dow,1993;罗必良,2007、2009、2015)逐步淡出对农民专业合作社研究的视野。一方面是由合作化运动中合作社和现行的农民专业合作社在成员进出权的制度设计上的差异造成的;另一方面则是由合作社发展的实际决定的。即便是成员一方生产结构发生重大变化,成员一般也不会主动行使退出权,不管是基于制度设计还是运行实际。合作社一方主动开除成员有不小的难度,因而只能通过将其边缘化或其他变通的方式进行。

二 门槛设置的现实需求与背后逻辑

合作社成员入社准入门槛是指成员为享受合作社某项产品收益或服务而加入合作社所必须达到的最低标准。这种合作社出于自身经营绩效考量而设置的门槛与合作社为了保持成员稳定性而设置的退出障碍不同,不是政府出于规制目的而在制度设计上为合作社设置的市场准入门槛(罗玉峰等,2017),而是类似于企业这一组织形态对于股东出资条件和员工能力的要求。合作社的成员入社准入门槛常常表现在对成员在出资、是否同业、经营业绩、人员身份、技能等多方面的要求。入社准入门槛的设置所反映的不仅是一个合作社基于未来发展的评判与预估而对自身规模大小的调整,更多的还是折射出农业产业组织形式受制于行业特征,而非政策的诱导与规制。合作社准入门槛设置不同于法律的强制性规定,合作社借助自主经营可以实现政策目标导向之外的目标偏好,在尊重农业生产小团队、家庭生产的优越性的基础上,实现合作社的效率型目标导向。

从经济学的视角看,合作社设置门槛的动因往往与组织效率的高低有关。已有研究已表明,小团队生产是高效的农业合作组织应当具备的必要条件(罗必良,2007),过于庞大的组织规模使得内部化监督很难实施。而随着劳动力成本的不断上升,规模化的土地流转释放了机械化应用和人工替代在更多的生产环节出现的可能,因而合作社发展的成员规模需求即便是从专用性资产的角度而言也并不会呈现出持续增加的状态。一方面,出于经营效率的考虑,合作社的发展规模在成立一段时间后便会显现出一定的限制性倾向。这反映到合作社自身就是在没有外力条件干预的情况下,合作社为追求效率和收益会倾向于抬高准入门槛,控制新入者的数量与质量。另一方面,合作社在发展到一定水平之后出于对稳定性、专用性资产的有效利用的考量,对特定成员的退出也会倾向于设置较高水平的门槛,以保证合作社对成员的控制能力和谈判能力。

合作社设置门槛的现实诱因较为复杂多样。一些成员对合作社的决议消极抵制,以决策一致性来影响合作社的决策效率。合作社保留其成员权无疑会加大合作社的道德成本和监督成本(任大鹏,2017)。在特定阶段,合作社配置的专用性资产服务能力和自身业务能力有限，扩大规模又会使边际效益递减，加上获得的扶持性资产和捐赠资产的刺激，当"挤公交心态"① 成为合作社内部的主流情绪时，保护既得利益的考虑就会促使现有成员选择抬高合作社的门槛。另外，合作社成员之间的关系往往比公司内部员工之间的关系更为复杂。由于合作社往往根植于具体的乡土环境之中，村治的权力网络常常会与合作社的社会关系网络纠缠在一起。合作社承担着一定的非经济功能，这种功能的展开常常会演变成为一种基于地缘的变异的社会福利，当关心社区的行动被解读成为一种区域性的"俱乐部产品"，成员所处的地域性排他要求就会出现。再加上合作社在发展过程中常常需要借助当地有限的资源，最终往往不会演变为一个单纯的基于业缘的开放性组织，而是在亲缘、地缘的裹挟中，逐渐倾向于设置封闭性高门槛。虽然合作社可以在不同的层次上存有不同的圈层结构的合作点要素组合（于欣慧、任大鹏，2017），但从合作社自身的角度来看，当初始规模或政策匹配规模实现之后，通过高门槛加大对成员合作能力的考察，合作社就可以实现在效率层面更多高水平的合作点和合作机会。

合作社本身不是一个经济组织，所以高门槛的衡量标准并不局限在资金的维度，与地缘、人际网络等现实合作社的自身需求息息相关。这种门槛既可以表现为明确的自治制度设计，也可以以一种隐性的方式呈现，但在最终的区隔效果上则是一致的，即通过特定区域、特定成员的强强联合实现合作社的蜕变。尽管基于现实诱因而采取的门槛设置方法在现实中并不会发挥"一劳永逸"的作用，在解决"搭便车"、降低交易成本和考核成本、解决监督的不完备性等方面的作用最终可能也不如设想的那样显著，可是在一定时间段内通过设置较高的进出门槛合作社可以达到维护内部稳定、追求更高治理效率、实现相对公平的风险分担与灵活应对市场变化的目的。

三　合作社的现实选择：强弱同盟抑或是强强联合

在制度设计上，较其他经营组织而言，合作社通常是以弱者联合体的

---

① "挤公交心态"本意为在公车车容量有限、乘客较多的情况下，先上车的乘客由于不愿意降低自己的舒适度而通常倾向于拒绝与车下的人分享有限的空间和设施。引申到合作社则是意指合作社的内部利益集团分化，在增量有限的情况下，既有成员对于意图加入者的阻拦。

姿态出现的，对于成员资格的要求是开放的。现实起步阶段的合作社多受资金、土地、劳力、农业资产专用性等要素的掣肘，所以此时的合作社更倾向于采用自愿、开放的入社条件，在章程上不设防。这个过程的典型表现就是成员数量的迅速扩张与合作社业务范围的扩展。

尽管在现实中很难排除合作社内部成员的异质性，可是整体弱势的合作社也并不是绝对的弱弱联合，即便这样也不能把合作社出现入社准入门槛和规模收敛状况的原因完全归结到成员内部"大欺小""强压弱"的身上。为此，本文在描述合作社在成员资格门槛上的变化时，选用了成员基本同质和成员异质两种不同的现实存在的合作社，一方面借以说明门槛变化和背后的逻辑；另一方面引出对合作社目标指向和作为平衡机制的扶持政策之间关系问题的讨论。

（一）成员异质前提下的门槛设置

北京市门头沟区特种茶种植专业合作社于2007年10月成立。在合作社成立之前，理事长已经拥有一个茶加工厂，雇用的12名员工来自本村或省外。2007年，茶加工厂为了保障原料充足供应、平稳地区原料采购价格、谋求更高生产收益，理事长开始积极鼓励周边种植户加入合作社。为了争取成员，合作社采取了一系列价格让利与利益引导措施：将加工厂的设备、厂房等折价记入合作社的账目之中；为入社成员垫付出资款，甚至允许成员预支未来分红当作出资款；合作社对成员是否同业也不严格要求，同时允许成员以劳力出资的方式加入；鼓励低保户、残疾人加入合作社；对流转土地的成员实行保底分红；对从事种植的农户实行保护价收购。作为一个在当地长期经营的精英式人物，理事长要获得周围农户的认同并不困难。从发起到设立短短一两个月，合作社很快达到甚至是超过了预期的配套规模，这种成员的急速扩张方式在合作社实践中也并不少见。当合作社成立时，成员数迅速达到153户，辐射范围为方圆20公里以内的4个村。

随着业务活动的展开和业绩的提升，合作社逐渐收紧了成员的准入口径，抬高了合作社的加入门槛。一改过去开放式的入社条件，原则上不再接纳新成员，在实践中将与之新发生业务往来的农户吸收为合作社的"类成员"。类成员在业务往来上可以与合作社成员享受同等的权利，但不享有分红和将国家扶持资金及捐赠财产量化至自己名下的权利。近年来由于有限的市场需求和缺乏有效的营销手段，合作社只能以相对较薄的利润维持营收状况的相对稳定，所以入社禁令的原则又有所松动，逐步演变出一套对成员资格的隐性要求。① 比如，对于有生产能力的加入者而言，合作社在其供货能力、供货忠诚度、供应产品的规格与等级等方面均提出了专门性的要求。一方面，由于成员自身种植结构的调整，这种专门性的要求在收紧意图加入者的准入口径的同时，也逐渐将供应能力有限的成员边缘化；另一方面，合作社对于有加入意愿的农户也有了较为严格的出资要求，标准也逐渐向公司式的出资模式靠拢，不再接受以劳务出资的新成员。除隐性要求外，政策干预直接导致了部分成员退社。2011 年，随着地方民政部门提出的加入农民专业合作社的农户不再具备农村居民最低生活保障金申请资格政策的实施，合作社同意了 5 户成员的退社申请（任智超，2011）。因为章程中并没有强制退社的规定，所以尽管合作社提高了门槛，可是只要成员一方不主动退社，仍然是合作社的成员。只不过此类成员在业务上与合作社实现了脱钩，在合作社决策中也逐渐被边缘化，逐渐蜕变为类似股东的角色，不再参与合作社的事务，但成员名册难以反映这种变化。截至 2016 年底，合作社有在册成员 148 户，在种植、收购、加工等环节有实际经营业务往来的登记成员为 70 余户。

合作社逐步通过使成员接受风险收益理念的方式，从对成员的风险保障承诺之中解放出来。在经营过程中，合作社对于成员的吸纳已经形成了一个较为清晰的认识，即只发展与自身加工规模相适应或略少于加工规模需求的高质成员。在完成示范社政策导向性要求的人数下限之后，合作社基于各方考虑，逐步以"类成员"和成员分类的方式，形成了内部成员的分层，逐步以雇用外地人的方式，通过不同地域的劳动分工降低了合作社的治理和人工成本。

（二）成员同质前提下的门槛设置

为了解决各个合作社发展过程所遇到的贷款困难、市场波动和突发状

---

① 隐性要求是指在合作社章程中没有体现的要求。

况应对能力有限的难题，11家合作社于2013年7月成立了北京市门头沟区某联合社。联合社起初以服务各社为宗旨，在信贷互保、技术交流和资源共享上团结发力，意图聚集本地区的优势农业资源，达到规模效应的目的。为此，联合社获得了100万元的政府扶持资金和2000万元的银行授信。11个成员社之间在股权结构上是不均等的出资，但在决策上仍然实行一人一票，也没有设置附加表决权。联合社的章程规定了合作社的重大事项须经联合社全体成员一致同意，但未涉及有关成员入社、退社的程序性与实质性规定。

多年来，联合社在经营上一直没有起色，业务上也没有突破，联合社理事长希望能够通过吸收新成员的方式改善内部人员和业务构成相对单一的问题，借以扩大联合社的规模和区域影响力，有9个左右的合作社表达了加入该社的意愿。2016年底，联合社就此事已召开数次成员大会，对此却迟迟无法达成共识。倾向于严格控制成员数的一方希望能够在准入的程序性门槛和实质性门槛上均做出较为严格的限定，对新入成员社在实际资本额、成员人数、经营绩效、地理位置等方面提出详细的要求，对于符合条件的申请者再进行投票表决，并反对对章程中关于重大事项须经全体成员一致同意条款的修改，认为即便是大幅增加新入者的进入成本，也要先满足所有成员社的门槛要求以后，才可成为成员社。对于已获得的100万元政府扶持资金，所有成员社均不同意将自己的部分量化稀释到新入者的成员账户上，而是希望新入者能够对其进行补偿。

（三）成员准入门槛设置的动因

1. 成本压力

通常认为，小型的、灵活的和非等级制度的组织非常适合小批量的生产（Joan，1980），合作社同样有着"船小好掉头"的战略优势，再加上理事长个人对产品的市场眼光和经验判断，合作社是有其市场优势的。由于市场的稀缺性造成合作社在新产品成本控制方面的压力并不大，合作社利用好既有的资源禀赋要素，就可以在一定程度上实现资源的优势组合。然而，农产品的特性与农业的生产特点决定了大量的潜在竞争者会随时出现。追随者和模仿者低廉的模仿成本迫使合作社要从品质管控入手，提高产品的质量与标识度。在市场认可程度不足的情况下，农产品的易复制性也使合作社不得不更多地考虑如何降低成本。例如，在北京市门头沟区特种茶种植专业合作社中，人力资本支出在总支出中的占比达到 2/3 还要多，减员增效就成为合作社的首选出路。

2. 均衡的合作点

虽然多点合作有利于合作社组织的壮大和持续稳定发展（于欣慧、任大鹏，2017），但棘手的问题是合作社如何处理新旧成员之间的关系。合作社对于新的合作点的开拓往往意味着开拓新的业务领域，而这又与合作社的人力资源储备有关。合作社自然希望在经营过程中可以实现精英循环，但自身所面对的成员或者围绕在合作社周围的潜在成员在很大程度上难以符合经营精英的定义。广大的潜在进入者仅仅是以资源共享者的姿态出现时，就必然会遭到现有成员的反对。当合作社的力量不强，服务能力不足以覆盖到所有成员的主要业务领域时，成员与合作社之间的互动关系就显得尤为微妙。在北京市门头沟区某联合社的例子中，虽然联合社的初始目的是服务成员社，但由于联合社的服务能力不足以涵盖所有成员社，成员社之间的合作点是否均衡就成为各个成员社在利用联合社时的重要考量，对于申请加入者而言也同样如此。现有成员会考虑与新人者的合作点和竞争关系，而联合社自身想要聚集的资源则被置于次要位置。只有当合作点布局妥当，竞争与合作的博弈与互惠才会开始，"抱团取暖"才会成为其衡量加入的因素。在这一系列的互动关系中，联合社发起者的本位主义倾向所引发的成员社与联合社的关系问题也是门槛设置的重要动因，当为成员社服务的联合社表现为发起成员社聚集资源的一种渠道，则门槛的设置将更具主观性，结构则可能更为松散。

3. 道德经济

合作社的发展过程中确实存在优势资源的拥有者对于弱者的盘剥现象（仝志辉，2016），但受产业特性和地理位置的影响，成员退社在一定程度上对于合作社的发展仍有牵制力。理性人假设认为交易双方能够理性地寻求最好的价格。而在合作社的实践中，成员出于对风险规避的需求，仰仗合作社对其原料供应的依赖，可以谋求到一个不景气年份的相对高价。而合作社愿意支付这一高价，一方面在于难以承受全面的内部监督费用；另一方面，则是远在物质刺激之外的借由村落的地缘政治和宗族势力形成的地域道德标准对于双方的约束。道德经济作为一种双向制约，不仅仅涉及农民的交易成本和监管成本，也表现为合作社为了谋取一个稳定发展的社区环境而进行的关系专用性投资。由于合作社所处的家庭承包经营的社区环境起到了信息传递的作用，非正式的乡土性规则有助于打破合作社内部长期的信息不对称和完全的隐蔽利益输送，这就迫使合作社提供满足地区一般社会认同的道德标准的经济活动。这种符合相应规范性标准的值得信任的行为的存在，使得成员能够抛弃机会主义的做法，使合作社之外更高的收购价格在一定时间内丧失吸引力。这种资源对整个合作社成员而言是排他的。一方面打开保护圈使得合作社成员丧失了与未加入合作社农户的比较优势；另一方面脱离现有成员网络会造成合作社监管成本的上升，在原料产地、产量上更容易受到供应者的欺骗。所以，即便是北京市门头沟区特种茶种植专业合作社在经营过程中，现有成员与合作社在卖出和买入之间出现了分歧，合作社仍要顾虑成员的诉求，阻挡低价原料提供者的进入。

4. 治理目标

学界对于合作社的治理目标一直存有争议，这也是合作社的落脚点究竟是通过联合以解决小规模农业生产与大市场对接过程中的矛盾，提高广大成员应对市场风险的能力、追求其益贫性和问题，还是侧重于从农业结构转型中提高农业产业竞争力、追求农业产出的效率与收益的问题。实践中的合作社对自身目标问题的处理往往具有阶段性，在成立之初，成员彼此之间往往认同协同协作的理念，以人合性的标准自我组建或者是以政府诱导的方式产生。而随着业务活动的开展和政策福利的消失，合作社面临自主扩大的选择时，便会出于对经营效率的考虑接纳"适格"的新成员，而不是充当弱者联合的组织形态。毕竟合作社作为一个独立的市场主体，通过经营来维系生存是大多数面临的主要出路。联合社的问题同样如此。发展联合社的目的是加强合作社之间的协同协作机制，实现在农业生产经营中更广范围、更大程度、更高层次上的联合与合作，使原本相互竞争的合作社转变为团结协作、优势互补、合作共赢的利益联合体（孔祥智，2016），因而联合社成立初期对于益贫性价值的追求与倡导还是非常明显的。联合社门槛的提出同样是有其阶段性的，成员社在成立初期往往对彼此抱有很强的包容性，因而章程中规定的准入条件也较为简单。但正是由于联合社的体量庞大，其经营、关系协调方面所面临的压力更大，较一般的合作社更容易尽早抛弃对于弱者联合姿态的固守。合作社面临自主扩大成员社数量的选择时，已有均势体系的保持成为各成员社的重要任务，而不再是保持自觉的高水平合作。实质性门槛的设置就是为了确保新入者在经济实力上达到与现有成员社的均势。新入者还要顾及原有成员社能否基于合作预期而保持原有的合作状态，而不至于使自己陷入"囚徒困境"的重复博弈之中，徒增自己的协调成本。而对于成员社而言，其出于均势被打破、权力格局倾斜的顾虑，在接纳谁的问题上也存在竞争关系。联合社借助抬高门槛的方式选择新成员的加入，意图实现所谓的强强联合，在合作空间上对竞争者和弱者加以排挤。

5. 扶持政策与其他政府行为

国家财政扶持资金和相关优惠政策、各级示范社评审等硬性指标要求是促使合作社在创立阶段通过低门槛等手段迅速扩大规模的重要原因。合作社利用亲缘与地缘优势可以在较短的时间笼络足量的成员人数以满足带动更多农户的政策目标。合作社所处的地缘环境决定了其不可避免要与政府发生各种联系，甚至政府政策的倾向性对合作社的发展方向有着决定性的影响。在对合作社的各种考评指标中，成员人数往往是基础性要求。由于满足该要求的难度较低，成员人数指标在合作社运营当中的指向性往往并不明确。而因为各种评价指标中关于业绩和营收的考核实现的难度较大，再佐以贷款的资信要求、扶持资金和项目申报对于经营能力的看重，对于合作社而言具有极强的诱导性。对于产业规模和自身实力的扩大而言，成员人数的扩大不是必要条件。合作社同样可以利用科层式的组织架构，以雇工的方式实现效率的提高。

北京市门头沟区特种茶种植专业合作社的实例中，实际成员的减少不仅与合作社提高收购标准有关，更重要的原因是成员丧失了原材料的供应能力。为了开发旅游资源，政府要求村里将原有发包土地收回，统一进行一村一品的旅游资源整合，于是农民不再有承包土地的自主经营权。由于农业生产多为兼业，一村一品目标的实施又需要用工，再加上公益性岗位的安排等，村集体的土地收回工作在农户方面并没有遇到太多阻力，但合作社的原材料供应受到了严重影响；具有社会保障功能的村集体雇工推高了整个地区对当地人的用工价格。最终，该地区在多因素的共同作用下，合作社选择在别村自建基地，通过雇工的方式解决了原材料的供应等问题。

政策安排可以加剧合作社内部与潜在进入者的竞争预期，进而诱使合作社抬高准入门槛。北京市门头沟区某联合社的实例中，尽管现有成员对规模扩大后各成员社可以借助于联合社平台吸引更多的地方政府关注抱有积极看法，但由于农业项目与扶持政策常常带有地域数量的限定，在特定区域内的合作社彼此之间就会因稀缺的扶持资源而陷入竞争的预期之中，尤其是目前项目审批多由基层部门推荐，在举荐名额有限的情况之下竞争更加激烈。这种体现在对未来特定区域内的政策扶持上的预期的忧虑还涉及联合社既有的奖励资金和未分配盈余及各种公积。联合社中持异议的成员社恰恰是与想要加入的合作社处于同一村庄范围。

扭曲市场价格的政策安排不仅不利于实现保护农民利益、培育经营主体的预设目标，还容易抬高合作社业务内容的经营风险，诱使合作社通过承担政府职能的方式将风险向政府部门转嫁。北京市门头沟区某联合社的实例中，地方政府要求合作社按照政府公布的土地流转基准价流转一定面积的山地以配合地区产业转型。虽然政府指导的土地流转基准价已经考虑了地域差异，但定价仍不能合理反映土地的资本收益。由于基准价严重背离当地荒地的流转价格，再加上政府扶持资金数额的不确定及对景观品种市场前景的悲观预期，各成员社在是否承接此政府项目上出现分歧，最终全体成员社同意5个支持此项目的成员社以联合社的名义通过项目制的方式单独就该项目入股承接此项目，损益由5个成员社独立承担。政府高额项目资金的注入除了变相地补贴了流转基准价与当地流转价格的差额之外，还涵盖了前期基础设施建设、劳务投入等大量的费用。由于承揽此项目的理事长和成员社在当年就通过固定资产投入和劳务的方式获得了不菲的回报，所以联合社第二年再次召开成员大会时，除两个成员社不愿加入该项目之外，剩余成员纷纷受到政策诱惑转投该项目，而不再顾虑产品的市场前景。

四　形塑与扭曲：作为平衡机制的扶持政策

农民专业合作社作为一个独立的市场主体，自然在地位上与其他经济组织是平等的。为了能在市场上与强势的工商资本进行竞争，合作社不可避免地就被裹挟到利润最大化的追求之中，在治理上通过抬高门槛的方式强化组织的封闭性，提高效率与收益。但是，合作社本是由弱势农民群体组成的一种经济组织，是一个引导农民致富的发展平台，所要解决的是小规模农业生产与大市场对接过程中的矛盾和问题，在经济目标的追求背后更重要的是其对益贫性的践行。因此，合作社要实现自己创设理念和发展目标就必须要在抬高门槛和联合弱者之间寻求一种平衡机制来补偿广泛的正外部效应所付出的成本。

这两者之间的平衡机制不但要通过合作社内部的自我完善实现，而且必须借助于外部的制度安排，即通过政策扶持来实现合作社的社会性功能，避免其走向效率追求的极端。这种平衡机制并不是委托—代理模型（Meckling & Jensen，1976）中的激励机制。因为激励机制的前提是委托方和代理方之间存在清晰的目标差异。激励机制的主要作用在于弥合这种差异，使代理方的最终行动与委托方的目标保持一致。而在平衡机制之中，双方的目标差异主要不是内容之分，而是序列差异，更何况激励机制往往在实践中更具诱导性，容易造成目标之间的替换而不是共存。农民专业合作社享受增值税与印花税优惠政策，业务上的反垄断豁免以及对所有合作社而言的普惠政策所体现的就是这种单一目标扶持政策的平衡机制。普惠政策的指向是成员的自产、自用和自销。合作社对于弱势方的带动作用，背后隐含的要求是农户之间的合作。根据财政部、国家税务总局《关于农民专业合作社有关税收政策的通知》的规定，合作社成员依托合作社对自身农产品进行的销售视同于农业生产者自产自销，合作社享受的税收优惠实际上是农业生产者的税收优惠，如果不是，那合作社的存在形式就最可能沦为工商资本进行税收筹划的渠道。

政府政策常常面临多个委托方和多重任务（Dixit，1998），因此除了单一目标的扶持政策之外，一项公共政策的出台背后往往承载着更为多元的层级性地方场域和自身的多属性特征（贺东航、孔繁斌，2011），实践中对于合作社的扶持政策就是如此。另外，相较于单一绩效，政府更希望以多管齐下、综合治理的方式达到预期的综合效应。虽然多元目标的综合效应终极指向是明确的，但中央政策在具体的地方环境中执行时实际上已经转变为一次再规划的过程。只要出台的地方政策能够完成上级任务，扶持政策的序列调整空间还是大量存在的（贺东航、孔繁斌，2011），更何况政府在顶层制度设计时，本就对效率和公平的目标序列预留了左右的空间。在政策实施阶段多元化的诸如农户脱贫、社区发展、合作社发展、地区产业转型、经营绩效考核等目标都可能成为一项地方扶持政策出台的主要所指。混合的多目标关系所反映的更多是社会公平发展理念与经济现实之间的冲突。合作社这一制度设计所追求的是处于市场交易中不对等地位的农民的整体利益，但扶持政策在与合作社制度设计配套时则会出现"地方性""部门化"的"变异"，甚至在价值取向上出现偏差（任梅，2013）。

扶持政策往往伴随相应的指标性要求，而由于混合的多目标关系的存在，各个政策之间不仅指标多元，而且排序各异。每种指标性要求对于合作社自身实现的难易程度是不同的，因而其对合作社的诱导效果也是不同的。处在农村之中的合作社通过对亲缘、地缘的利用很容易实现人数上的指标性要求，所谓大量合作社存在的"虚胖"问题就在于人数指标的诱导性要求和其较容易实现所致。无论是出于资金安全、项目执行能力，还是出于对扶持对象的怀疑而在扶持政策中设定的经济指标要求，这些对于合作社而言均是一个较难达到的指标，因而其在实践之中的诱导性更强。通过这种诱导作用，即便是清楚的政策目标也会在认知上被扭曲，从而合作社在追求效率的道路上越走越远，更何况现阶段政府扶持与规制资源常常被功能型合作社所俘获（崔宝玉，2014），常常是以"扶强扶大"为原则，鼓励龙头企业和有实力的农业大户来领办合作社，集中优势力量进行产业优化的发展（苑鹏，2011）。这种宁肯"锦上添花"也不"雪中送炭"的扶持政策，只能迫使"弱弱联合"的农民专业合作社着眼于组建具有更大规模的联合社或委身于有实力的农民专业合作社（苑鹏，2011），而随着这些合作社门槛的提高，合作点供应能力有限的合作社本就是被排挤的对象，即便加入新的组织也难有话语权。

因此，平衡机制要真正发挥形塑作用，实现合作社的制度初衷。除了在序列上采用重点让位的办法外，政策制定者不能仅仅从生产性效率的视野出发，而是应该将效率问题拓展到分配领域（王春福，2014），从受众的角度在不同的目标之间寻求一种目标交集，尤其是在益贫性目标和合作社发展目标两者之间，并要把对这种交集的强调执行到具体的地方环境之中。从指标设计的角度，过于突出其中一个目标就会使另外一个目标被淡化甚至是掩盖。一味地强调政策的综合效应，反而会使某些绩效最终从综合效应中分离出去。

五 结论

农民专业合作社的发展难以离开它所附着的乡土环境。在发展初期，需要急速扩张的合作社可以利用现有的亲缘、地缘关系实现短期大量的成员聚集，同时这也为合作社的初始发展提供了资金、技术、劳动乃至资源。而随着经营活动的展开，亲缘、地缘的社区代入感就会加大合作社的道德成本和治理成本。为了减轻平等分享生产剩余和民主控制对合作社经济效益和组织结构的限制，形成一个等级结构并且拥有给成员分配不同奖励的能力，业缘属性相较亲缘和地缘的作用开始凸显。出于经营效率的考虑，合作社逐步出现"公司化"治理的倾向，通过抬高成员门槛的方式控制成员人数，增加雇员和股东在合作社当中的比例。

成员准入门槛设置并不仅是合作社内部的人力资源管理问题，而是暗含着合作社治理目标的指向性。作为一种人合性组织，合作社理应特别看重在发展过程中成员之间良好的意愿。但这种意愿如果背离了合作社的设立原则，使其仅仅以独立的市场主体面貌出现的话，那政府就应该尽可能地减少参与，让合作社自然经历市场优胜劣汰的筛选，或只在农产品供给等特定业务上基于产业化的考量给予和其他市场主体同样的扶持。然而，合作社所承载的功能恰恰不止于此，它更肩负着减缓贫困、增强社会凝聚力等方面的特殊作用。所以过高门槛设置的利益驱动如果不加以引导，目标之间的平衡就势必会被打破，也正因如此，扶持政策才有了平衡的空间，在门槛设置的两个端点之间发挥协调作用。

出于对综合效应的追求，再加上制度预留的目标序列空间，使得作为平衡机制的扶持政策在实施过程中容易被认知扭曲。在扶持指标制定上，如果政策扶持的导向趋向于或者被解读为注重效率时，合作社很容易通过门槛设定的方式演变为一种强强联合，甚至不同政策制定者在目标序列上的不同见解就足以使政策自身变成一种门槛。因而，不同的政策制定者之间应当从受众的角度在不同的目标之间寻求一种目标交集，并把这种交集的强调执行到具体的地方环境之中。

参考文献

崔宝玉，2014，《政府规制、政府俘获与合作社发展》，《南京农业大学学报》第 5 期。

崔宝玉、张忠根、李晓明，2008，《资本控制型合作社合作演进中的均衡——基于农户合作程度与退出的研究视角》，《中国农村经济》第 9 期。

丹尼尔·F. 史普博，2014，《企业理论：企业家、企业、市场与组织内生化的微观经济学》，陈昕译，格致出版社、上海三联出版社、上海人民出版社。

贺东航、孔繁斌，2011，《公共政策执行的中国经验》，《中国社会科学》第 5 期。

孔祥智，2016，《农民合作社联合社扶持政策研究》，载中国农村合作经济管理学会《农民合作社重点问题研究汇编》，中国农业出版社。

孔祥智、周振，2017，《规模扩张、要素匹配与合作社演进》，《东岳论丛》第 1 期。

林毅夫，1990，《集体化与中国 1959~1961 年的农业危机》，载林毅夫《制度、技术与中国农业发展》，格致出版社、上海人民出版社。

林毅夫，1993，《农业生产合作社中的退出权、退出成本和偷懒：一个答复》，载林毅夫《再论制度、技术与中国农业发展》，北京大学出版社。

罗必良，2007，《农民合作组织：偷懒、监督及其保障机制》，《中国农村观察》第 2 期。

罗必良，2009，《村庄环境条件下的组织特性、声誉机制与关联博弈》，《改革》第 2 期。

罗必良，2015，《罗必良自选集》，中山大学出版社。

罗纳德·H. 科斯等，2014，《财产权利与制度变迁：产权学派与新制度学派译文集》，刘守英译，格致出版社、上海三联出版社、上海人民出版社。

罗玉峰、邓衡山、陈菲菲、徐志刚，2017，《农民专业合作社的农户参与：自选择还是被参与》，《农业现代化研究》第 1 期。

曼瑟尔·奥尔森，1995，《集体行动的逻辑》，陈郁等译，格致出版社、上海三联书店、上海人民出版社。

帕特里克·麦克纳特，2008，《公共选择经济学》，长春出版社。

任大鹏，2015，《合作社应体现"利贫"特性》，《农村经营管理》第 4 期。

任大鹏，2017，《〈农民专业合作社法〉的基本理论问题反思——兼议〈农民专业合作社法〉的修改》，《东岳论丛》第 1 期。

任梅，2013，《农民专业合作社政府规制的价值取向：偏差与矫正》，《中国行政管理》第 10 期。

任智超，2011，《要"低保"还是要"合作"》，《中华合作时报》，8 月 23 日，第 1 版。

孙亚范，2010，《农民专业合作社社员退出意愿的影响因素分析——基于江苏省的调查数据》，《南京农业大学学报》（社会科学版）第 4 期。

仝志辉，2016，《农民合作新路：构建"三位一体"综合合作体系》，中国社会科学出版社。

王春福，2014，《公共政策论：社会转型与政府公共政策》，北京大学出版社。

徐旭初、吴彬，2017，《〈农民专业合作社法〉的规范化效应检视》，《东岳论丛》第 1 期。

于欣慧、任大鹏，2017，《农民专业合作社的"圈层结构"——从单点合作到多点合作》，《农村经济》第 5 期。

苑鹏，2011，《农民专业合作组织与农业社会化服务体系建设》，《农村经济》第 1 期。

Alchian, A. A., Demsetz, H. 1972. "Production, Information Costs, and Economic Organization." *The American Economic Review*, 62 (5): 777 – 795.

Binswanger, H. P., Rosenzweig, M. R. 1986. "Behavioural and Material Determinants of Production Relations in Agriculture." *The Journal of Development Studies*, 22 (3): 503 – 539.

Blomberg, Jensen, M., Meckling, W. 1976. "Theory of the Firm: Managerial Behavior, Agency Cost and Ownership Structure." *Social Science Electronic Publishing*, 3 (4): 305 – 360.

Dixit, A., K. 1998. *The Making of Economic Policy*: *A Transaction Cost Politics Perspective*. The MIT Press.

Dong, X., Dow, G. K. 1993. "Does Free Exit Reduce Shirking in Production Teams?" *Journal of Comparative Economics*, 17 (2): 472 – 484.

Joan, Woodward. 1980. *Industrial Organization*: *Theory and Practice*. Oxford University Press.

Michael, C., Jensen, William, H., Meckling. 1976. "Theory of the Firm: Managerial Behavior, Agency Costs and Ownership Structure." *Journal of Financial Economics*, 3 (4): 305 – 360.

The Entry Threshold of the Cooperative and Its Goal Orientation

—As a Balance Mechanism for the Cooperative Support Policy

Qu Chengle　Ren Dapeng

Abstract: The practice of setting up the entry threshold and downsizing of the specialized farmerss cooperatives reflects the phased and differential utilization of support policies. The reason why dropping the open principles of the current system is both from the pressure of the profits and pro-poor growth in reality. The change in this situation depends mainly on the supportive policies established on the basis of the widespread positive external costs of cooperatives. In this paper, two cooperatives cases are used to show that the reasons for the establishment of the entry threshold are not because of the heterogeneity of the members, but the conflicts between the pro-poor growth and the development of the cooperatives. The current cooperatives support policies are not effective, due to the multiple objectives. The cooperatives support policies carried multivariant goals deviate from its original aims at the level of practical interaction. In order to making the balance mechanism work, the policy makers must make room for the Important traits and provide a kind of intersection where different goals converge from the receivers' points.

Key words: entry threshold; pro-poor growth; cooperative support policy; balance mechanism

合作社治理

内部治理机制对农民合作社盘活资源绩效的影响

——来自山西省左权县易地扶贫搬迁地区的证据*

郭铖 何安华**

摘 要 随着我国易地扶贫搬迁的加快推进，移民区将出现大量闲置资源，如何有效利用这些资源成为当前一个突出问题。本文关注了农民合作社在盘活迁出村闲置资源中的作用，以农民合作社盈利能力和稳定能力反映其盘活资源绩效，结合山西省左权县的三个农民合作社案例分析了合作社内部治理机制如何影响盘活资源绩效。通过比较案例分析，本文发现：工商资本领办型农民合作社虽然有资金优势，但较难形成与农民合作共赢的治理机制，限制了其盘活迁出村资源的能力；大户领办型农民合作社更容易在信任的基础上形成有利于盘活迁出村资源的决策机制、激励机制和约束机制，但对社员退出的约束力较差，可能对其在经营困境下的稳定性造成影响；村集体经济组织型农民合作社更可能基于村中社会资本形成有利于盘活迁出村资源的决策机制、激励机制和约束机制，鼓励这类合作社发展是盘活迁出村资源的有效途径。

关键词 农民合作社 社会资本 易地扶贫搬迁

---

* 本文得到国家社会科学基金项目"太行山区农村人口多维贫困动态测度与精准扶贫成效评估研究"（批准号17CJY035）的资助。

** 郭铖，山西大学经济与管理学院讲师，主要研究方向为农民创业、农村土地利用；何安华，农业部农村经济研究中心副研究员，主要研究方向为合作经济、农村土地经济、渔业经济。

一 引言

"十三五"时期易地扶贫搬迁1000万人的行动计划,必然会使扶贫搬迁地区在短期内形成大量的"空壳村"。如何有效利用迁出村的土地资源以及由当地居民和政府长期投资形成的水、电、路、房等资源,成为在扶贫的同时提升社会整体经济效率的一个紧迫问题。作为全国扶贫开发工作重点县,山西省左权县于2001年开始以易地扶贫搬迁作为扶贫工作的重点,并逐步探索形成了以农民合作社为主体盘活迁出村闲置资源的模式。

已有对易地扶贫搬迁的研究主要着眼于易地扶贫搬迁的政策变迁(王宏新等,2017)、执行偏差(何得桂、党国英,2015;王晓毅,2016;李博、左停,2016)、移民安置及移民生计(杨小柳,2012;汪磊、汪霞,2016)、迁入地经济发展(叶青、苏海,2016)和文化建设(周恩宇、卯丹,2017)等方面,而对迁出村资源的盘活利用模式关注不足。当前对农民合作社功能的研究主要集中在农民合作社为农民提供社会化服务(黄祖辉、高钰玲,2012;王图展,2017)、促进农民增收(刘宇翔,2016;朋文欢、黄祖辉,2017)以及乡村治理(张益丰等,2016;许锦英,2016)等方面,并未关注农民合作社在易地扶贫搬迁中的功能。山西省左权县的实践表明,在一定的外部环境支持和内部治理机制下,农民合作社能够有效盘活易地扶贫搬迁村的荒山、耕地、水、电、路、房等资源,既解决了搬迁贫困人口的生计问题,又发展了地方经济。这一实践为研究易地扶贫搬迁中迁出村资源的盘活利用模式和农民合作社在盘活利用迁出村资源中的功能提供了很好的样本。

本文以山西省左权县农民合作社盘活迁出村资源功能为研究对象,旨在回答在外部环境相似的条件下,农民合作社的内部治理机制如何影响农民合作社盘活资源绩效,有效治理机制的形成又受哪些因素影响。为此,本文做了以下工作:(1)从盈利能力和稳定能力两个角度反映农民合作社盘活资源能力,构建了决策机制、激励机制、约束机制三大治理机制影响农民合作社的分析框架;(2)以山西省左权县三个不同领办主体的合作社为样本进行比较案例分析,分析了治理机制影响农民合作社盘活迁出村资源绩效的机理；（3）以社会资本为视角分析了三个合作社不同治理机制和盘活资源绩效形成的深层原因。本文主要结论为：由村干部领办，以两委骨干为理事会、监事会成员，吸纳全体村民入社的村集体经济组织型的农民合作社能够在盘活迁出村资源中发挥重要作用。

二 分析框架

（一）农民合作社盘活资源绩效及其决定

已有农民合作社绩效评价指标体系大都以对农民合作社的基本功能评价为基础，以对农民合作社的盈利能力、发展能力和服务社员能力评价为核心，有些研究还考虑到了农民合作社的社会效益和生态效益（徐旭初、吴斌，2010；赵佳荣，2010）。本文关注农民合作社在盘活易地移民搬迁地区迁出村资源的绩效，因而选择对盘活资源绩效有直接影响的盈利能力作为主要绩效指标。在盈利能力中，经营项目的选择直接影响合作社的产品市场规模和资源需求；而资源整合利用能力直接决定合作社的经营规模和整合利用要素的效率。因此，本文以经营项目选择和资源整合利用能力反映农民合作社的盈利能力。稳定经营是农民合作社持续盈利和实现各项功能的前提。失当的战略制定、投资决策可能使合作社陷入产品销售问题、要素供给问题、生产技术问题、行业竞争问题、财务问题等困境，影响合作社的持续经营；而能够抵制内部分裂的农民合作社可以防止关键资源流出合作社而避免合作社经营失败，确保在遇到经营困境时能够持续经营。因此，本文以农民合作社抵制决策失当能力和抵制内部分裂能力衡量其稳定能力。需要指出的是，农民合作社的盈利能力和稳定能力是相互影响的，盈利能力强的合作社对社员有更强的吸引力，通常也更加稳定；而内部更稳定的合作社往往有较强的抵制外部冲击的能力，使合作社在困境下能持续经营直至实现盈利。

本文通过构建治理机制影响合作社盘活资源绩效的分析框架（见图1）进行比较案例分析，深入探究农民合作社的内部治理机制中哪些因素对农民合作社盘活资源绩效具有关键影响，而内部治理机制的形成又如何受合作社社会资本的影响。

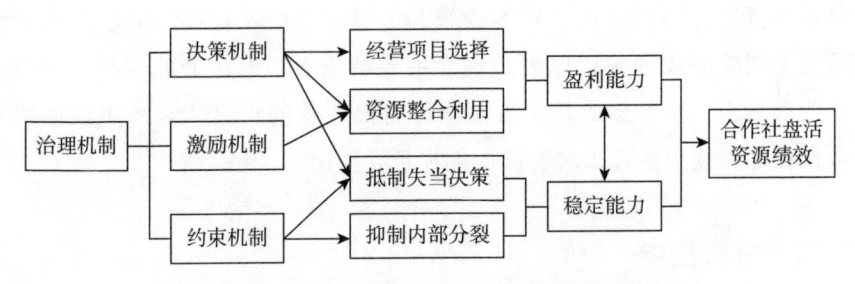

图 1　治理机制影响合作社盘活资源绩效的分析框架

（二）内部治理机制对农民合作社盘活资源绩效的影响

决策机制、激励机制和监督机制是公司治理的三大机制，是决定企业经营效率的根本因素（程新生，2004）。本文将监督机制扩展为约束机制，原因在于在农民合作社中，监督机制只是约束成员行为的一个方面，各类具有强制力的契约同样发挥着约束成员行为的作用。决策机制、激励机制和约束机制是决定农民合作社经营效率的内因，从根本上影响农民合作社盘活资源绩效。

1. 决策机制

组织管理理论中，决策权的分配和决策程序的安排是决策机制的核心。在农民合作社中，决策权在理事长、理事会、监事会、社员大会等主体之间如何分配、决策程序的制定是否科学、实施是否到位决定了合作社的决策水平如何。决策机制健全的农民合作社能够将决策团队界定在合理范围，并最大限度地利用团队成员的知识和经验，形成适应合作社内外环境、提高经营效率的决策，降低合作社在经营领域确定、战略制定和项目选择等关系其生存发展的环节出现重大问题的风险。

2. 激励机制和约束机制

奥尔森（1995）认为，一个集团使它的成员按集团利益行事须满足两个条件之一：或者集团中的成员很少（小集团），或者给予成员一定的激励或约束。在农民合作社中，有效的激励机制和约束机制是激发成员合作积极性、动员合作社内部资源、规范成员行为、提高经营效率的重要保证。激励机制主要是指通过完善盈余分配方式激励合作社中各类要素所有者对要素的投入，促进合作社经营规模的扩张和绩效的提升（周振、孔祥智，

2015）。约束机制可以分为借助监督机制发挥作用的约束和通过合同的签订和实施自发实现的约束，监督机制有助于合作社进行适当决策，合同的签订能够约束关键资源不退出合作社，二者均有助于维持合作社的稳定经营。

三 案例描述

（一）左权县农民合作社盘活迁出村资源概况和案例选择

左权县位于山西省晋中市东南部，是全国扶贫开发工作重点县。截至2015年底，全县仍有129个贫困村、2.06万贫困户、5.36万贫困人口，占全县农业人口的39%。左权县地形以山地为主，耕地面积占县域面积的不足8%。由于山大沟深、石多土少，大量贫困人口散布在生存条件恶劣的山区。截至2000年底，全县还保留379个行政村，平均每村人口不到200人，其中100人以下的村子就有200多个。分散的人口是制约左权县扶贫工作的主要瓶颈。2001年，为了做好山区贫困人口的扶贫工作，全县以县城为龙头，同时确定基础好、潜力大、位置优、人口相对集中的34个行政村为中心村，通过有计划、有步骤地搬迁移民，引导偏远山区群众逐步进入县城和中心村。从2001年到2016年8月，全县累计移民4万人。随着移民搬迁进程不断加快，一些"空壳村"随之出现，移民搬迁村原有耕地被撂荒、宅基地被废弃，几十年来积累的水、电、路、房屋等资源被闲置。为了盘活利用迁出村闲置资源，2006年以来左权县出台多项政策鼓励原村村民组建农民合作社，遵循合作开发、共同受益的原则，重点发展核桃种植加工、杂粮种植加工和乡村旅游三大产业。截至2016年8月，全县已在迁出村发展各类农民合作社157个。

扶贫搬迁地区农民合作社的大量出现体现了盘活迁出村闲置资源、提高资源利用效率的现实需要，也为发展当地产业、提高扶贫效果提供了出路。本文选取石匣乡白墁村白墁庄园农民专业合作社（简称"白墁合作社"）、龙泉乡连壁村龙鑫种植农民专业合作社（简称"龙鑫合作社"）和芹泉镇下庄村日月星生态庄园农民专业合作社（简称"日月星合作社"）为研究对象，比较同一地域、相同时期、相似的外部环境下，不同的内部治理机制如何影响农民合作社盘活资源绩效以及治理机制形成背后的社会资本因素。

（二）农民合作社盘活迁出村资源的案例描述

1. 白垯合作社

石匣乡白垯村是一个以山地为主的迁出村。全村现有农户 60 户，人口 285 人，由于年轻人基本外出打工，村中人口以老人为主。本村自然环境优美，温度、光照、土壤适宜谷物、豆类等作物生长。本村村民张家声早年创办企业，主营铁路产品。2008 年，张家声响应政府号召，租赁村集体的 12000 亩荒山和 90 亩荒地，并吸纳本村的 60 个农户成立了白垯合作社。

合作社最初依托当地山林资源以乡村体验旅游为发展方向，累计投资约 1000 万元，在其租赁的荒山荒地上建成综合接待楼 2000 平方米、别墅 6 座以及相应配套设施，同时种植各类林木、果蔬，养殖山猪、土鸡、鱼类为乡村旅游提供支撑。由于经营乡村旅游业连年亏损，投资收回无望，2015 年起，合作社将发展重心转向即食小米粥加工业，一次性投资 2600 万元用于产品开发和设施建设。合作社与中国农业大学签订即食小米粥合作协议，中国农业大学提供专利技术和设备，解决了生产技术问题，合作社开始了即食小米粥加工项目。为了保障原料来源，合作社又吸纳了 40 个周边村庄农户为成员。在与成员的利益联结上，不管是本村社员还是外村社员，合作社均未吸纳入股，而是采取类似"公司+农户"的模式：第一步，合作社与社员签订合同，合同载明农户的种植面积以及交付谷子的最低数量，社员从庄园领取种子、肥料等投入品；第二步，社员种植，承担生产风险；第三步，社员把生产的谷子卖给庄园，庄园按高于市价 20% 的价格收购，并扣除之前垫支的投入品费用，如果社员交付的谷子数量没有达到合同最低要求，将承担一定的赔偿。合同每年一签，社员退出自由。在销售模式上，庄园以代理商模式为主。

2. 龙鑫合作社

龙鑫合作社由龙泉乡连璧村村民张国忠和其他 4 位种植大户共同发起成立。合作社成立于 2008 年，最初注册资金 85 万元，2012 年变更登记，注册资金改为 500 万元，共有社员 68 户。合作社共有耕地面积 2700 亩，其中 2000 亩为理事长张国忠承包或租赁，700 亩为其余 67 户社员的入股土地，每亩抵 1000 元股金。

2008～2012 年，合作社以小米种植和加工为主营业务；2012 年以来，在原有业务的基础上逐步兼营农机服务和生物有机肥生产销售，形成目前以小米种植加工为核心、多元发展的格局。合作社设有社员大会、理事会、监事会等组织机构。合作社逐步建立并完善了人力、财务、生产、销售等各项经营管理制度，保障了合作社的正常运行。合作社特别建立了严格的产品追溯系统。从 2010 年至今连续 6 年通过有机产品认证，注册有"隆兴""辽州黄"品牌，2014 年被农业部评为"国家级农民专业合作社示范社"，2015 年被环保部评为"全国有机杂粮生产基地"。合作社与社员建立了密切的联结机制，为社员统一提供种子、肥料、技术，社员将产品交售合作社。合作社还承担新品种和新技术的引进和推广、社员培训、产品生产质量标准的制定和监督实施、农产品加工和销售、品牌建设和推广等职能。合作社利润在提取公积金和公益金后采取按股金分红和按交易额分红相结合的方式在社员中分配。2015 年，合作社销售收入 435.2 万元，利润 8.6 万元，平均每户得到分红 8000 元。

3. 日月星合作社

芹泉镇下庄村营圪道自然村位于山西省东部太行山区，水源丰富、环境优美。该村在 2006 年之前有村民 26 户，共计 121 人，耕地面积 260 亩。由于长期以来交通及通信不便，当地政府将该自然村村民实行移民搬迁至芹泉镇下庄村，致使大部分耕地撂荒。2006 年，时任村支书兼村长的陈拉成等 6 人集资 30 多万元，吸纳全村 26 户农户以资金、耕地、宅基地折股入社，并使用营圪道自然村 3700 亩集体荒山荒地，成立了日月星合作社。相应地，合作社在股权上设置了资金股、土地股和集体股三种，农户入股土地每亩折 1000 元股金，集体荒山荒地每亩折 100 元股金。

日月星合作社的发展经历了三个阶段：第一阶段，发展以核桃林为主的经济林种植和猪、鸡散养为主的种养殖业。该村地理位置、气候条件非常适宜核桃林生长，种养殖业发展顺利，目前已建成 1700 亩核桃林和 20 万平方米散养基地。核桃林年收入可达 50 万元。第二阶段，2010 年开始，合作社围绕"发展观光旅游业，壮大养殖业，做强林果业"的发展思路，依托当地优美的自然环境积极发展乡村生态旅游业。陈拉成借助其子在晋中市国营酒店担任经理的便利，使合作社逐步形成以优质餐饮为特色的竞争优势，并以此打开全县市场，年接待量超过10万人次，年营业收入200万元。第三阶段，发展农产品加工业。庄园规划建设农产品加工厂，占地3000平方米，主要加工核桃和肉制品。合作社盈余分配采取按股分配方式，土地股的分配采用"保底租金+二次分红"方式，保底租金每亩每年500元，合作社还为社员提供了20个固定工作岗位，每年固定工资3万元。

四　案例分析

（一）相似的外部环境

1. 资源环境

迁出村的资源禀赋是影响农民合作社经营领域和经营规模的重要因素，农民合作社只有选择与当地资源种类契合的经营领域以及与资源数量匹配的经营规模，才能更有效地利用当地资源，发挥其盘活资源能力。本文所选的三个农民合作社资源环境相近，都具有易地扶贫搬迁后闲置的荒山、耕地、水、电、路、房等资源，以及当地适宜核桃、杂粮种植的自然条件。

2. 市场环境

易地扶贫搬迁以来，左权县依托迁出村资源重点发展了核桃种植加工、杂粮种植加工和乡村旅游业三大产业。其中，乡村旅游业经营者众多，几乎每家合作社都试图依托当地的自然条件发展乡村旅游，近似竞争市场，同业竞争严重。与发展旅游业相配套的交通路线、通信设施尚未建成，游客主要来自本县及临近县，市场规模较小。核桃种植和杂粮种植很普遍，但核桃加工和杂粮加工企业数量较少，加工产品相近，类似寡头市场，且产品远销省内外、市场规模较大。

3. 政策环境

易地扶贫搬迁后，左权县政府提出以农民合作社为主体发展三大产业盘活迁出村资源的战略并出台了相应的扶持政策。投入专项扶持资金主要用于苗木、肥料等生产要素补贴；设立了"土地银行"，主要承担信息存储、规范流转、地权抵押贷款等功能；县林业局常年从科研院所聘请专家为农户提供技术咨询服务；政府还出面为合作社和保险公司搭桥，为合作社提供核桃种植保险，并提供部分补贴。

三个农民合作社有基本相似的外部环境，但盘活资源绩效却有显著差异。总体来看，白垯合作社盘活资源绩效较差，连年亏损，盈利无望。龙鑫合作社和日月星合作社盘活资源绩效较好，稳步盈利并能将风险控制在可以承受的范围。为什么在相似的外部环境下农民合作社盘活资源绩效呈现显著差异？下文具体分析不同决策机制、激励机制和约束机制对合作社盘活资源绩效的影响（见表1）。

表1 三个农民合作社盘活资源绩效比较

		白垯合作社	龙鑫合作社	日月星合作社
	成立时间	2008年	2008年	2006年
	领办人	企业家	种植大户	村干部
盈利能力	经营项目选择	乡村旅游（2008~2014年）；发展小米种植、加工（2015年至今）	小米种植、加工（2008~2012年）；小米种植、加工为主，兼营农机服务、生物有机肥生产销售（2012年至今）	经济林种植及猪、鸡养殖（2006~2010年）；乡村生态旅游为主（2010~2016年）；开展农产品加工业（2016年至今）
	资源整合利用	较差	较好	较好
稳定能力	抵制失当决策	不能有效抵制失当决策	能够有效抵制失当决策	能够有效抵制失当决策
	抑制内部分裂	不能有效抑制内部分裂	不能有效抑制内部分裂	能够有效抑制内部分裂
内部治理	决策机制	领办企业家独占决策权	重大事项由理事会商议并召开社员大会表决	重大事件由理事会商议并召开村民大会投票表决
	激励机制	价格激励	"按交易额分红+按股金分红"	按股分红；土地股实行"保底租金+二次分红"
	约束机制	仅通过一年一签的购销合同约束社员；缺乏社员对理事长的监督	与社员签订入股合同，退股自由；监事会能够实施有效监督	与社员签订入股合同，土地股不能退出；监事会能实施有效监督

（二）合作社盘活资源绩效差异的解释：决策机制的作用

1. 合作社决策机制的差异

白垯合作社由民营企业家牵头成立，投资完全出自自有企业，合作社决策权实际归理事长一人所有，合作社重大决策由理事长与其原企业的主要管理者商议并由理事长最终决定，是一种独裁的决策机制。决策者对某一行业有充分了解和经营经验的情况下可能在短时间内做出有效决策。但其缺点是在决策者知识、经验不足的情况下往往做出错误决策，且纠错能力较差，错误决策得不到外界力量的及时纠正。龙鑫合作社和日月星合作社的决策机制是一种团队决策机制，前者的决策团队由种植大户构成，他们对市场非常敏感并积累了丰富的行业知识，更能通过讨论得出正确的决策；后者的决策团队由村两委骨干构成，他们有促进村庄发展的动机和集体决策的经验，更可能做出有利于村庄长远发展的决策。两个合作社中，确定经营范围、追加投资等重大事项必须由社员大会通过才能生效，这既能迫使理事会提高决策质量，使决策经得起推敲，又能避免理事会成员串谋，制定出有损合作社整体利益的决策。

2. 决策机制对经营项目选择及资源整合利用能力的影响

决策机制的不同造成合作社在经营领域决策、投资决策中表现出不同的效率，并直接影响合作社整合利用资源的能力。白堠合作社在乡村旅游业市场规模有限、同质化竞争严重的情况下贸然投入大笔资金建设接待设施，形成强大的接待能力。在吸引游客方面始终未能形成独特优势，这导致其接待能力闲置，连年亏损。龙鑫合作社始终以小米种植加工为主营业务，在资金不足的情况下从小做起，重视内部流程建设和品牌建设，赢得稳定的市场，资金得到不断积累。具备资金实力后又扩大业务，主要是农机服务、生物有机肥生产销售等能够直接服务于小米种植的项目。日月星合作社采取滚动发展战略，成立之初主要依托本村大面积的荒山种植经济林和猪、鸡散养，林区充足的水源和无污染的环境适宜养殖，养殖业产生的大量粪便可以作为有机肥料用于种植，形成循环农业格局。在核桃种植和猪、鸡养殖盈利后，合作社再用盈余资金投资乡村旅游业，并积极寻求市场突破口，形成了以餐饮为特色的竞争优势。为了突破乡村旅游业市场辐射半径小的问题，合作社计划发展农产品加工业，谋求新的盈利空间。合作社在发展中主要用上一步的资金积累支持下一步的投资，是一种低风险的滚动发展模式。

3. 决策机制与抵制失当决策

决策机制还决定了合作社对失当决策的抵制能力。白堠合作社在独裁式的决策机制下，对失当决策抵制能力很弱，严重影响合作社的稳定经营。

合作社经营七年后才于 2015 年将发展重心转为小米种植、加工。但是此时县内已经发展起数家杂粮加工企业，杂粮产业的盈利能力已经受到削弱，且市场风险加大。在这种情况下，合作社又一次性投入大量资金用于产品开发和设施建设，而对市场反应和原料来源重视不足，面临较大经营风险。

（三）合作社盘活资源绩效差异的解释：激励机制的作用

1. 合作社激励机制的差异

白塔合作社经营乡村旅游过程中，虽然全村农户均加入合作社，但合作社吸收他们主要是为了通过成立合作社获得更多政府支持以及降低租赁当地荒山荒地的阻力。社员并未有任何形式的实际参与，理事长个人完全获得利润并承担亏损。转型发展小米加工后，合作社与社员只是简单的原料供求关系，通过单一的价格激励保证社员保质保量为其提供原材料。龙鑫合作社成立后通过吸收社员以资金、土地入股，与社员建立了紧密的利益联结机制。在此基础上形成了"按交易额分红 + 按股金分红"的激励机制。合作社以高于市场价 5% 的收购价激励社员与合作社交易，年底盈余在提取公积金、公益金后，2/3 按交易额分红、1/3 按股金分红。日月星合作社从建立之日起就通过吸收社员以资金、耕地、宅基地入股，并形成了按股分红的激励机制，其中社员土地股采取"保底租金 + 二次分红"的方式，即不论合作社经营状况如何，都须每年支付社员每亩 500 元保底租金，再根据提取公积金、公益金后的盈余状况发放二次红利。

2. 激励机制与合作社整合利用资源能力

激励机制的不同主要导致合作社内部不同要素的所有者提供要素的积极性不同，进而导致合作社整合利用资源能力的不同。作为一家工商资本领办型合作社，白塔合作社的最大优势是资金充裕。前期发展乡村旅游时，合作社投入大量资金建设相关设施。但面临较小的市场规模和激烈的市场竞争，其能够吸引客流才是乡村旅游成功的关键。在收益和风险都集中在理事长个人的情况下，解决合作社市场约束的任务自然地落在理事长身上。但作为一名外来、外行的企业家，理事长本人既缺乏当地人脉，又缺乏行业经验，这导致合作社始终未能突破市场约束。由于之前的投资基本用于设施建设，很难退出，这造成大量资金和土地的浪费。后来发展小米种植加工时，合作社又大量投资产品开发和设施建设，形成较大的加工能力。与加工能力配套的原料来源和产品销售渠道成为经营成功的关键。为了保障原料来源，合作社吸收了更多的社员，并签订了购销合同。但其以价格激励作为唯一激励方式，容易受到其他竞争者抬高收购价格而影响原料来源的稳定。白塔合作社在销售渠道上采取代理商模式，风险全部由合作社承担，不利于激发产品销售渠道的积极性。龙鑫合作社采取"按交易额分红＋按股金分红"的双重激励模式，按交易额分红能够激发社员种植并交售农产品的积极性，保障了合作社稳定的原料来源。而每位社员均以资金或耕地入股基础上的按股金分红，形成了风险共担、收益共享、群策群力谋发展的格局。合作社逐步完善了内部管理制度，建立了产品追溯系统，注册了自有品牌，市场规模不断扩大。日月星合作社采取按股分红，其中社员土地股采取"保底租金＋二次分红"的盈余分配方式。保底租金使社员能够获得稳定的资产收益，从而社员愿意长期将土地投入合作社经营。二次分红又使社员能部分地分享收益、分担风险，提高社员投入土地、劳动力等资源的积极性和对合作社事务的积极性。合作社稳扎稳打，充分利用手头资源滚动发展，每一步都实现了盈利。

（四）合作社盘活资源绩效差异的解释：约束机制的作用

1. 合作社约束机制的差异

白塔合作社与社员实际上仅存在购销关系，购销合同一年一签，约束机制薄弱。由于社员与合作社之间没有形成紧密的利益联结机制，社员既无动机也无条件监督理事长行为。龙鑫合作社与社员签订了正式的股权合同，资金股和土地股均可在社员间转让。合作社也允许社员退出合作社。监事会由4位出资社员组成，能对合作社的重大决策、财务状况、理事会或理事长的不当行为实行有效监督。日月星合作社与社员签订正式的入股合同，资金股可以退出；土地股不能退出，只能在社员间转让。监事会由3位两委成员构成，理事长行为受到监事会有效监督。

2. 约束机制对抵制失当决策和抵制内部分裂的影响

合作社的内部监督机制能够在决策机制之外为失当决策的制定和实施提供另一条防线。白塔合作社由于缺乏内部监督制度，致使合作社大的投资项目处于无监管状态，而且错误的战略选择长期得不到纠正。龙鑫合作社和日月星合作社设置了监事会，监事会成员由与合作社有密切关系的社员担任，这使合作社的重大战略选择和投资决策处于监管之下，有效防治了失当决策的产生和实施。

合同签订形成的内生性约束很大程度上影响了合作社的内部稳定性。白堠合作社中，社员与合作社仅靠短期购销合同维系，合作社经营顺利时，社员可以通过与合作社的交易获利，会保持与合作社的关系。当经营困难时，就失去了维系的理由，合作社缺乏凝聚力和稳定性。龙鑫合作社中，资金股和土地股均可以退出。在合作社面临经营困境的情况下，社员可能会选择退股出社，特别是土地股的退出使合作社无法保证稳定的生产基地和原料来源，合作社具有潜在的不稳定性。日月星合作社中，资金股可以退出，但土地股不能退出，这一约束使合作社在经营困难的时候不至于因为内部分裂而丧失基本经营条件，合作社稳定性较强。

（五）农民合作社盘活资源绩效差异的深层原因：社会资本视角的分析

白堠合作社本质上是外来工商资本参与农业农村领域经营的产物，属于工商资本领办型合作社。白堠合作社失败的原因在于工商资本进入自身不熟悉的经营领域，试图利用资金实力形成规模优势，但对原材料市场和产品市场重视不足。工商资本在与农民的合作中不能充分信任农民，不能与农民建立紧密的利益联结机制和有效的治理机制，也就无法有效激发农民中的多元化资源，盘活资源绩效较差，造成大量资金和土地的浪费。退一步讲，即使该合作社能够利用企业资源突破发展瓶颈，获得经营成功，农民也只能享受较高的收购价格，盘活资源的绝大部分收益都流入企业家个人，对促进农民增收和提高农民生活水平作用有限。

龙鑫合作社接近标准的农民专业合作社，由大户领办，几位大户出资并吸引其他种植户加入。由于社员都是同村同业农民，这在过去的交流和交往中反复博弈形成了广泛的信任。Fukuyama 和 Zamorski（1995）认为信任是社会资本的核心要素。在农民合作社发展中，信任至少有三个作用：一是促进人们通过可信的交流传播有效信息和知识，从而使合作社能够在集思广益的基础上形成正确决策；二是促进成员之间的互助互惠行为，使成员更积极地将自有资源投入到合作社经营中；三是形成统一的规范，从而促成集体行动和集体目标实现。在充分信任的基础上构建了能够充分调动社员参与合作社事务和投入生产要素积极性的治理机制，这是龙鑫合作社盘活资源绩效较好的主要原因。

日月星合作社吸收全部村民以及全村土地入社，由两委骨干担任理事和监事，属于村干部领导下的集体经济组织。该村村民数量很少，村民之间互动频繁、信任较强，建立起强联系型社会网络，这种社会网络有助于形成共同解决问题的机制（Dyer & Nobeoka, 2000）。理事长同时是村两委领导，在集体组织内部是政治权威的代表。合作社成立后，理事长又通过为村民提供工作岗位、为村里老人定期发放生活费等方式进一步巩固了其权威性。Coleman（1988）认为社会网络中权威的出现能够促进组织的形成和统一行动。在这样的社会资本条件下，日月星合作社形成了较前两个合作社更为完善的治理机制，并逐渐发展为盈利能力和稳定能力兼备的农民合作社，有效盘活了当地资源。

五　结论与讨论

本文分析了山西省左权县易地扶贫搬迁地区相似的外部环境下，内部治理机制的差异如何影响农民合作社盘活迁出村资源的绩效，并进一步探讨了合作社治理机制和盘活资源绩效差异形成的深层次原因。研究表明：（1）资金并不是盘活乡村资源最重要的因素。缺乏涉农行业经营经验的工商资本领办型农民合作社如果只依靠资金实力，而不重视通过治理机制建设有效调动社员积极性，很可能造成大量的资源浪费。但工商资本对农民往往缺乏信任，不愿意与农民建立紧密的合作机制，这是制约工商资本在盘活迁出村资源中发挥作用的主要因素。（2）标准的农民专业合作社容易基于地缘、业缘形成紧密的利益联结和有效的治理机制，盘活迁出村资源绩效较好。但由于对社员退社往往缺乏限制，这类合作社容易在面临经营困境的时候因为社员退社而面临分裂甚至失败。（3）村集体经济组织型的农民合作社中，农民往往能够在信任和权威的双重作用下形成规范的治理机制，而且村民的身份使农民很难退出村集体经济组织，从而使合作社在经营困境中不至于因为社员退社而面临分裂，具有较强的稳定性，更能在盘活迁出村资源中发挥重大作用。

随着2020年实现全面建成小康社会的临近，大规模的易地扶贫搬迁必然会造成大量的迁出村以及村中闲置的资源。这些闲置资源由谁来盘活利用，如何盘活利用，是当前扶贫开发中的重大问题。在此背景下充分利用村集体的社会资本和组织资源，探索和引导发展村集体经济组织型的农民合作社，不仅能有效盘活迁出村资源，而且可以促进村民共享合作社发展成果，实现长效脱贫。

参考文献

程新生，2004，《公司治理、内部控制、组织结构互动关系研究》，《会计研究》第4期。

何得桂、党国英，2015，《西部山区易地扶贫搬迁政策执行偏差研究——基于陕南的实地调查》，《国家行政学院学报》第6期。

黄祖辉、高钰玲，2012，《农民专业合作社服务功能的实现程度及其影响因素》，《中国农村经济》第7期。

李博、左停，2016，《遭遇搬迁：精准扶贫视角下扶贫移民搬迁政策执行逻辑的探讨——以陕南王村为例》，《中国农业大学学报》（社会科学版）第2期。

刘宇翔，2016，《农民合作社功能结构与农民收入灰色关联分析》，《西北农林科技大学学报》（社会科学版）第6期。

曼瑟尔·奥尔森，1995，《集体行动的逻辑》，陈郁等译，格致出版社、上海三联书店、上海人民出版社。

朋文欢、黄祖辉，2017，《农民专业合作社有助于提高农户收入吗？——基于内生转换模型和合作社服务功能的考察》，《西北农林科技大学学报》（社会科学版）第4期。

汪磊、汪霞，2016，《易地扶贫搬迁前后农户生计资本演化及其对增收的贡献度分析——基于贵州省的调查研究》，《探索》第6期。

王宏新、付甜、张文杰，2017，《中国易地扶贫搬迁政策的演进特征——基于政策文本量化分析》，《国家行政学院学报》第3期。

王图展，2017，《自生能力、外部支持与农民合作社服务功能》，《农业经济问题》第5期。

王晓毅，2016，《易地扶贫搬迁方式的转变与创新》，《改革》第8期。

徐旭初、吴彬，2010，《治理机制对农民专业合作社绩效的影响——基于浙江省526家农民专业合作社的实证分析》，《中国农村经济》第5期。

许锦英，2016，《社区性农民合作社及其制度功能研究》，《山东社会科学》第1期。

杨小柳，2012，《国家、地方市场与贫困地区的变迁——广西凌云县背陇瑶的个案研究》，《中国农业大学学报》（社会科学版）第 3 期。

叶青、苏海，2016，《政策实践与资本重置：贵州易地扶贫搬迁的经验表达》，《中国农业大学学报》（社会科学版）第 5 期。

张益丰、陈莹钰、潘晓飞，2016，《农民合作社功能"嵌入"与村治模式改良》，《西北农林科技大学学报》（社会科学版）第 6 期。

赵佳荣，2010，《农民专业合作社"三重绩效"评价模式研究》，《农业技术经济》第 2 期。

周恩宇、卯丹，2017，《易地扶贫搬迁的实践及其后果——一项社会文化转型视角的分析》，《中国农业大学学报》（社会科学版）第 2 期。

周振、孔祥智，2015，《盈余分配方式对农民合作社经营绩效的影响——以黑龙江省克山县仁发农机合作社为例》，《中国农村观察》第 5 期。

Coleman, J. S. 1988. "Social Capital in the Creation of Human Capital." *American Journal of Sociology*, 94 (94): 95 – 120.

Dyer, J. H., Nobeoka, K. 2000. "Creating and Managing a High-performance Knowledge-sharing Network: The Toyota Case." *Strategic Management Journal*, 21 (3): 345 – 367.

Fukuyama F, Zamorski K. 1995. *Trust: The Social Virtue and the Creation of Prosperity*. New York Free Press.

Putnam, R. D. 1993. "The Prosperous Community: Social Capital and Public Life." *American Prospect*, 13 (13): 35 – 42.

The Effect of Internal Governance Mechanism of Cooperatives of Peasants on Their Performance in Revitalization of Resources
—Evidence from Relocation Areas of Zuoquan County, Shanxi Province

Guo Cheng　He Anhua

Abstract: With the rapid development of China's poverty alleviation and relocation, a lot of idle resources will be discarded in the moved-out areas, and how to effectively use these resources to will become a prominent problem. This paper focuses on the role of farmers' cooperatives of peasants in the revitalization of idle resources in the moved-out villages. Reflecting performance in the revitalization of resources of farmers' cooperatives of peasants with their profitability and stability, this paper analyzes how the internal governance mechanism of farmers' cooperatives affects their performance in the revitalization of idle resources in the moved-out villages based on the case of three farmers' cooperatives in Zuoquan County, Shanxi Province. By comparative case analysis, this paper finds that although enterprise-leading cooperatives always have advantage of capital, it is difficult for them to form a governance mechanism which is win-win cooperation with farmers, which limits their ability to revitalize resources of moved-out villages. It is easier for large-leading type cooperatives to form decision-making mechanism, incentive mechanism and restrictive mechanism which are conducive to revitalizing resources of moved-out villages on the basis of trust, but the restrictive to the members' exit is always weak, which may have a negative impact on the stability of cooperatives during difficult periods. village collective cooperatives are more likely to form effective decision-making mechanism, incentive mechanism and restraint mechanism based on social capital in the village. So it could be an effective way to promote the development of such cooperatives to revitalize the resources of moved-out villages.

Key words: farmers' cooperatives; social capital; relocating the poor

统分结合新形式与农业规模化经营的实现

——基于河南省荥阳市新田地种植专业合作社的案例分析[*]

周　振　张　琛　安　旭　孔祥智[**]

摘　要　本文从新田地种植专业合作社实践出发，提出了该合作社为何能在当前"地价上升、粮价低迷"时期保持经营规模不缩减、经营绩效不下滑的问题。为此，剖析了新田地种植专业合作社的组织结构、主营业务以及关键制度设计，研究结论表明：合作社规模经营较好的原因是处理好了"统"与"分"的关系，探索出了一种与传统方式不同的"统分结合"形式。具体而言，合作社通过对农业社会化服务的统一组织管理，获得了规模收益；同时，在统一服务的框架内设计出了数个"分"的机制，降低了规模化经营成本，较好地解决了国内多数新型农业经营主体"因'统'得较多、'分'得不足"所造成的生产成本较高的问题。本文的研究

---

[*] 本文得到国家自然科学基金"社会化服务对农业经营主体生产效率的影响机制与政策选择研究"（批准号71773134）、"成员异质性、合作社理论创新与农民专业合作社发展政策体系构建"（批准号71273267）、国家自然科学基金国际合作与交流项目"变化市场中农产品价值链转型及价格、食品安全的互动关系——以蔬菜、渔产品和乳制品为例"（批准号71361140369）和教育部人文社会科学重点研究基地重大项目"我国新型农业经营体系构建与实践案例研究"（批准号14JJD790030）资助。

[**] 周振，国家发展和改革委员会产业经济与技术经济研究所助理研究员，主要研究方向为农业政策分析、合作经济和农业机械化；张琛，中国人民大学农业与农村发展学院博士研究生，主要研究方向为农业政策分析、合作经济；安旭，中国人民大学农业与农村发展学院硕士研究生，主要研究方向为合作经济；孔祥智，中国人民大学中国合作社研究院院长、农业与农村发展学院二级教授、博士生导师，主要研究方向为农业政策分析、合作经济。

对推进我国农业规模化经营有如下几点启示：第一，农业规模化经营要注重"统分结合"，既不能"统"得不够，也有不能"分"得不足；第二，"统分结合"中"统"的主体不一定是非农村集体经济组织莫属，要注重发挥新型农业经营主体在"统"方面的作用；第三，新田地种植专业合作社的实践表明服务规模化是实现农业规模化的一种可选路径。

关键词 专业合作社 "统分结合" 农业规模化 服务规模化

一 问题的提出

农业规模化一直以来都是中国农业政策制定高度关注的目标。大量的文献研究与实践经验证明，适度规模经营是发展现代农业的必由之路，既有利于优化土地资源配置和提高劳动生产率，又有利于保障粮食安全和主要农产品供给，还有利于促进农业增效、农民增收（Chen et al., 2009；曹东勃，2013；Yang et al., 2014；李文明等，2015）。近年来，我国政府连续出台了数个高规格的促进或与规模化经营相关的政策文件。2016 年中央一号文件提出"要建立新型农业服务主体，发挥多种形式农业适度规模经营引领作用，充分发挥多种形式适度规模经营在农业机械和科技成果应用、绿色发展、市场开拓等方面的引领功能"；2017 年中央一号文件再次提出"要积极发展适度规模经营，通过经营权流转、股份合作、代耕代种、土地托管等多种方式，加快发展土地流转型、服务带动型等多种形式规模经营"。

从历史上看，我国农业规模化经营大致经历了三个阶段。第一阶段是 20 世纪 50 年代至 20 世纪 80 年代初举国大规模经营的合作化运动初期，因生产效率低下等原因最终不得不终止。第二阶段是 20 世纪 80 年代至 20 世纪 90 年代的向家庭分散经营的转型期，虽然家庭分散经营在一定历史时期发挥了重要作用，但是经营规模过小带来的资源要素配置效率不高、生产对价格信号反应不灵敏的弊端逐步凸显。尽管早在开始全面推行家庭承包经营制度时，中共中央就在 1984 年的中央一号文件里明确指出"鼓励土地逐步向种田能手集中"，可是直到 1996 年，流转土地面积占家庭承包经营总面积的比重还不到 1%。第三阶段是 21 世纪以来，尤其是 2007 年全国人大出台《物权法》和 2008 年中共十七届三中全会提出"赋予农民更加充分而有保障的土地承包经营权,现有土地承包关系要保持稳定并长久不变",极大地推进了土地流转和规模化经营。自 2009 年起,土地流转面积占家庭承包经营总面积的比重达到两位数并不断攀升,2016 年全国土地流转面积达到了 35%,土地流转面积达 4 亿亩以上。经过土地流转后形成的经营规模 30 亩以上的农户为 1052.1 万户,相比 20 世纪 90 年代有了较大改观。总体而言,农村通过土地流转探索出了一条在家庭承包经营基础上迈向适度规模经营的新道路。大量的文献对此种方式评价极高,认为这是在保持农业基本经营制度不变前提下,中国农业走向规模化经营的有效途径(Kalirajan & Huang, 1996;陈锡文、韩俊,2002;张红宇等,2015;赵鲲、刘磊,2016)。

但是,当前以土地流转通往规模化经营的生产模式正面临着国内生产成本上升与全球农产品价格下跌的双重挑战。据《全国农产品成本收益资料汇编 2016》统计,2011~2015 年,稻谷、小麦、玉米三种主要粮食每亩平均总成本由 791.16 元上升到 1090.04 元,按可比较价计算增长了 26.5%,尤其是土地成本增长了 41.7%,增长速度位于各项投入之首,成了成本快速上涨的主引擎;同期,全球稻谷、小麦、玉米三种主要粮食价格分别下降 34.27%、40.11% 和 44.50%。① 生产成本与经营收益的"一升一降",导致农业经营利润快速下降,全国不少地区已出现了规模经营"开倒车"的现象(王建等,2016;高强,2017)。如秦风明和李宏斌(2015)在山西的调研发现,长治、晋城等地出现了多起"毁约弃耕"事件。土地流入方因经营压力上升,单方面解除合同,强行退回耕地。笔者在黑龙江省克山县调查也发现了类似现象,因玉米价格低迷以及地租成本居高不下,大量的农机合作社减少了种植规模,单方面与农户撕毁土地流转合约。总体看,在粮价下跌与地价居高的双重冲击下,我国流转土地式的规模化经营方式陷入了困境,建立在地租成本之上的规模化经营越来越受到学者质疑(党国英,2016;联办财经研究院课题组,2017)。

然而,在全国农业规模经营"开倒车"趋势抬头的背景下,河南省荥

---

① 国际货币基金组织,http://www.imf.org/external/index.htm。

阳市新田地种植专业合作社（以下简称"新田地合作社"）开展的规模化经营却表现出了与众不同的地方。首先，经营规模持续扩大，经营规模已从2011年的200亩增加到2016年的5万多亩；其次，在2016年东北"玉米贱卖"与华北"小麦难卖"时期，合作社产品不但供不应求，而且价格普遍高出市场价格0.1～0.2元/斤。那么，为何在大量新型农业经营主体经营规模缩减背景下，新田地合作社经营规模反而逆势而上呢？为何在全球农产品低价周期内，新田地合作社产品反而供不应求，并且价格普遍高于市场价呢？新田地合作社在规模化经营中展现出的独特优势非常值得我们深思。与当前国内多数新型农业经营主体规模经营方式相比，新田地合作社究竟采取了哪些特殊的制度安排，或者在规模化经营中把握了哪些关键因素？本文的研究以期能够为我国当前的规模化经营困境开辟出一条破解之路。

二 资料收集与案例介绍

（一）资料收集

河南省荥阳市新田地合作社成立于2011年3月，由6名核心成员发起。为获得充足、真实的研究资料，我们对合作社开展了3次细致的调查研究。第一次是2016年6月，在国家行政学院与合作社理事长进行了长达4个小时面对面的深度访谈。通过这次访谈，我们了解了合作社的发展历程，梳理出了合作社的成员组织结构、股权分布结构、主要经营业务和近年经营业绩，并对合作社的发展历程和运行机制有了初步的框架性了解。第二次是2016年9月，我们组织了6人的调查团，赴河南省荥阳市对新田地合作社进行了实地调查。在调查中，我们与合作社理事长和其他4名理事会成员进行了长达5小时的半结构化访谈，重点访谈了合作社系列制度选择的背景与原因，了解了合作社各项运行机制的细节；重点关注了合作社经营绩效的来源，以及经营绩效与合作社制度的关联；同时调查了合作社与普通农户各自经营成本收益的差异。更为关键的是，还调查了合作社机械服务、粮食烘干等具体服务环节。通过这次调研，不仅对合作社的组织结构、制度安排以及经营绩效有了全面的、系统性的认识，而且也获得了合作社规模化经营的感性认识。第三次是2017年5月，我们组织了5人的调查团，再次赴河南省荥阳市对新田地合作社进行实地调查。此次调查主要是为获得合作社农业社会化服务的细节资料。在调查中，我们与合作社理事长、监事长、3名农业生产要素车间主任、1名播种肥农机手和10余名合作社社员进行了长达6个小时的半结构化访谈，又到合作社成员比较集中的村之一后侯村进行了实地调查。此次调查，我们全面了解了合作社社会化服务机制，以及合作社在带动农民增收方面的作用。通过这三次调查访谈，共形成了近2.5万字的访谈记录。

除访谈资料外，我们还收集了河南省、郑州市两级农业部门对新田地合作社做出的总结材料及相关媒体材料。这些材料较为详尽地介绍了新田地合作社经营方式的变迁过程，也总结了新田地合作社农业社会化服务情况，为本研究提供了较好的素材支撑。

（二）案例介绍

1. 合作社主营业务

与多数新型农业经营主体规模化经营方式不同的是，新田地合作社并没有成片流转农户土地统一经营，而是仅向农户提供农业生产性服务，具体包括粮食生产服务与粮食流通销售两项业务。

在粮食生产服务上，合作社提供涵盖农资供应、耕、种、植保、收全程的农业生产性社会化服务。具体流程与环节如下：（1）签订服务合同。为确保服务的稳定性与规模，合作社与农户年初签订服务合同，确定服务种植面积、种植品种以及服务价格。一般而言，合作社服务对象都是与合作社签订服务合同的农户。（2）农资供应。服务合同规定合作社服务对象必须使用合作社统一提供的种子（强筋小麦和胶质玉米）、化肥和农药等农资产品。为保证产品品质，合作社向众多小麦科研专家、教授请教如何选取优质麦品种。目前，合作社已与河南省农科院、新乡市农科院形成了稳定的合作关系，稳定了优质种源。值得一提的是，为了进一步保障种子质量，合作社还流转了800亩土地用作试验，一方面试验种子实际效果，另一方面在农户群体内产生示范效应。在农资选择上，合作社与一线品牌企业如红太阳集团、洋丰、史丹利等建立了合作关系。这些企业为合作社提供农资施用技术指导服务，保障了农资品质。为提高优质种子推广力度，合作社每年轮流在不同的村庄免费提供种子，年免费提供种子量大约能覆盖1000亩地。（3）耕、种、植保、收全程农业机械服务。合作社为农户组织全程农业机械服务，如联系农机服务组织或个人为农户开展生产服务，同时居中协调服务价格，但不参与农业机械服务的分红与提成。

在粮食流通销售上，合作社经营粮食烘干、粮食收购两项关联业务。（1）粮食烘干。黄淮海地区小麦、玉米收割时水分较高，若不及时除掉水分，容易产生大量黄曲霉素。这不但会降低粮食品质、削弱销售价格，而且也不利于健康食用。当前荥阳地区农户普遍缺少粮食晾晒场，粮食烘干成了收获后影响销售的最重要问题。为此，合作社投资建设了粮食烘干塔，一方面能促进粮食销售，丰富合作社业务；另一方面，还能促进农业生产性服务的拓展，即通过粮食烘干服务让更多农户知晓合作社主营业务，并吸引农户参与购买合作社农业生产性服务。为更好地使农业生产性服务与粮食烘干购销业务协同发展，合作社构建了不同业务相互配套的产业布局，即在哪里收获粮食，就在哪里配套粮食烘干塔，并建造粮食流通销售仓库。截至2017年5月，合作社共投资建成烘干塔10座，日烘干能力达700吨。目前，合作社烘干业务正在从粮食烘干向油菜籽烘干等其他产品延伸。（2）粮食收购。在次序上，粮食收购业务列于烘干之后，即合作社收购农户烘干后的粮食。烘干、销售业务的纵向一体化，既为农户提供了售粮的便利，又延伸了合作社服务链。合作社收购农户粮食时，按照国家标准控制水分，以当天价格进行结算。当天价格根据合作社附近10个收粮点的平均价格核算，一般而言合作社收购小麦的价格会高出平均价格0.07元/斤，玉米价格为平均价格。

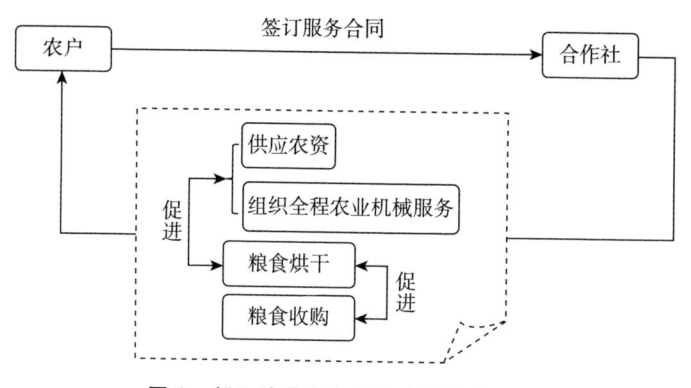

图1 新田地种植专业合作社主营业务

2. 合作社运行机制

首先，在组织成员结构上，合作社组建了分层制组织结构。合作社组织成员结构分为核心成员、普通成员、社员三部分。其中，核心成员为6名发起人，发起人在合作社共出资40万元；合作社成立之初普通成员203名，普通成员按1000元/股入股合作社，最高不超过5股，2011年普通成员合计入股60万元。社员是与合作社签订服务合同的农户，社员在合作社不入股，2017年5月，合作社社员人数达到1.9万人（见表1）。

表1 2011~2017年新田地种植专业合作社组织成员结构

单位：人

年份	核心成员数量 （合作社发起人）	普通成员数量 （资金入股者）	社员数量 （合作社服务的农户）
2011	6	14	—
2012	6	197	—
2013	6	197	—
2014	6	197	6000
2015	6	197	12000
2016	6	197	12000
2017	6	180	19000

注：由于合作社建立了核心成员与普通成员共同参与的决策机制，合作社控制权较为分散。为提高决策效率以及提升决策权集中度，合作社通过"要求普通成员追加投资，否则退社"的方式主动减少普通成员数量。调研中，合作社介绍，未来的趋势是普通成员数量进一步减少，社员数量继续增加。本文的重点不是讨论合作社决策权问题，此处不做过多讨论，但这可作为后续一个研究点。

其次，在业务决策上，合作社建立了核心成员、普通成员共同参与的决策机制。合作社的重大决策，如追加入股资金、向银行融资贷款、建造粮食烘干塔等高价值固定资产投资事项，由合作社核心成员、普通成员组成的成员代表大会决议，成员代表大会2/3人员同意后决策生效。其中，成员代表大会人员从核心成员与普通成员中推选产生，合作社服务对象即社员不参与成员代表大会。每10位成员（专指核心成员与普通成员）中产生1个成员代表大会代表。重大决策如融资贷款决策要求更为严格，合作社规定凡超过100万元金额的投资必须召开成员代表大会讨论，并且还要求所有入股成员均同意并签字后决策才能生效。这种决策机制建立了核心成员与普通成员相互约束的机制。据调查，合作社成立以来，成员代表大会已两次否决过理事会提议。值得关注的是，合作社在重大决策上并没有采用"按股决策"的机制，而是构建出了体现"一人一票"的民主决策机制。不过，一般日常决策则由合作社核心成员或理事会成员共同商议决定。

再次，在为农服务上，合作社成立了生产要素车间。随着合作社社员数量与服务土地面积的同步快速增加，为保证合作社服务质量与效率，合作社采取"化整为零"的思路，于2014年创立了以村社为单位的农业生产要素车间。生产要素车间是合作社为农民服务的具体执行者，由一名主任和几名成员组成，车间主任一般是本村社农民。生产要素车间负责统一调配辖区内的农药、肥料、种子等农资供应，监督管理农药、化肥的使用，严防禁止药物和有毒有害物质在生产环节内的使用，并开展产品质量追溯、产品标识等农产品质量监管服务。

最后，在盈余分配上，合作社建立了覆盖核心成员、普通成员的多种形式分配方式。根据合作社业务特征，合作社建立了两种盈余分配方式。第一种是围绕农资销售差价、粮食烘干服务、粮食收购三种利润之和的分配方式，盈余仅在核心成员与普通成员（即在合作社出资入股的成员）之间进行分配。其中，向合作社出售粮食的交易量占可分配盈余的40%，投资额占可分配盈余的20%，剩余盈余的40%作为合作社公积金。第二种是围绕粮食贸易的分配方式，粮食贸易是合作社外向型业务，粮食收购对象既不是合作社入股成员，也不是合作社服务社员，而是合作社对外的组织或个人。粮食贸易盈余的分配方式是，核心成员、普通成员各分配盈余的50%，各群体内按个体出资额分配盈余。不过，为了积累合作社发展资金，合作社规定，至合作社成立6年内，盈余仅量化到核心成员与普通成员的个人账户，尚不立即分配。

3. 合作社经营绩效

近7年时间里，新田地合作社经营绩效逐步凸显，在经营规模、带动农民增收、示范辐射上取得了突出成效。

首先，合作社经营规模持续增长，通过服务规模化探索出了一条农业经营规模化的新道路。从服务面积看，新田地合作社经营规模增长迅速，已从2011年的200亩增加到2016年的51000亩，近年来经营规模均稳步维持在5万亩以上（见图2）。当前，伴随农业生产成本逐年攀升以及粮食价格持续走低，国内大多数新型农业经营主体经营规模缩减，新田地合作社规模化经营状况与大多数新型农业经营主体现状形成了鲜明的反差。这种反差既反映出了新田地合作社规模化经营的强劲生命力，又表明新田地合作社规模化经营模式在抵御外界不利因素冲击下具有很强的稳定性。从经营利润看，新田地合作社的营业利润从2011年开始持续上升（见图2）。截至2016年底，新田地合作社已实现盈利350万元，较2011年利亏损60万元有了明显好转，年均增长46.9%。

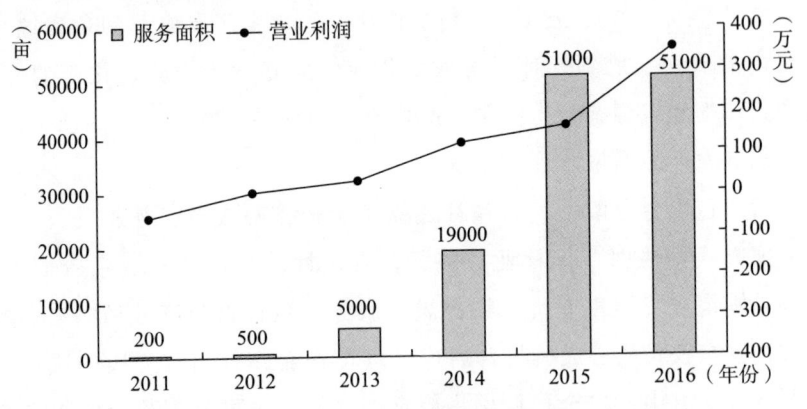

图2　2011～2016年新田地种植专业合作社服务面积及营业利润

其次，新田地合作社全程农业生产性服务"节本提价"明显，带动农民增收效果突出。小麦是新田地合作社生产服务的最主要农作物品种。从成本上看，新田地合作社小麦规模化经营比传统农户分散经营具有成本节约的强劲优势。如表2所示，合作社成本优势主要体现在两个方面：一是投入品数量减少，合作社规模化经营亩均种子、化肥投入量分别比传统农户减少5公斤、40公斤；二是投入品价格较低，合作社化肥、机械亩均投入比传统农户减少50元、20元。总体而言，合作社规模经营亩均经营成本比传统农户经营成本减少111元，相比传统农户节约成本近30%。从产量上看，虽然新田地合作社亩均小麦投入品数量明显少于传统农户，但是小麦单产丝毫不低于传统农户。绝对数值上，合作社规模化经营单产比传统农户高出200斤/亩，相比传统农户增产20%（见表3），这表明合作社规模化经营比传统农户具有明显的生产技术优势。产品售价上，合作社渠道销售的小麦价格相比传统农户高出 0.2 元/斤，价格高出近 20%。值得说明的是，在 2016 年华北"小麦卖难"的时刻，新田地合作社经营的小麦产品供不应求，益海嘉里、五得利、中粮等大型粮企争相入市收购。通过测算，在成本节约、单产提升与售价提高多方面因素作用下，合作社生产每亩小麦净利润比传统农户高出 557 元。

表 2　2016 年荥阳市传统农户与新田地种植专业合作社服务农户亩均小麦成本对比

生产资料	荥阳市传统农户			新田地种植专业合作社服务农户			节约成本（元）
	名称	使用量	金额（元）	名称	使用量	金额（元）	
种子	普通麦	15 公斤	60	强筋麦	10 公斤	40	20
化肥	底肥	50 公斤	150	控施肥（一次施肥）	50 公斤	140	50
	追肥	40 公斤	40				
农药	除草剂	1 袋	10	除草剂	1 袋	0	10
	防倒伏	1 瓶	5	防倒伏	1 瓶	4	1
	飞防	1 次	25	飞防	1 次	15	10
	叶面肥	1 袋	2	叶面肥	1 袋	2	0
机械	播种	1 次	30	播种	1 次	20	10
	收割	1 次	50	收割	1 次	40	10
成本合计	—	—	372	—	—	261	111

注：合作社为社员免费提供除草剂，小麦销售单价按 2016 年雨前麦平均价格计算。

表 3　2016 年荥阳市传统农户与新田地种植专业合作社服务农户亩均小麦收益对比

类别	产量（斤）	单价（元/斤）	销售额（元）
荥阳市传统农户	1000	1.03	1030
新田地种植专业合作社服务农户	1200	1.23	1476

再次，新田地合作社发挥出了较好的辐射带动作用，以服务为主的规模化经营模式逐步在周边地区复制、扩散。因为优异的经营绩效，新田地合作社先后获得"荥阳市十佳合作社""郑州市农民合作社示范社""郑州市农民合作社十佳社""河南省省级农民合作社示范社""国家级农民专业合作社示范社""全国优秀农民合作社"等荣誉称号。2016 年初，合作社理

事长受邀前往中南海参加国务院总理在北京主持召开的科教文卫体界人士和基层群众代表座谈会。随着新田地合作社名声及其经营事迹在荥阳地区的逐步扩散，截至 2017 年 5 月，合作社"服务规模化带动经营规模化"的运营模式逐渐辐射到周边的太康县、西平县和封丘县等 9 个县（市、区），这些地区先后出现了以"新田地"冠名的农民合作社，并仿效新田地合作社的经营方式，向农户提供全程农业生产性服务。

三　"统分结合"视角下合作社规模化经营阐释

根据 North（1990）的分析框架，制度安排决定经济绩效。为此，本文以新制度经济学为分析框架，从合作社的制度设计中剖析经营绩效的制度来源，解析新田地合作社规模化经营强劲生命力的制度原因。

（一）理论上看，农业规模化经营既要"统"又要"分"

结合新田地合作社的主营业务以及关键制度设计特征，本文认为新田地合作社取得突出经营绩效的关键是处理好了农业规模化经营中"统"与"分"的关系。"统"与"分"的本质意义并不直接体现经营性质，它所体现的是生产力要素的组合形式或管理方式（邓乾秋，1992），是个互为参照、相对的概念。生产力要素从分散到集中体现的是"统"的形式，相反体现的是"分"的形式。从理论上看，规模化经营既不是"统"得越多越好，也不是"分"得越多越好。

一般而言，大量研究强调"统"在农业生产中的作用与必要性，总体看"统"具有三个方面的作用：第一，"统"能扩大经营规模，获得规模效益。根据边际收益递减理论与边际成本递增理论，生产一般都存在最优规模问题。以图 3 土地要素投入为例，从利润角度看，土地要素投入量小于 X_1 时，因收益较小、初始投资较大，农业生产不仅不能获得规模效应，还经营亏损；土地要素投入量增加到 $X_1 \sim X_3$ 区间时，要素投入跨越盈亏平衡点，边际收益大于边际成本，生产处于规模报酬递增状态。这表明为获得规模收益或利润，生产规模需达到一定程度，才能覆盖初始投资。另外，中国农民户均耕地面积较小，为收获规模效应，通过土地流转强化"统一经营"就成了题中之意，这也是当前大量新型农业经营主体重视生产统一的重要原因之一。第二，大额投资以及解决基础设施投资外部性问题的需要。农业生产有时需要较大资金投入，而农户之间的合作、联合形成统一的投资主体往往是解决这类问题的有效办法，这也凸显出了"统"的必要性。另外，农田水利、交通道路等农业基础设施投资具有很强的外部性，是典型的公共产品，农户在投资时亦需要统一生产，将公共产品转化为区域内俱乐部产品。第三，增强市场谈判权。单个农民因经营规模不足，很难与外部市场主体获得同等谈判权。农民通过合作的方式统一销售产品能有效地增强市场谈判力，这也是中国大量农民合作社成立的一个重要原因（唐宗焜，2012）。

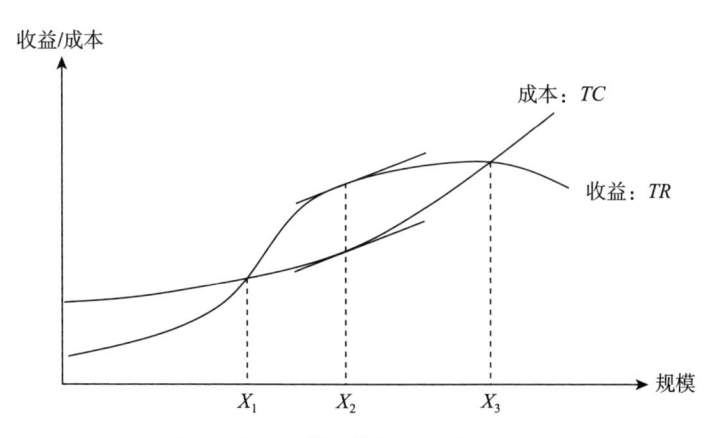

图 3　农业经营规模与成本收益关系

正是因为统一生产具有上述诸多优势，大量农业生产者都热衷于扩大经营规模，沿着"统"的方向越走越远。虽然"统"有着诸多益处，但是这并不意味着"统"得越多越好；相反，"统"得过多反而不利，在"统"的基础上建立"分"的机制亦有其合理性，同时"分"的机制的建立还能促进"统"。首先，农业生产存在服务半径问题。在现有技术条件下，农业生产还无法实现全智能化，必须配备相应的劳动力。从劳动力与土地要素投入组合关系看，在一定技术条件下，受劳动时间和强度约束，劳动服务或经营面积存在边界（如图 3 中的 X_3），即一个劳动力经营的面积始终有限。在许多统一规模化经营实例中，我们经常能看到在统一经营（即农业生产性服务统一）框架下，规模化经营被划分为数个单元承包给多个劳动力,即构建了"统中有分"的经营模式。从经济学原理看,这符合两个"边际理论"。在劳动力投入以及其他条件不变情况下,土地要素投入存在边际收益递减与边际成本递增的规律,因而单个劳动力不仅存在生产边界问题,还存在最优生产规模问题(如图3中的X_2)。从利润最大化目标考虑,统一经营框架下的分散经营有着合理性。其次,农业生产精细化、多样性管理特征需要在"统"的基础上建立"分"的机制。农业生产是自然再生产过程和经济再生产过程的统一,具有时间上的季节性、空间上的分散性以及生产条件的复杂性,既需要生产经营者的精细照料,又要求生产经营者随季节而作和分散作业、随机应变,这一点并不适用于完全的统一生产。"统"更多考虑的是共性因素,"统"得越多,个性因素兼顾得越少,因此有必要在"统"的基础上建立"分"的机制,即建立对个性化因素的应对机制。最后,"分"亦是风险分散、成本分担。从风险角度看,"统"得越多,生产经营风险越高度集中;同理,生产成本也高度向同一主体集中。这表明并不是"统"得越多越好;相反,分散经营也是风险与成本的分摊。

通过对"统"与"分"的理论比较分析,不难发现"统"与"分"并不是完全对立的;相反,"统"与"分"各具优势,是对立统一的。因此,"统"与"分"的有效契合,才是中国农业规模化经营可持续发展的关键点。

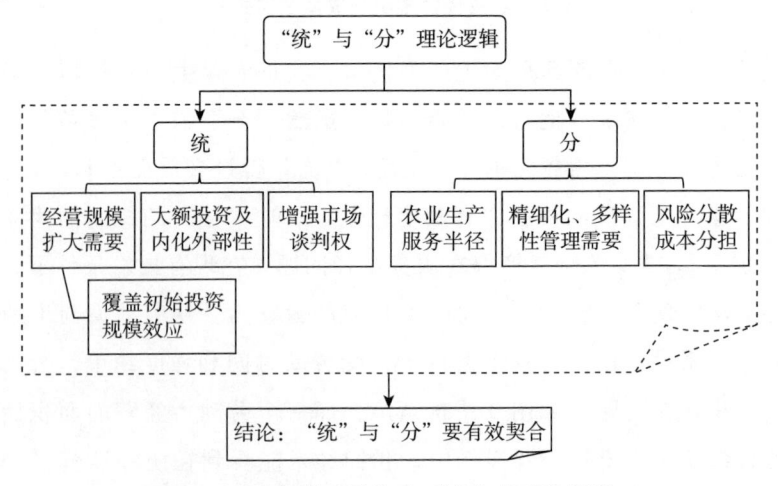

图4 农业经营"统"与"分"的理论逻辑

（二）实践上看，新田地合作社探索出了新的"统分结合"模式

按照上述"统"与"分"的理论分析，新田地合作社规模化经营无论是组织制度设计，还是农业生产服务，处处都体现着"统"与"分"的逻辑。总体看，新田地合作社有效结合了"统"与"分"的优势，这也是合作社经营绩效的主要来源。

1. "统"是合作社规模经营收益扩张的主要来源

新田地合作社的"统"主要体现在粮食生产、流通销售由一家一户分散承担向合作社集中服务转变，具体表现在三个方面。这三个方面构成了合作社规模经营收益扩张的基础，与国内大多数新型农业经营主体的生产方式相一致。

首先是品种选育，由普通农户分散选种向合作社统一选种转变，增强了农业技术投资。产品品质好是新田地合作社小麦售价普遍高于市场价的一个重要原因。这是由合作社注重品种投入决定的。相反，传统农户很难有能力选取到优质品种。一方面传统农户缺乏与科研院所的联系渠道，较难获得技术支持；另一方面品种试验需要较大的投入，传统农户也很难承担。传统农户的局限性从反面彰显出了"统"的必要性。合作社不仅是生产服务的集中，也是信息、资源、社会关系的集中，这有助于合作社获得外部技术支持。同时，合作社规模较大、资金实力强，也能承担品种选育的投入成本。另外，合作社对未来市场需求的把握能力也强于传统农户，正如合作社理事长所说"未来新田地合作社不打算再在强筋小麦上做文章了，因为再过几年强筋小麦必然会出现过剩的情况，合作社未来的发展方向是做绿色、有机农产品"，这一点也是传统农户不可比的。总体而言，相比传统农户分散选种，合作社统一选育种植品种至少能起到两方面的作用。一是做到科学选种，保证了产品品质质量；二是能瞄准市场需求。这两点均为合作社畅通产品销售奠定了基础。

其次是生产服务统一组织与调度赢得规模收益。主要包括农药化肥供应与耕、种、植保、收全程农业生产性服务的组织实施。这一点在合作社主营业务中占据重要位置。相比传统农户的生产模式，合作社"统"的方式至少能发挥两个关键性作用。第一，既节约了粮食生产成本，又提高了产出。表2

数据显示，在新田地合作社统一生产服务下，每亩小麦生产成本比传统农户生产成本节约 111 元，同时每亩产量高出 20%。这表明"统"的生产方式能额外获得组织化收益，当然从形式上看这是组织生产方式变迁带来的制度收益，本质上是"统"作用下规模效应的发挥以及资金、科技要素投资报酬的显现。第二，"统"的生产组织方式既增加了农户收入，又为合作社创造了效益，成了维系合作社与农户合作关系的组织基础。这两点与国内大多数新型农业经营主体的生产组织形式相似。合作社通过统一、规模化经营获得规模化收益，依靠这种收益维系组织与个体的生产关系。

最后是流通销售的统一执行，既扩大了投资，又增强了农户市场谈判权。小生产与大市场的矛盾一直困扰着我国农业的发展，也是制约农户农产品销售、流通的关键问题。这种矛盾的存在，从反面凸显出了流通销售中"统"的紧迫性与重要性。总体看，合作社顺应这种需要，抓住了两个关键环节。第一，提供粮食烘干服务。上文论述了粮食烘干在流通销售环节中的重要性，然而小农户既无资金实力投资建设烘干塔，又因规模较小投资建设不经济，因而很难解决这种问题。相反，一方面，合作社通过"统"即成员资金入股的方式筹措资金，解决了小农户投资资金不足问题；另一方面，以统一生产、规模经营解决了小农户量小、烘干能力不足产生的不经济问题。第二，统一销售粮食。合作社统一销售粮食能扩大销售规模，是解决小农户市场谈判权不足的有力办法。表 2 的数据显示，合作社售粮价格比普通农户售粮价格高出近 20%。当然除了粮食优良品质的贡献外，统一销售粮食提高市场谈判地位发挥着重要作用。这两项均反映出了"统"的必要性与重要性。

2. "分"是合作社规模经营成本节约的重要原因

新田地合作社通过"统"的方式，既抓住了农业生产的关键环节，又攻克了小农户产品销售难题，这为合作社经营收益扩张奠定了基础。然而，国内大多数新型农业经营主体也在农业生产与流通销售环节运用了相似的"统"的方式，也扩大了规模经营收益，那么为何这些经营主体未能获得与新田地合作社同样的利润呢？本文认为，"统"主要解决的是规模经营收益的来源问题①，而"分"是降低当下中国规模经营成本的关键点。新田地合

---

① 虽然"统"能节约成本，但在当下依靠土地流转形成的规模经营的情形下，"分"的机制在成本节约上效果更为明显。

作社除了通过"统"扩张收益外,更为关键的是在"统"的框架内建立了"分"的机制,较大地降低了生产成本,从而使得合作社更加具有竞争力,这一点与多数新型农业经营主体都不同。这种"统"中有"分"的机制的作用主要表现在如下三个方面。

首先,服务集中但土地经营权分散式的"统"中有"分"的生产模式节省了大量的地租成本,为合作社降低了经营成本并分散了风险。流入土地是大多数新型农业经营主体实现规模化经营的前提条件,为此这些经营主体不得不支付土地流转费用。随着土地流转的加快,近年土地流转价格上升较快。纵使在当前粮食价格低迷期内,土地价格也居高不下。根据笔者调查,2017年5月,新田地合作社所在区域土地流转价格高达1200元/亩。倘若新田地合作社也流转土地,加上表2所列各项成本,土地成本占总成本的80%以上,每亩小麦利润15元,利润率不足1%,生产近乎处于盈亏平衡点。若粮食价格持续下跌,合作社陷入亏损风险较大。据新田地合作社所在区域另一个合作社负责人介绍,"现在粮价太低,土地太贵,如果未来粮食价格再往下跌,那我们就不种了,土地租金也就不给了"。然而,新田地合作社通过"分"的方式巧妙地规避了"粮价低迷、地价过高"的双重冲击,即不流转土地,仅为农户提供农业生产性服务。从产权看,土地经营权仍然分散在农户手中,这与土地经营权向新型农业经营主体集中的生产方式大不相同。合作社理事长对这种经营方式有着清晰的认识。合作社理事长介绍道:"我们不大规模流转土地的主要原因有三个:一是土地流转要付地租,租金又较高,合作社不得不准备大量的周转资金,这就增加了合作社的运营难度;二是大规模土地流转后管理成本和监督成本都上升了,这会压缩我们的盈利空间,本地流转土地的很少有盈利的;三是土地流转时合作社要承担所有的经营风险,但只提供服务则不一样,种什么是农民说了算,成本与风险都是合作社和农民共担的,要小得很多。"他反复强调:"我们以后都不会涉足土地流转,如果我们流转土地,就早'死'了。"理事长的话既指出了土地经营权"统"的高成本、高风险劣势,也从反面折射出了土地经营权"分"的低成本、低风险优势。从规模经营看,合作社的经营形态是"统"中有"分",即生产服务高度统一与土地经营权分散,这也是合作社"规模收益扩张、生产成本低廉"的制度基础,更是合作社相比其他经营主体竞争优势的关键来源。

其次，服务集中统一与生产要素车间共存式的"统"中有"分"的服务方式解决了农业生产服务半径问题，也兼顾到了精细化、多样化管理需要，减少了合作社的协调成本。表面上，合作社在生产服务供给上集中统一，确切说是"统"中有"分"。伴随服务规模的扩张，2014年，合作社成立了以村社为单位的农业生产要素车间。这种"统"中有"分"的服务方式至少发挥了两个作用。第一，解决了农业生产服务半径过大的问题。当合作社服务面积从2013年的5000亩增长到2014年的19000亩时，合作统一协调生产服务日益困难，即服务半径上限的约束愈发明显。为此，合作社依照工业车间生产思路，建立了多个以村社为单位的服务团队。据理事长介绍，这种方式降低了协调成本，也发挥了生产要素车间的独立性与积极性的作用。第二，符合农业生产精细化、多样化管理需要。相比合作社而言，以村为单位建立的生产要素车间更具有机动性、灵活性与便捷性，能够及时回应农户各种生产服务的需要，如农资供应、气象信息、销售信息等方面。这体现出了"分"的优势，而也恰恰是"统"的短板。这两点均降低了合作社作为单一服务供给主体在为农服务中的协调成本。

最后，农业机械服务虽由合作社统一组织调度，但是耕、种、植保、收等环节的机械服务分散外包，这为合作社省去了种类繁多的农业机械投资成本。新田地合作社很少直接为农户提供农业机械服务，全部的耕、种、植保、收等作业服务以及80%~90%的飞防作业服务都外包给了其他农机服务组织或个人。合作社的职责是统一联系农机服务组织或个人，然后组织农机服务人员直接到村庄为农服务，服务费用由社员与农机服务人员直接结算。这里"统"的是合作社在机械服务中的组织与调度，"分"的是具体环节服务的分散外包。这种"统"中有"分"的做法的最大优势是为合作社节省了大量农业机械投资费用。相反，国内多数新型农业经营主体规模化经营中必然会大量投资农业机械，这些农业机械不仅数量多、价格高，而且因涉及农业生产各个环节种类也较多。投资农业机械虽提高了农业生产的便利化程度，但是一方面较大地增加了经营成本，另一方面机械使用率低、闲置等问题也较为突出。新田地合作社分散购买服务的方式较好地解决了这类问题，对合作社降低经营成本做出了较大贡献。

统分结合新形式与农业规模化经营的实现 | 73

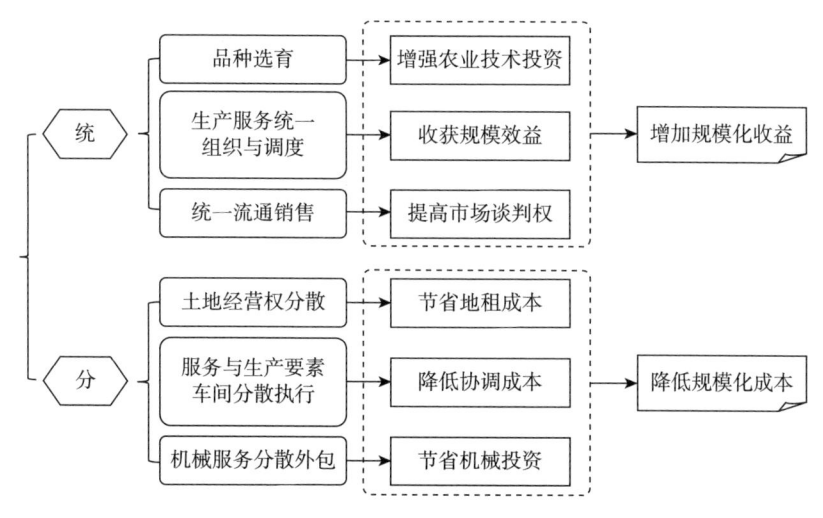

```
         ┌─ 品种选育 ────→ 增强农业技术投资 ┐
  ⟨统⟩ ──┼─ 生产服务统一 ──→ 收获规模效益 ──┼──→ 增加规模化收益
         │   组织与调度                        │
         └─ 统一流通销售 ──→ 提高市场谈判权  ┘

         ┌─ 土地经营权分散 ──→ 节省地租成本  ┐
  ⟨分⟩ ──┼─ 服务与生产要素 ──→ 降低协调成本 ──┼──→ 降低规模化成本
         │   车间分散执行                      │
         └─ 机械服务分散外包 ─→ 节省机械投资  ┘
```

图 5　新田地合作社"统分结合"形式的制度优势

3. 新田地合作社"统中有分，统分结合"的新模式具有特殊优势

从中国农业发展历程看，其经历过多种"统"与"分"的形式，分别是人民公社经营模式、家庭联产承包双层经营模式、新型农业经营主体流转土地规模化经营模式以及以新田地合作社为代表的规模化服务式的规模经营模式。

相比较而言，这几种模式既有"统"得过多的失败教训，也有"分"得过细的不利之处，而新田地合作社恰好平衡了"统"与"分"的关系，展现出了独特的优势（见表4），探索出了新的"统分结合"模式。第一，与人民公社经营模式相比，新田地合作社经营模式既解决了"统"得过"死"的弊端，也承担了过去人民公社农业生产服务供给者的角色，维系了规模经营。第二，与家庭联产承包双层经营模式相比，新田地合作社经营模式保留了土地承包经营权、种植决策权，农户拥有的"分"的形式对合作社降低经营成本起到了关键性作用；同时，还解决了家庭联产承包双层经营模式下农村集体经济组织"统"的功能弱化的问题，满足了农民对农业生产性服务的需要，构筑了规模化经营基础。与人民公社经营模式和家庭联产承包双层经营模式不同的是，新田地合作社为代表的"统分结合"新形式下的"统"的主体发生了重大变化，从带有行政色彩的农村集体经济组织向市场化的新型农业经营主体转变，本文认为这是构成"统分结合"

新模式的重要基础。第三，与新型农业经营主体流转土地规模化经营模式相比，这两种"统分结合"形式的"统"的主体都是新型农业经营主体，两者或通过流转土地规模经营或通过规模化服务，都收获到了经营的规模化收益；但新田地合作社通过"分"的机制极大地降低了规模化经营成本，彰显出了流转土地规模化经营模式独有的特征。

表4 四种"统分结合"类型及其比较

类型	"统"的主要表现	"分"的主要表现	评论
人民公社经营模式	1. 人民公社为"统"的主体； 2. "统"过于极端化："一大二公"基础上的政社合一集中管理体制，绝对平均化分配制度，垄断化统购统销，集中化的生产、生活管理体制	"分"得严重不足	"统"得过多，"分"的不足；"统"与"分"严重脱离，农民生产积极性被压抑
家庭联产承包双层经营模式	1. 农村集体经济组织是"统"的主体； 2. 集体经济层次"统"的功能十分薄弱，无法满足农民全程农业生产中多样化的服务需求	土地承包经营权、生产决策权均由农户支配，但"分"得过于彻底	"统"不足，"分"有余；"统"与"分"基本处于断裂状况，虽然农民积极性被调动起来，但农业生产服务供给不足、农民市场谈判权弱
新型农业经营主体流转土地规模化经营模式	1. 新型农业经营主体是"统"的主体； 2. 土地经营权向经营主体集中； 3. 生产决策权由经营主体统一支配； 4. 耕、种、植保、收全程农业生产由经营主体统一执行	分得较少，主要表现为土地承包权仍由分散农户所有	在经营上只有"统"，没有"分"；"统"的确获得了规模化收益，但缺乏"分"导致规模化成本较高
新田地合作社为代表的规模化服务式的规模经营模式	1. 新型农业经营主体是"统"的主体； 2. 统一育种与选种； 3. 生产服务统一组织与调度； 4. 产品统一烘干与销售	1. 土地经营权仍然由分散农户所有，农户享有生产决策权； 2. 生产要素车间以村社为单位分片服务； 3. 耕、种、植保、收环节的机械服务分散外包	"统"与"分"有机契合；"统"既获得了规模化经营收益，"分"又降低了规模化经营成本

综合比较表明，以新田地合作社为代表的经营模式最大的特征是"统中有分，统分结合"，这种经营模式不仅吸收了其他三种模式的优势，而且也克服了其他三种模式的劣势。新田地合作社经营模式同时发挥出了"统"

与"分"的优势,更为重要的是再次证明了"统"与"分"的有机契合在农业规模化经营乃至农业发展中的重要性。这也就是新田地合作社在当前中国农业规模化经营"开倒车"趋势萌动之际,仍能保持规模化经营强劲生命力的根本原因。

四 结论与启示

本文剖析了新田地合作社为何能在"地价上升、粮价低迷"时期仍能保持经营规模不缩减、经营绩效不下滑的深层次原因。总体而言,这是因为新田地合作社较好地处理了农业经营中"统"与"分"的关系,探索出了"统分结合"的新形式。在经营机制设计中,新田地合作社以农业生产性服务供给为主营业务,通过农资供应、耕、种、植保、收生产环节的统一化组织管理,获得了规模收益;同时,新田地合作社在"统"的框架内设计出了数个"分"的机制,如虽然合作社统一生产服务,但土地经营权、种植决策仍由农户分散支配。合作社建立分散的生产要素车间以及农业机械服务外包机制,这些"分"的机制设计分别为合作社节约土地成本、服务协调成本与农业机械投资成本,极大地为合作社降低了规模化经营成本。与国内多数新型农业经营主体相比,新田地合作社获得规模化经营较好绩效的关键是通过"分"的机制降低了规模化成本,解决了这些经营主体在高成本(主要指租地成本)情境下"统"得较多、"分"的不足的弊端。中共十七届三中全会指出:"统一经营要向发展农户联合与合作,形成多元化、多层次、多形式经营服务体系的方向转变,……,培育农民新型合作组织,发展各种农业社会化服务组织,……,着力提高组织化程度。"新田地合作社的实践符合十七届三中全会所指出的统一经营的发展方向。

本文的研究对推进我国农业规模化经营有如下几点启示。第一,农业规模化经营要注重"统分结合"。长期以来,农业生产经营围绕"统"与"分"持续做钟摆式运动,不是"统"得过多,就是"分"得太细。新田地合作社的实践及其与其他新型农业经营主体规模化经营的比较,再次强调了"统"与"分"的有机契合在农业规模化经营中的重要性。具体而言,既要发挥"统"的作用,发挥生产的规模效应;又要通过"分"的机制降低成本，如新田地合作社"统一服务、分散经营权"的做法就兼顾到了"统"与"分"各自优势，这些典型的做法值得总结与鼓励。第二，"统分结合"中"统"的主体不一定非农村集体经济组织莫属。长期以来，在"统"的职能上，农村集体经济组织被寄予厚望。然而，以新田地合作社为代表的新型农业经营主体正在逐渐承担农业生产中"统"的职责。这表明要破解当下农业经营"分有余、统不足"的困境，可以以培育新型农业经营主体作为政策抓手。第三，新田地合作社的实践预示着服务规模化是实现农业规模化的一种可选的方向。合作社"统分结合"的经营机制具有较强的"降成本、抗风险"能力，尤其是在当前高地租、低粮价的双重冲击下，这种经营方式依旧能有强劲的生命力。这表明推动这种经营方式的发展理应成为农业政策的一项重要内容。

参考文献

曹东勃，2013，《适度规模：趋向一种稳态成长的农业模式》，《中国农村观察》第 2 期。

陈锡文、韩俊，2002，《关于农业规模经营问题》，《农村工作通讯》第 7 期。

党国英，2016，《中国农业发展的战略失误及其矫正》，《中国农村经济》第 7 期。

邓乾秋，1992，《不应当把"统分结合"与"双层经营"等同起来》，《中国农村经济》第 5 期。

高强，2017，《理性看待种粮大户"毁约弃耕"现象》，《农村经营管理》第 4 期。

李文明、罗丹、陈洁，2015，《农业适度规模经营：规模效益，产出水平与生产成本——基于 1552 个水稻种植户的调查数据》，《中国农村经济》第 3 期。

联办财经研究院课题组，2017，《耕地流转成本对粮食价格和规模经营的影响报告》，和讯网，http://news.hexun.com/2017 - 06 - 02/189457359.html。

秦风明、李宏斌，2015，《警惕土地流转后"毁约弃耕"》，《中国国土资源报》。

唐宗焜，2012，《合作社真谛》，知识产权出版社。

王建、陈刚、马意翀，2016，《农业新型经营主体何以"毁约退地"》，《农村经营管理》第 11 期。

张红宇、张海阳、李伟毅、李冠佑，2015，《中国特色农业现代化：目标定位与改革创新》，《中国农村经济》第 1 期。

赵鲲、刘磊，2016，《关于完善农村土地承包经营制度发展农业适度规模经营的认识与思考》，《中国农村经济》第 4 期。

Chen, Z., Huffman, W. E., Rozelle, S. 2009. "Farm Technology and Technical Efficiency:

Evidence from Four Regions in China." *China Economic Review*, 20 (2): 153 – 161.

Kalirajan, K. P., Huang, Y. 1996. "An Alternative Method of Measuring Economic Efficiency: The Case of Grain Production in China." *China Economic Review*, 7 (2): 193 – 203.

North, D. C. 1990. *Institutions, Institutional Change and Economic Performance*. Cambridge University Press.

Yang, H., Klerkx, L., Leeuwis, C. 2014. "Functions and Limitations of Farmer Cooperatives as Innovation Intermediaries: Findings from China." *Agricultural Systems*, 127: 115 – 125.

The New Form of Integration of Unification and Separation and the Realization of Large Scale Agricultural Management

—Case Study of Xintiandi Planting Cooperatives of Xingyang City in Henan Province

Zhou Zhen Zhang Chen An Xu Kong Xiangzhi

Abstract: This paper is based on the case of a farmers' cooperatives and raised a question—why the farmers' cooperatives can maintain the management scale and achieve management performance well during the time when the price of land is raising and the price of grain is low. Therefore, this paper analyzed the organization structure, main business and the critical design of system of the cooperatives organization. This paper has found that the key of formation of cooperatives performance is to balance the "unification" and "separation" of agricultural management. Specifically, cooperatives achieved returns to scale by unifying the organization and management of the whole process of agricultural social services. Besides, several separated mechanisms were designed in the unified service, which has reduced the cost of scale management dramatically and better solved the high production costs caused by the over unification and the lack of differentiation. This study has some enlightenment for promoting large-scale agricultural management in

China: First, large-scale agricultural management should also pay attention to the combination of "unification" and "separation"; Second, the subjects of "separation" are not necessarily rural collective economic organization, and we should give full play to the role of the new agricultural management entity in the "unification"; Third, the practice of new land cooperatives indicates that the large-scale service is an optional way to realize the large-scale of agriculture.

Key words: farmers' cooperatives; Integration of unification and separation; large-scale agriculture; large-scale service

公司领办型合作社中社员间社会交换与信任博弈分析*

黄胜忠　伏红勇**

摘　要　本文从公司领办型合作社中公司社员与农户社员双方"关系"入手，基于社会交换理论对两者的社会交换关系进行了分析，进而运用信任博弈理论探讨了公司社员与农户社员之间的信任行为。研究发现，在公司领办型合作社中，公司社员与农户社员之间存在依存关系、权威关系和竞争关系；由于资源禀赋的强异质性以及治理机制的缺失，公司社员与农户社员之间存在信任缺失。依据合作社不同发展阶段的公司社员与农户社员间的关系交换程度，公司领办型合作社可以采用契约治理、关系治理、混合治理三种不同治理机制促进其健康可持续发展。

关键词　公司领办型合作社　成员异质性　社会交换　信任博弈

---

* 本文得到国家社会科学基金重大项目"推进'互联网+'生鲜农产品供应链渠道发展研究"（批准号15ZDB169）、国家社会科学基金项目"农民专业合作社的规范运行与可持续发展研究"（批准号12XJY019）、教育部人文社会科学研究资助项目"'公司+农户'模式下考虑天气影响的农产品供应链协调机制研究"（批准号14YJC630034）和中国博士后科学基金"天气影响下基于CVaR的'公司+农户'型订单合同研究"（批准号2015M580770）的资助。

** 黄胜忠，西南政法大学管理学院院长、中国法制企业研究院院长，教授、管理学博士，主要研究方向为合规与风险管理、合作社研究；伏红勇，西南政法大学管理学院副教授、管理学博士，主要研究方向为农产品供应链风险管理。

一 引言

为了鼓励和支持多元主体参与农民专业合作社的发展,《中华人民共和国农民专业合作社法》（以下简称《农民专业合作社法》）第十四条规定："具有民事行为能力的公民，以及从事与农民专业合作社业务直接有关的生产经营活动的企业、事业单位或者社会团体，能够利用农民专业合作社提供的服务，承认并遵守农民专业合作社章程，履行章程规定的入社手续的，可以成为农民专业合作社的成员。"该法对公司作为发起人的公司领办型农民专业合作社（以下简称"公司领办型合作社"）赋予了合法性。在这一前提条件下，公司加入领办合作社的积极性高涨。法律颁布实施后，从中央到地方各级政府陆续出台的一系列促进农民专业合作社发展政策，一方面赋予农民专业合作社越来越多的功能；另一方面让农民专业合作社享有更多优惠政策，进一步调动了公司参与农民专业合作社发展的积极性。无论是出于对潜在经济利益的追求，还是出于现实政策收益的追求，各类公司都成为牵头领办型农民专业合作社的重要力量。公司领办型合作社通过克服传统农业产业化组织（如"公司+农户社员"）形式的不足，不断完善公司与农户的利益联结机制，建立健全合作社的内部治理机制而得到稳定发展（苏群等，2012），已成为我国农业组织化的一种重要形式，其发展也日益受到社会各界的高度关注。

对于公司领办型合作社，学界也开展了多种形式的研究，代表性的观点包括：苑鹏（2008）以公司领办型合作社发展的三个不同阶段中公司与农户关系变化为主线，通过对北京圣泽林梨专业合作社进行案例剖析指出，允许公司领办合作社不失为一个明智之举，这也反映了当前中国农村合作经济组织发展的真实现状；与此同时，其中潜藏着的风险也日益显现，集中体现在公司与农户的关系不是相互依赖，而是依附于公司。王军（2009）认为公司领办型合作社中，公司与农户之间始终存在着合作与竞争的双重关系，合作是因为双方间存在着共同利益，竞争是因为公司与农户双方在利益分配过程中是"零和博弈"的关系。郭晓鸣和廖祖君（2010）分别从契约性质、资产专用性、成员异质性三个维度对公司领办型合作社的制度特征进行剖析，并认为公司领办型合作社将成为农民专业合作社未来一段时间的主要发展模式，但其作为转轨时期的一种过渡状态，具有不稳定性的特征。宋茂华（2013）认为公司领办型合作社的产生源于农业产业化组织形式的帕累托改进；该模式的稳定发展源于公司投入了大量专用性资产这一重要因素。韩国明等（2016）指出，中国的合作社发展呈现出数量上"繁荣"的背后隐藏着质量的堪忧的现状，存在着大量名为合作社（包括公司领办型合作社）实为公司的"假合作社"。同时也有学者指出公司领办型合作社等模式在促进农业纵向一体化的过程中有其存在的合理性和优势（孔凡宏、张继平，2015），同时也存在不同程度的缺陷，如公司领办型合作社成员的异质性会对合作社的治理产生两方面的负面影响：一方面，合作社容易被大股东控制；另一方面，合作社面临成本和收益的分配等诸多难以协调的问题（任大鹏、郭海霞，2009）。

关于公司领办型合作社利与弊的评述，自然是仁者见仁智者见智。然而，不可否认的一点是，公司领办型合作社不仅有其存在的合理性，而且存在特有的突出问题。为了更好地认识和理解公司领办型合作社，本文基于公司领办型合作社成员间存在强异质性的关键特征，从中国农村传统社会特有的信任来源——"关系"（李晓锦、刘易勤，2015）入手，引入在不同领域得到广泛运用的社会交换理论[①]，对公司社员与农户社员的社会交换关系进行分析，进而运用信任博弈理论探究公司社员与农户社员之间的信任问题，然后设计合作社内部公司社员与农户社员间激励相容的治理机制。

二 公司领办型合作社的社员关系解析

任何经济行为都是嵌入在社会关系中的，忽视了经济交易行为所嵌入

[①] 按照揭示人际互动中的交换关系的社会交换理论的观点，行动者参与或者保持某种交换关系主要是因为预期这样做能够为其带来报酬。行动者主要以获得报酬（可以是物质性报酬也可以非物质性报酬）作为交换动机，并且自身的这种报酬要尽可能地保持增长。需要指出的是，利益增长（而非利益最大化）是社会交换中行动者的主要追求，这意味着只要预期能够持续得到报酬，行动者往往愿意保持某种社会交换关系，即使存在更高报酬的交换，他们也不会轻易改变这种交换关系。社会交换实现重复性和稳定性的根基是持续互惠性。但是，由于缺乏外在的强制力量对社会交换中的互惠予以保障，这往往会导致不互惠的风险存在于交换关系之中（陈国权、毛益民，2013）。

其中的社会互动背景对交易行为的解释是不完全的（Granovetter，1985）。由此，对公司领办型合作社中作为核心成员的公司社员与作为普通成员的农户社员的关系进行深入分析，显得尤为重要。之前与合作社相关的研究主要是以交易成本理论作为工具，然而，这将使得合作社内部公司社员与农户社员交易的社会维度难以纳入研究视野，无论是对理论的发展，还是对实践的指导都是一个缺陷。鉴于此，本文将社会交换理论引入到合作社内部公司社员与农户社员关系的研究中。当前，国内主要以交易成本理论为分析范式进行农产品交易关系的研究，较少关注到交易关系中的社会要素，农产品的交易关系基本可以被归入关系交换的类别（张闯等，2009）。对于公司领办型合作社中公司社员与农户社员关系的具体界定，学术界一直存在着争议，一种观点认为公司与农户是不平等的互利关系；另一种观点认为公司与农户是一种紧密的利益关系；还有一种观点认为公司与农户的关系在不同的阶段具有不同的表现形式（王军，2009）。从社会交换理论的视角进行审视，我们可以把公司社员和农户社员在农民专业合作社内部的关系视作一种社会交换。由于成员的异质性，公司领办型合作社在组织内部很多情况下存在作为公司社员的服务提供者和作为农户社员的服务使用者两方。例如，如果在合作社里，提供农产品加工和销售服务的是公司社员，利用服务的是以生产者为代表的农户社员，双方之间就存在社会交换，农户社员希望自己交售的初级产品能卖个好价钱，增加收入，公司社员希望能够买到稳定、可靠的原材料，发展壮大自己，双方各取所需。

（一）公司社员与农户社员之间的依存关系

从交换这一属性入手对公司社员与农户社员之间交换及交换物的分析来剖析公司领办型合作社异质性成员间关系的微观结构发现：作为理性、自主的交换主体，公司社员与农户社员间交换的成立，即合作关系建立并存续，意味着交换对于双方来说都是有意义的，即存在着价值创造。静态地来看，价值创造可来源于交换物对交换双方的效用不同；动态地来看，价值创造可来源于交换后产生的生产效应。因此，对公司领办型合作社，公司社员与农户社员间存在交换关系。

对于公司社员而言，其利益增长主要体现为：第一，通过领办型合作

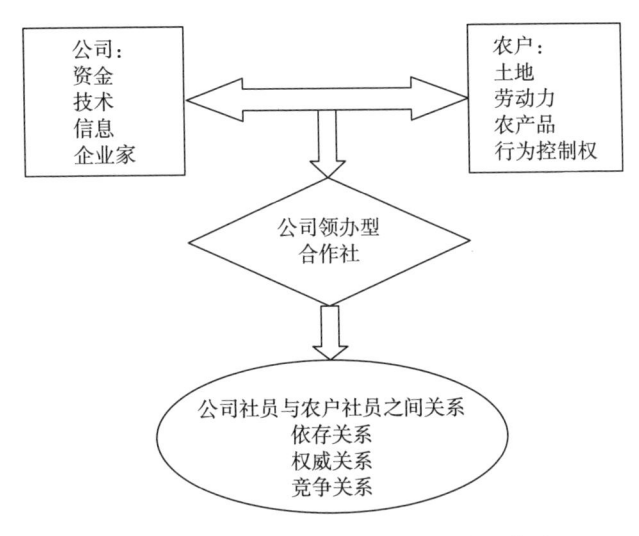

```
┌─────────┐              ┌─────────┐
│ 公司：   │              │ 农户：   │
│ 资金     │  ←――――――→   │ 土地     │
│ 技术     │              │ 劳动力   │
│ 信息     │              │ 农产品   │
│ 企业家   │              │ 行为控制权│
└─────────┘              └─────────┘
      │                        │
      └───────────┬────────────┘
                  ↓
              ╱ 公司领办型 ╲
              ╲  合作社   ╱
                  │
                  ↓
         ╱─────────────────╲
        (  公司社员与农户社员之间关系 )
        (     依存关系              )
        (     权威关系              )
        (     竞争关系              )
         ╲─────────────────╱
```

图 1　公司社员与农户社员间交换关系模型

社，吸纳农户成为合作社社员。这满足了政府扶持政策的标准和要求，可以以合作社的名义获得更多政策性资源，如财政项目支持、税收优惠、体系贷款等。第二，当农产品原料至关重要时，并且通过简单的市场交易无法获取或获取成本较高时，吸纳农户参与农民专业合作社，以合作社为纽带发展生产基地，可以满足原料的数量和质量要求。第三，获取土地资源。一般而言，如果公司简单租用农户的土地，高额的交易成本和生产经营成本将是其不得不面临的现实难题。例如，在一些发达地区的农村，农户大多不愿出租土地，而是等待土地被征用后获得高额补偿。在这种情况下，公司社员通过合作社这个平台把农户组织起来，就可以有效地集聚一定规模的土地资源。第四，选择农户社员建立合作社，有利于协调各方面的关系，有利于保障劳动力供给。

对于农户社员而言，其利益增长主要体现为：第一，通过参与农民专业合作社，可以利用公司社员的网络资源，解决农资的采购和产品的销路问题，降低生产成本、增加销售收益。第二，可以分享公司社员的技术、管理等资源。第三，分享公司社员通过各种努力争取的项目所带来的基础设施和服务的改善。第四，享受公司社员给予的一定资金支持，以解决恶劣生产环境下农户社员生产难题以及满足某些合理情况下的农户社员转产、扩大生产规模的资金需求。

值得注意的是，不同交换伙伴彼此间的依赖性是存在差异的，也就是说公司领办型合作社中公司社员对农户社员的依赖性与农户社员对公司社员的依赖性是不对称的，依赖性较强的一方具有更为强烈的合作意愿，依赖性较弱的一方可据此获得更多的利益，这就能解释作为对农户社员依赖性较弱的公司社员为何获取了更多的合作社盈余。

（二）公司社员与农户社员之间的权威关系

公司领办型合作社内部公司社员与农户社员之间的交换物具有特殊的属性，无论是公司社员投入交换的货币资源、人力资源和社会资本，还是农户社员投入的土地、劳动力资源，都必须通过参与合作生产和销售过程价值创造才能得以实现。要素禀赋差异及剩余控制权配置不同意味着强势一方对弱势一方构成权威关系。在公司领办型合作社内部，公司社员对农户社员存在明显的权威关系。

作为由公司社员与农户社员共同参与的公司领办型合作社，关键要看实际控制权在哪一方手中。当控制权在农户社员一方，该合作社往往倾向于谋求农户社员利益最大化，而当控制权在公司社员一方，则该合作社往往成为公司社员的工具。一般而言，公司领办型合作社中公司社员与农户社员之间存在反复的博弈关系，双方之间面临控制与反控制的角力。当公司社员有求于农户社员时，公司社员一般很难建立对农户社员的绝对控制力。但是，农户社员人数相对较多、力量分散，加之农户社员普遍存在"搭便车"行为，一般而言，公司社员在合作社更容易对农户社员形成相对的权威关系。

公司领办型合作社内部的权威关系并不是一成不变的，当合作社处于发展的初期，合作社需要农户社员以土地入股、投入更多的劳动力，此时，公司社员有求于农户社员，公司社员就难以建立对农户社员的绝对权威关系；随着合作社的健康发展，农户社员逐步被锁定在公司社员与农户社员的交换关系中，此时农户社员具有较高的转换成本，只要合作社的收购价格合理，农户社员往往不会将所生产的农产品出售给其他交易主体，由此，农户社员往往不会太关心公司社员决策对自己的影响，这将导致公司社员的权威性越来越强。

（三）公司社员与农户社员之间的竞争关系

公司领办型合作社是公司与农户为了实现"双赢"的产物，公司可以通过合作社来获得稳定的农产品供货渠道；农户可以借助合作社来改善自行面对市场时的弱势谈判地位、降低农产品交易中产生的成本（王军，2009）。公司与农户的关系看似从双方对立的买卖关系内化为合作社内部的合作关系，公司社员与农户社员双方有了共同的利益，也有了共同的合作场所，但这种合作是含有竞争的合作。对成员而言，除了获得合作社的使用权以外，参与合作社的价值还在于分享合作社的剩余。交换所创造的价值总是要在交换双方间进行分配的，公司领办型合作社创造的盈余总是要分配的，显然对于任何一期交换所创造的价值，公司社员和农户社员之间的分配都是"零和博弈"。因此，公司领办型合作社内部公司社员与农户社员之间在剩余索取权方面存在竞争关系。

在成员异质性条件下，由于公司社员和农户社员的要素贡献不同，他们对剩余索取的要求自然不同。公司社员参与合作社时考虑的问题是在确保其投入的资本获得"满意"的剩余索取权的同时，调动农户社员的积极性，并避免其机会主义行为发生；而农户社员参与合作社时主要考虑的问题是在确保产品销售获得"满意"回报的同时尽可能参与合作社的剩余分配。因此，公司领办型合作社的剩余索取基础的安排只可能是对产品先支付相对固定回报，最终剩余主要按资本投入进行分配，同时实行按交易量（额）比例返还利润（许多公司领办型合作社对农户社员实行免费或廉价的培训和服务也可以看作是"事先的"盈余返还）；当然，社员一般需要投入资本后才能获得产品交易权和交易返利，产品供给和资本供给这两种索取基础在某种程度上是"捆绑"在一起。出于"公平"和保护生产者社员利益的考虑，《农民专业合作社法》第三十七条规定："可分配盈余主要按照成员与本社交易量（额）比例返还，返还总额不得低于可分配盈余的60%"。法律的规定对公司领办型合作社的剩余索取权分配会带来一定影响。对于拥有资本资源、人力资源和社会资源而没有多少交易量的公司社员而言，如果坚持法律规定，必然会挫伤他们的积极性，使公司领办型合作社的可持续发展面临挑战。因此，在"公平"和"效率"之间如何权衡取舍，是公司领办型合作社发展实践中面临的一个现实困境。在公司领办型合作社中，公司社员和农户社员对于上级补助的争夺，也是内部冲突的重要内容。按照有关法律政策的规定，农民专业合作社获得财政扶持资金要平均量化到所有成员身上，对此，农户社员比较接受，但是公司社员却不愿意这样做。

公司领办型合作社中的合作是含有竞争的合作，这种竞争主要源于合作社成员间的强异质性。公司社员掌握着核心要素并在合作社中处于强势地位，在利益或盈余分配时，公司社员与农户社员双方为了各自获得更多的份额均有动机采取机会主义行为。按照《农民专业合作社法》有关要求，双方的机会主义行为以及公司社员对农户社员的影响会得到一定程度的限制，但公司社员掌握着核心要素，在双方利益博弈中"天平"往往还是会偏向公司社员，由此公司社员与农户社员双方竞争中农户社员依然是处于弱势的一方，农户社员的利益并未得到有效保护。

三 公司领办型合作社中公司社员与农户社员的信任博弈

基于交换关系的长期导向以及关系中所涉及的合作社内化的相对复杂的社会交换，公司领办型合作社关系交换中往往会表现出公司社员与农户社员双方相互依存、相互适应、相互竞争与合作等行为特征，这些行为相互作用会使得公司社员与农户社员的交换关系呈现出不同程度的稳定性。信任是合作经济行为赖以持续和存在的必要条件，也是农民专业合作社发展的基础与保证，如果存在信任且契约条款允许相对简化，合作社成员的合作就可能发生，反之，合作就不会出现（孙艳华，2014）。对公司领办型合作社中公司社员与农户社员关系的梳理发现，无论公司社员与农户社员体现出何种关系，无论处于合作社的哪个发展阶段，双方的合作都是贯穿于合作社发展始终的，信任作为合作的基础也是一直存在且蕴含于各种关系之中的。若公司社员与农户社员双方无任何信任，则公司领办型合作社必将面临解散。由此可见，信任作为一种重要的协调机制，直接关系到公司领办型合作社运行的可持续性。然而，不可否认的是，农民专业合作社发展中的信任缺失问题时有发生（陈荣，2016）。本文借助信任博弈理论，对公司领办型合作社内部公司社员与农户社员的信任进行分析,以期探寻公司领办型合作社内部信任缺失的症结所在。

(一) 研究问题假设

为更好地描述公司社员与农户社员之间的信任关系,首先量化表征公司社员(C)与农户社员(F)的信用水平,用 $T,T \in [0,1]$ 来表示,当 $T=0$ 时,意味着完全不信任,若公司社员与农户社员双方均互不信任,则合作社会面临解散;当 $T=1$ 时,意味着完全信任,这种极端情形是理想状态,在理性的公司社员与农户社员之间的现实交易中往往基本不会存在;由此,合作社正常运营中公司社员与农户社员的信任水平介于 0 与 1 之间。为了便于分析,假定信任水平可离散化表征为高信任水平(H)和低信任水平(L)两种类型,且满足 $L<H,L,H \in (0,1)$。由此,在公司社员与农户社员双方的信任博弈中,公司社员有两个决策策略"H"与"L",农户社员也有两个决策策略"H"与"L"。

另外,本文主要分析公司领办型合作社中公司社员与农户社员之间的信任,因此,仅考虑公司社员与农户社员因双方彼此信任而获得的效用。下面假设公司领办型合作社中社员在不同博弈情形(共 6 种情形,$j=1,2,3,4,5,6$)下的效用函数为:

$$U_i^j = R_i(k,k) - C_i(k) + R_{i\,k}^j$$

其中 $R_i(k,k)$ 表示因公司社员与农户社员双方彼此信任而获取的预期收益,$C_i(k)$ 表示社员 i 因付出信任水平而投入的成本,$R_{i\,k}^j$ 表示合作社盈余返利;$i=C,F;j=1,2,3,4,5,6;k=H,L$。对于盈余返利 $R_{i\,k}^j$ 可具体做如下解释:由于公司社员引领合作社发展,其付出的信任水平越高时,合作社的盈余分配水平越高。当公司社员决策为"H"时,合作社的总盈余为 $\overline{R}$,公司社员可以分得 $\alpha\overline{R}$,农户社员可以分得 $\beta\overline{R}$;当公司社员决策为"L"时,合作社的总盈余为 $\widetilde{R}$,公司社员可以分得 $\alpha\widetilde{R}$,农户社员可以分得 $\beta\widetilde{R}$;各参数满足 $\overline{R}>\widetilde{R}$,这是由于作为核心社员的公司社员投入较高的信任水平,合作社会获得更高的盈余,$0<\beta<\alpha<1$。

双方的博弈过程为:公司社员首先在"H"与"L"策略之间选择自己

的策略，随后农户社员基于公司社员的选择在"H"与"L"策略之间做出选择，农户社员基于已有的信任水平策略组合做出"退社"与"不退社"的策略选择，具体博弈过程如图2所示。

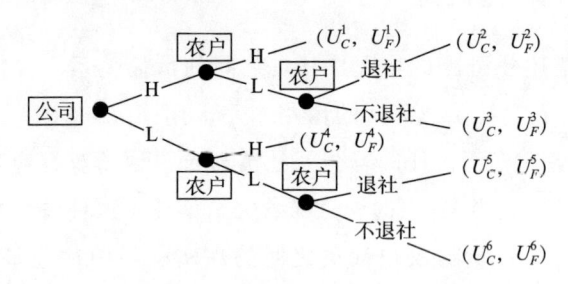

图2 公司领办型合作社中公司社员与农户社员的信任博弈

需要说明的是，由于公司领办型合作社成员间的强异质性，公司社员掌握了更多的核心要素资源。可假设在信任博弈过程中公司社员相对于农户社员更具有话语权。另外，假设公司社员与农户社员双方均为理性的投资者且农户社员为风险厌恶者。

（二）信任博弈均衡结果分析

基于图2的分析，公司领办型合作社内部公司社员与农户社员的信任博弈行为共有6种博弈结果 (U_C^1, U_F^1)、(U_C^2, U_F^2)、(U_C^3, U_F^3)、(U_C^4, U_F^4)、(U_C^5, U_F^5)、(U_C^6, U_F^6)，如表1所示。下面采用逆向归纳法求解此信任博弈的均衡结果。

表1 公司社员与农户社员信任博弈结果

	公司社员选择"H"策略	公司社员选择"L"策略
农户社员选择"H"策略	(U_C^1, U_F^1) $U_C^1 = R_C(H,H) - C_C(H) + \alpha \tilde{R}$, $U_F^1 = R_F(H,H) - C_F(H) + \beta \bar{R}$	(U_C^4, U_F^4) $U_C^4 = R_C(L,H) - C_C(L) + \alpha \tilde{R}$, $U_F^4 = R_F(L,H) - C_F(H) + \beta \bar{R}$
农户社员选择"L"策略后退社	(U_C^2, U_F^2) $U_C^2 = R_C(H,L) - C_C(H) + \bar{R}$, $U_F^2 = R_F(H,L) - C_F(L)$	(U_C^5, U_F^5) $U_C^5 = R_C(L,L) - C_C(L) + \tilde{R}$, $U_F^5 = R_F(L,L) - C_F(L)$

续表

	公司社员选择"H"策略	公司社员选择"L"策略
农户社员选择 "L"策略后不退社	(U_C^3, U_F^3) $U_C^3 = R_C(H,L) - C_C(H) + \alpha\bar{R}$, $U_F^3 = R_F(H,L) - C_F(L) + \beta\bar{R}$	(U_C^6, U_F^6) $U_C^6 = R_C(L,L) - C_C(L) + \alpha\widetilde{R}$, $U_F^6 = R_F(L,L) - C_F(L) + \beta\widetilde{R}$

当公司社员选择"H"策略时，首先比较农户社员选择"L"策略后在退社 U_F^2 与不退社 U_F^3 之间的效用，由于 $\beta\bar{R} > 0$，则 $U_F^2 < U_F^3$；随后比较 U_F^1 与 U_F^3，$R_F(H,x) - C_F(x)$ 为 $x \in (0,1)$ 上的单调递减函数，这是由于农户社员投入的信任水平越高，其所付出成本越高，但在合作社中所获得收益的增量则无显著变化，也就是说，农户社员因一次收益获得的效用随着信任水平的提升而降低，则容易证明 $U_F^1 < U_F^3$，这意味着农户社员的最优选择为选择"L"策略后不退社。博弈结果表明，在缺乏有效治理机制的情况下，双方的信任博弈中农户社员存在主动降低信任水平的机会主义行为。当公司社员选择"L"策略时，类似分析可得到 $U_F^5 < U_F^6$；随后比较 U_F^4 与 U_F^6，类似分析容易证明 $U_F^4 < U_F^6$，这意味着农户社员的最优选择为选择"L"策略后不退社，博弈结果也表明了农户社员存在主动降低信任水平的机会主义行为。

依据逆向归纳法，下面对比 U_C^3 与 U_C^6，$R_C(x,L) - C_C(x)$ 为 $x \in (0,1)$ 上的单调递减函数，这是由于在给定作为普通成员的农户社员投入较低信任水平的情况下，作为核心成员的公司社员投入较高的信任水平会导致其成本的快速增加而收益增加不显著，则易知 $R_C(H,L) - C_C(H) < R_C(L,L) - C_C(L)$，同时结合公司社员在投入高信任水平的情况下 $\bar{R}$ 与为 $\widetilde{R}$ 二者基本是无差异的，则容易证明 $U_C^3 < U_C^6$。由此可知，公司社员与农户社员信任博弈的均衡为公司社员选择"H"策略，农户社员选择"L"策略且不退出合作社。这说明公司领办型合作社内部存在"信任困境"，公司社员与农户社员最终选择的是双方投入较低的信任水平，而不是帕累托最优的双方均投入较高的信任水平。这种信任缺失的均衡必将会造成合作社内部信任关系的逐步走弱，甚至变得完全不信任进而导致合作社面临解散。

由上述分析可以发现，造成公司领办型合作社内部公司社员与农户社员信任缺失的症结在于：一方面，社员间的资源禀赋的强异质性差异使得作为普通成员的农户社员依赖于作为核心成员的公司社员，而公司社员又掌握着更多的决策权以及合作社盈余分配权，这难以形成"同心同德"的良性合作机制；另一方面，治理机制的缺失使得双方存在主动降低信任水平的机会主义行为。

四 公司领办型合作社中社会交换的治理机制

经济组织有效作用的发挥离不开好的治理机制，公司领办型合作社作为一种合作经济组织形式必然需要完善的治理机制，尤其是针对公司社员与农户社员双方交易关系的社会关系维度的治理。张闯等（2009）认为农产品交易基本可以被归入关系交换类别，由此可见，农民专业合作社内部交换关系的治理显得尤为重要。

基于公司领办型合作社发展中信任缺失的症结所在以及农民专业合作社所处的发展阶段，并综合运用合作经济组织治理中的契约治理与关系治理，从公司领办型合作社发展的不同阶段来构建有效的治理机制，可以实现公司社员与农户社员双方绩效的帕累托改善，提高公司领办型合作社整体绩效，从而实现合作社内不同社员之间的"同心同德、共赢发展"的目标。

契约治理机制。将正式契约用于治理公司领办型合作社内部公司社员与农户社员间的社会交换关系。公司领办型合作社成立之初，公司社员与农户社员之间的交易关系从未发生过或仅有数次交易，双方的追求目标还在从追求各自利益最大化到追求合作社整体利益最大化的过渡过程之中，双方间的依赖关系处于逐步建立之中，公司社员的权威关系得以逐步体现，双方的社会交换关系相对简单。双方交易次数过少尚未发展到关系规范，此时公司社员与农户社员间交换关系中的社会互动相对较少。为了积极促进农户社员参加合作社以及规避公司社员与农户社员双方的机会主义行为，合作社可通过设计正式的、硬性的、明确的、规范的书面契约来约定双方在某一时间点上或未来某时间点上可能发生的情况，并做出详细的规定，以规定公司社员与农户社员双方各自的权利与义务。此类契约更符合法律意义上的契约，具有较强的效力，能起到规范双方机会主义行为的作用，进而保障公司社员与农户社员双方社会交换关系的顺利推进，以期实现双方的"共赢"。

关系治理机制。将信任、有效沟通等社会规范用于治理公司领办型合作社内公司社员与农户社员间的社会交换关系。随着公司领办型合作社的发展，合作社内部公司社员与农户社员间的交换关系会呈现出更多的关系性特征，交换关系中的社会互动越多，关系要素也就越多，并且双方过去交往积累的经验也越来越多。公司社员与农户社员双方的每一次交易都会被置于双方过去交易的经验以及双方未来交易的预期中。由此，公司社员与农户社员双方的交易变得更为复杂，双方的关系变得更具有非经济性的社会交换性质。合作社发展初期运用的契约治理机制并不能解决交换双方未来的关系要素问题，这时，软性的、非正式的、非书面的关系治理就应运而生。关系治理一般包括信任、声誉机制、互惠、有效沟通等几个方面，其中信任是其他几个关系治理方式的基础。公司社员与农户社员双方彼此的信任需要双方依赖于过去的经历、彼此了解和熟悉、相互依赖。公司领办型合作社中公司社员的权威性难以直接消除，所以基于"威慑"（冷酷战略）策略是不能自我执行的。因此，构建基于"声誉激励"的机制，促使公司社员注重自身声誉的建立，如信守"风险共担、利益共享"的合作社盈余分配规则；构建"互惠"与"灵活性"的机制，公司领办型合作社并未真正实现完全一体化，这就仍然离不开契约条款的明晰化。然而在市场行情波动的情况下契约难以保障双方能够真正互惠，这就需要双方的关系契约具有一定的灵活性。广泛使用基于声誉机制、互惠等的关系治理机制，能够增强公司社员与农户社员双方的信任和合作动力，强化合作意愿，培养有合作理念的农户社员，以保障合作社的可持续发展。

混合治理机制。将契约治理与关系治理同时应用于治理公司领办型合作社内部公司社员与农户社员的社会交换关系中。公司领办型合作社中社会交换关系治理机制的选择并不是一个非此即彼的问题，在合作社的实际运用中往往会存在着一种复合状态，即契约治理与关系治理同时存在，复合治理机制的优势在于不同治理机制在特定交换关系中可以产生相互补充的作用。

五 结论

公司领办型合作社的产生和发展,既是市场选择的结果,也是政府推动的产物,它承载着多元主体的多重利益诉求,其基本功能除了增进社会公平、增加农民收入之外,还有培养龙头企业竞争力、保障农产品质量安全,乃至实施政府产业政策等(郭晓鸣、廖祖君,2010)。本文从中国农村传统社会特有的信任来源——"关系"入手,基于社会交换理论的分析范式对公司社员与农户社员的交换关系进行了深入分析,研究发现,公司领办型合作社中公司社员与农户社员之间存在依赖关系、权威关系与竞争关系。在公司社员与农户社员关系分析的基础上,运用信任博弈理论分析了公司领办型合作社内部的信任问题,研究发现,公司社员与农户社员间信任缺失的症结在于:一方面,成员间的资源禀赋存在强异质性;另一方面,治理机制的缺失使得双方存在主动降低信任水平的机会主义行为。基于公司领办型合作社中公司社员与农户社员的社会交换关系的内容以及信任状况,依据合作社不同发展阶段的关系程度,合作社可以采用契约治理、关系治理以及混合治理三种不同治理机制,以期实现合作社内部公司社员与农户社员绩效的帕累托改善,以及公司领办型合作社的可持续发展。

参考文献

陈国权、毛益民,2013,《腐败裂变式扩散:一种社会交换分析》,《浙江大学学报》(人文社会科学版)第2期。

陈荣,2016,《农民专业合作社发展中的信任缺失分析——基于广东省清远市的实地调研》,《农业科技管理》第6期。

郭晓鸣、廖祖君,2010,《公司领办型合作社的形成机理与制度特征——以四川省邛崃市金利猪业合作社为例》,《中国农村观察》第5期。

韩国明、朱侃、赵军义,2016,《国内农民合作社研究的热点主题与演化路径——基于2000~2015年CSSCI来源期刊相关论文的文献计量分析》,《中国农村观察》第5期。

孔凡宏、张继平,2015,《我国农民专业合作社未来发展模式的应然路向:基于目标与环境的考量》,《华东理工大学学报》(社会科学版)第2期。

李晓锦、刘易勤，2015，《农民专业合作社内部信任与合作形成的关系基础研究——基于浙江省的实证分析》，《财经论丛》第 5 期。

李云新、王晓璇，2017，《农民专业合作社行为扭曲现象及其解释》，《农业经济问题》第 4 期。

任大鹏、郭海霞，2009，《多主体干预下的合作社发展态势》，《农村经营管理》第 3 期。

宋茂华，2013，《资产专用性、纵向一体化和农民专业合作社——对公司领办型合作社的解析》，《经济经纬》第 5 期。

苏群、江淑斌、刘明轩，2012，《农户社员参与专业合作社的影响因素分析》，《江西社会科学》第 9 期。

孙艳华，2014，《农民专业合作社社员信任关系研究——基于湖南省生猪行业的调研与分析》，《农业经济问题》第 7 期。

王军，2009，《公司领办的合作社中公司与农户社员的关系研究》，《中国农村观察》第 4 期。

苑鹏，2008，《对公司领办的农民专业合作社的探讨——以北京圣泽林梨专业合作社为例》，《管理世界》第 7 期。

张闯、夏春玉、梁守砚，2009，《关系交换、治理机制与交易绩效：基于蔬菜流通渠道的比较案例研究》，《管理世界》第 8 期。

Granovetter, Mark, 1985. "Economic Action and Social Structure: The Problem of Embeddedness." *American Journal of Sociology*, 91: 481 – 510.

An Analysis on Social Exchange and Trust Game between Members in Enterprise-leading Farmers' Cooperatives

Huang Shengzhong   Fu Hongyong

Abstract: Starting with the relationship between corporate member and farmer members in enterprise-leading farmers' cooperatives, this paper analyzes social exchange relation between corporate member and farmer members based on social exchange theory, and then discusses the trust behaviors between corporate member and farmer members using trust game theory. It finds that there are three kinds of relationship between corporate member and farmer members: dependence relationship, authority relationship, competitive relationship. Due to lack of governance mechanism and strong membership heterogeneity on resource endowment, there exists loss of trust between corporate member and farmer members in enterprise-leading farmer cooperative. According to the degrees of social exchange relation between corporate member and farmer members at the different development stage, we develop there different kinds of governance mechanism: contract governance, relationship governance, hybrid governance, so as to promote the healthy and sustainable development of enterprise-leading farmers' cooperatives.

Key words: enterprise-leading farmers' cooperatives; member heterogeneity; social exchange; trust game

合作社调查

供销合作社改革、土地托管与服务规模化

——山东省供销合作社综合改革调查与思考*

孔祥智 钟 真**

摘 要 自20世纪80年代初期全面推行家庭承包经营以来，小规模、分散经营模式能否实现农业现代化一直受到质疑，中国的农业现代化必须在扩大土地规模之外寻找其他途径。多地通过日益完善的社会化服务来提升农业的规模效益，有的文献称为"服务规模化"。山东省供销合作社系统在改革试点过程中探索的土地托管模式，以农民专业合作社为组织基础，以市场化为发展方向，通过供销合作社主动推动、政府主导，形成服务农民的强大合力，是政府力量与市场力量有机结合推进现代农业发展的有益实践。

关键词 供销合作社改革 服务规模化 土地托管 农业现代化

---

* 本文得到国家自然科学基金"社会化服务对农业经营主体生产效率的影响机制与政策选择研究"（批准号71773107）、"成员异质性、合作社理论创新与农民专业合作社发展政策体系构建"（批准号71273267）、国家自然科学基金国际合作与交流项目"变化市场中农产品价值链转型及价格、食品安全的互动关系——以蔬菜、渔产品和乳制品为例"（批准号71361140369）和教育部人文社会科学重点研究基地重大项目"我国新型农业经营体系构建与实践案例研究"（批准号14JJD790030）资助。

** 孔祥智，中国人民大学中国合作社研究院院长，农业与农村发展学院二级教授、博士生导师，主要研究方向为农业政策分析、合作经济；钟真，中国人民大学农业与农村发展学院副教授，主要研究方向为农户经营行为、农业社会化服务、农业机械化发展。

一 引言

自20世纪80年代初期全面推行家庭承包经营以来，小规模、分散经营模式能否实现农业现代化一直受到质疑。尽管1998年召开的中共十五届三中全会明确提出"农村出现的产业化经营，……是我国农业逐步走向现代化的现实途径之一"，但现实中，地方政府无不把土地规模经营作为推进农业现代化的主要手段甚至唯一手段。从土地流转的比例看，2007年，土地流转面积占农村家庭经营总面积的比例仅为5.2%，2012年却达到了21.5%，2013~2016年分别为26%、30.4%、33.3%和35%，已经有6329.5万农户全部或部分转出土地。土地流转比例的快速上升，除了与《土地承包法》《物权法》等相继出台、国家对主要粮食品种实行保护价收购并于2008年后持续强化托市力度以及土地流转市场的不断完善密切相关以外，也与地方政府的强力推动密不可分。

2015年，国家降低了对东北四省区玉米的临时收储价格，同时对小麦、稻谷的最低收购价格保持不变。这一政策的出台降低了粮农的实际收益，使2015年成为土地流转比例上升的"拐点"。尽管农业部门公布的数据还是上升（2016年达到35%，超过2015年1.7个百分点），但许多地区都出现了退租甚至承租者"跑路"的现象。我们在吉林省的调查结果显示，在2015年的土地流转价格下，租地种植玉米、大豆每亩分别亏损203.5元和210.9元。在土地流转基础上形成的新型农业经营主体难以为继。调查的山东省、河南省、河北省一带也出现了类似的情况，只是程度不同而已。这就给我们提出了一个问题：中国的农业现代化究竟能否在租地的基础上实现？除此之外有没有其他更加有效的途径？

实际上，据农业部发布的数据，截至2015年，经土地流转而形成的10~30亩的农户为2760.6万户，30亩以上的农户为1052.1万户，其中，50亩以上的农户达到356.6万户。[①] 这样的规模，总体上依然偏小，无法和欧美国家的农场抗衡。这也说明了中国的农业现代化必须在扩大土地规模

---

① 王蕾、张伟民、金文成：《"十二五"时期农村土地承包和流转情况分析》，《农村经营管理》2016年第6期。

之外寻找另外的途径，这就是通过日益完善的社会化服务来提升农业的规模效益，有的文献称为"服务规模化"。① 现实中，农业产业化龙头企业为基地农户提供的服务、农民专业合作社为成员提供的服务，以及2013年以来农业部门实施的"政府购买服务"项目等，都是服务规模化的不同形式。

值得一提的是，山东省供销合作社系统在改革试点过程中探索的土地托管模式，以农民专业合作社为组织基础，以市场化为发展方向，通过供销合作社主动推动、政府主导，形成服务农民的强大合力，是政府力量与市场力量有机结合推进现代农业发展的有益实践。

二 "改造自我"：山东省供销合作社改革的逻辑起点

按照《国务院办公厅关于同意中华全国供销合作总社在河北等4省开展综合改革试点的复函》对试点工作所提出的"改造自我、服务农民"总要求，山东省供销合作社于2014年5月在6市18个县展开综合改革试点，截至2016年底，在"改造自我"和"服务农民"两个方面都取得了明显的效果。调研中发现，山东省供销合作社系统的改革首先从最基层做起，从帮助农民组建合作社开始"改造自我"。

（一）村级层面的改造——"党建带社、村社共建"

山东省供销合作社自我改造最大的特点是从"姓农"做起，利用党建的力量让供销合作社再次扎根农村。具体做法是：紧紧依靠农村基层党组织，坚持与农村基层服务型党组织建设、精准扶贫、"第一书记"制度、经营服务相结合，与村"两委"共建农民合作社、农村综合服务社、农业生产发展项目和干部队伍，促进村集体和农民"双增收"、供销合作社基层组织向农业生产经营和农村生活服务"双覆盖"，使供销合作社从最基层实现了"姓农"的要求。有了村社共建，特别是村社共建农民专业合作社，后续发展起来的农民合作社联合社才成了有本之木，故村社共建是供销合作社改造自我的源头和基石。它不仅是对供销合作社自身的改造，也是对当

---

① 国务院发展研究中心农村经济研究部、山东省供销合作社联合社：《服务规模化与农业现代化：山东省供销社探索的理论与实践》，中国发展出版社，2015。

前农村社会治理机制的完善，有助于巩固党在农村的执政基础，促进农村社会治理现代化。全省所有市、县党委或组织部门都发文推动村社共建工作，共建村已达16087个，共建项目达24547个。村庄共建为村集体和农民分别增收4.76亿元和26亿元，实现了农民增收、村集体经济壮大、供销合作社增效、社会稳定发展的"多方共赢"。莱芜市、莒南县分别实现了村社共建市级全覆盖和县级全覆盖。

（二）乡镇层面的改造——打造实体性合作经济组织

山东省供销合作社把建设以农民为主体的实体性合作经济组织作为改造自我的重要途径。具体做法是：在村社共建的基础上，依托基层社，以领办创办的农民合作社为核心成员社，联合本区域龙头企业、合作社、家庭农场、专业大户等新型农业经营主体，组建实体性乡镇农民合作社联合社（在工商部门登记为合作社法人），与基层供销合作社融合发展。基层供销合作社持股比例不超过20%；乡镇农民合作社联合社与县级农业服务公司联合建设为农服务中心，打造"3公里土地托管服务圈"。基层社、镇级农民合作社联合社、为农服务中心"三位一体"，共同构建了乡镇层面为农服务综合平台。这一改造彻底重构了基层供销合作社的工作机制，全面强化了基层社"为农""务农"的服务功能，使其再一次焕发了生机与活力。截至2016年10月底，山东省供销合作社系统已领办创办农民合作社15674家，组建乡镇农民合作社联合社835家。

（三）县级层面的改造——供销合作社与农民合作社联合社"一套机构、两块牌子"

具体做法是：发挥县级社的牵头作用，引导县域内乡镇农民合作社联合社、其他产业型农民合作社及联合社再联合，打造县域综合性农民合作社联合社，并在编制部门注册登记为事业法人，与县级社"一套机构、两块牌子"。通过组建县级农民合作社联合社，一方面在县域范围内形成上下贯通的联合社组织体系和经营服务体系，推动县以下供销合作社与农民合作社融合发展，成为当地合作经济组织的领导者、推动者；另一方面促使县级社转变行政化的思维方式和工作方法，建立更加灵活、更加符合市场经济要求的体制机制,为向实体性合作经济组织过渡创造条件。截至 2016 年 10 月,山东省供销合作社系统已成立县级农民合作社联合社 92 家,临沂市、潍坊市、枣庄市、莱芜市、济宁市、德州市及所有试点县已实现全覆盖。联合社的重要任务之一是与企业联合,组建农业服务公司,建设电子商务平台。县级农业服务公司作为全县为农服务体系的龙头,统筹推进县域农业社会化服务,主要承担、承接政府惠农政策服务和购买服务,农资仓储服务,大型农机具服务,对接第二、三产业融合发展,关键技术培训,分享创新成果。截至 2016 年 10 月,全省已注册成立 146 家县级农业服务公司,实现了全覆盖。

（四）省（市）级层面的改造——"3 控 3×6+1"H 型运行架构

具体做法是:成立山东省供销合作社社有资产管理委员会,组建山东供销资本投资（集团）公司,采取资本联合、项目合作等方式,推动社有企业跨区域横向联合和跨层级纵向整合。在此基础上,构建"3 控 3×6+1"H 型双线运行体系,通过"3 控"［省（市）社控股社有龙头企业,县级社控股农业服务公司,乡镇农民合作社联合社控股为农服务中心］,保证为农、务农、姓农;通过"3×6+1"［省（市）龙头企业、县农业服务公司、为农服务中心分别承担 6 项服务职能,并为涉农部门搭建服务平台］,上级社解决下级社干不了、干不好的事情,上下联动、功能互补,优化服务流程,形成整体优势;通过"社有资产管理委员会+资本投资公司",实现政事分开、社企分开和行业指导体系与经营服务体系的有效连接。在省（市）级层面,重点提升农资统采分销、日用品统采分销、农产品流通、融资担保、统防统治、96621 服务热线 6 项服务能力。

三 "服务农民":以土地托管为核心,以社会化服务促进规模经营

在"服务农民"方面,山东省供销合作社系统探索了以土地托管为核心内容的社会化服务模式,通过服务规模化逐步推进农业适度规模经营,

从平原地区到丘陵、山区，从粮食等大田作物到经济作物、果树乃至畜禽饲养，托管的业务内容也从土地作业到畜禽饲养作业，其他工作都围绕着土地托管展开。因此，这里的"土地托管"实际上是农业作业托管，但为了分析的方便起见，本文仍然沿用"土地托管"这一概念。

(一) 开展土地托管，以服务规模化促进农业适度规模经营

土地托管是山东省供销合作社系统在综合改革中，立足于人多地少的基本省情、农情和以家庭承包经营为基础的统分结合的双层经营体制，探索出的农业适度规模经营的新模式，是以服务规模化推动农业现代化的重要路径创新。在实践中主要形成了两种托管模式：一是全托管服务，又称"保姆式"托管服务，主要是为农户提供所有生产经营环节服务。一般情况下，委托和受托双方签订服务协议，事先确定种植作物及产量、服务项目、托管费用等信息。全托管服务对服务主体的能力和实力有较高的要求，需要整合农资、农机、农技等各类生产要素，对农民节支增收效果明显。二是半托管服务，又称"菜单式"托管服务，主要是为农户提供耕、种、管、收、烘干等某个或某些生产经营环节的服务，按实际作业项目结算服务费用。半托管服务相对灵活，也是托管服务的主要方式。随着土地托管模式的成功推广，山东省供销合作社系统积极拓展服务领域，创新服务方式，加快推进"两个延伸""两个提升"，即服务对象由龙头企业、农民合作社、家庭农场、专业大户等适度规模经营主体向分散经营农户延伸，服务领域由大田粮食作物向山区、丘陵经济作物延伸；服务手段由机械化服务向全产业链科技进步提升，服务方式由提高农业生产水平向促进第一、二、三产业融合发展提升。

为增强土地托管能力，山东省供销合作社加快建设为农服务中心。按照最佳效益规模，经过反复实践探索，在平原丘陵地区建设以大田作物托管服务为主的为农服务中心。中心一般占地20亩左右，服务半径3公里，辐射面积3万~5万亩，形成"3公里土地托管服务圈"，重点开展测土配方和智能配肥、统防统治、农机作业、烘干贮藏或冷藏加工、庄稼医院、农民培训等服务，并为涉农部门设立服务窗口；在山区建设以林果等经济作物托管为主的为农服务中心，中心以山体自然形成的小流域为基本单元，

服务半径约 6 公里，辐射面积约 10 万亩，大致形成服务圈。两者均与 2001 年合并前的乡镇建制区域基本吻合。在建设主体上，为农服务中心由县级农业服务公司联合镇级农民合作社联合社共同建设和运营，每处投资大约 500 万元左右，山东省各级财政扶持 30%~50%，剩余部分由县级农业服务公司和镇级农民合作社联合社自筹。本着农民出资、农民参与、农民受益的原则，山东省供销合作社对为农服务中心的出资比例作了设定，原则上县级农业服务公司出资不超过 30%，镇级农民合作社联合社出资不低于 70%，其中镇级农民合作社联合社中农民合作社的出资不低于 80%。这样就保证了农民社员在为农服务中心中的持股比例最低为 56%，体现了农民的主体地位，密切了与农民的利益联结。2016 年 10 月，已建成为农服务中心 855 处，2016 年年底达 1000 处左右，其中高密市已率先实现了县域全覆盖。全省土地托管面积已达 2107 万亩，实现了五年目标三年完成。根据省供销合作社制定的全省为农服务中心五年发展规划，到 2020 年将建成为农服务中心 1790 处，实现全省土地托管服务圈全覆盖。土地托管之所以深受农民的广泛欢迎，关键在于它不触动家庭承包经营制度的基础，不涉及农民土地财产权利的重大转变，而是通过服务规模化解决了家庭经营的细碎化问题，开辟了一条土地流转之外实现农业适度规模经营的新路径，丰富了农村基本经营制度的内涵，为中国农业现代化道路的探索提供了"山东方案"。

粮食作物土地托管成功后，山东省供销合作社又向其他作物和畜禽养殖领域进行了拓展。2014 年以来，山东省昌乐县供销合作社与河北双星种业公司合作建设为农服务中心，在两个镇托管甜瓜基地 3000 亩，开展了种子供应、技术指导、产品销售、品牌建设等服务，使亩均收入达到 2 万元以上。农民得到了实惠，企业得到了效益，这种合作为实施农业托管服务蹚出了一条新路子。山东省蒙阴县岱崮为农服务中心主要以果品种植户为服务对象，为果农提供品种更新、施肥用药、喷灌浇水、剪枝整形、疏花蔬果、套袋采收、分级冷藏、运输销售等一条龙服务，托管面积 3 万多亩。山东省临沂市河东区供销合作社依托鲁盛养鸭专业合作社，建设肉鸭养殖服务中心，采用"龙头企业+专业合作社+养殖农户"模式，形成覆盖种鸭养殖、鸭苗孵化、饲养技术、疫病防治、饲料供给、屠宰加工等全过程的肉鸭养殖规模化经营服务体系，延长了肉鸭养殖产业链。该区供销合作社还建立了为农服务中心与龙头企业对接机制，探索肉鸭养殖与粮食作物规模化服务对接。农民种植的粮食作物收获后，经为农服务中心烘干，直接供给临沂六合配合饲料有限公司（区供销合作社社属企业），用于生产鸡鸭鱼猪及特种动物配合饲料，实现了种植业、养殖业、加工业、服务业的融合发展。目前，该产业链条每年肉鸭加工能力达到2000万只，年饲料生产能力达60万吨，每年可为60万亩粮食作物提供包括有机肥在内的规模化服务。可见，托管和服务规模化领域的拓展是无止境的。

（二）加强科技推广应用，提升服务规模化的质量

按照减、退、转、改、治、保"六字诀"和"一控两减三基本"的要求，通过为农服务中心将科技推广应用融入土地托管之中，整合测土配方智能施肥、推广应用良种良法、机械化耕种作业、统一飞防作业、土壤改良工程、烘干贮藏服务、探索建设信息云平台等项目，为农民提供覆盖全程的"一站式"服务，打通科技推广"最后一公里"。截至2016年10月底，全系统配备土壤检测设备960台（套）、智能配肥设备569台、测土面积1950万亩、配肥面积1810万亩；购置各类大中型农业机械9800台（套），整合社会农业机械5万余台（套）；全系统植保飞机已达562架，其中有人机49架，飞防面积2186万亩；购置烘干机275组，粮食日烘干能力达3万吨；仓储能力已达146万吨，其中冷藏能力50万吨。综合运用物联网、互联网、远程视频等信息化技术手段，支持为农服务中心加快信息化基础硬件建设，实现了与省级云平台和96621服务热线的互联互通，已初步建立"专家联系到中心、中心服务到农户"的工作机制。目前已有273个为农服务中心上线运行。植保飞机、智能配肥设备、烘干设备、为农服务中心云平台、96621服务热线等多种服务功能从无到有、从小到大、从弱到强，实现了农业供给侧结构性改革的新突破。

（三）升级农村现代流通服务体系，打造全省供销"一张网"

山东省供销合作社按照"发展适度规模的众多市场经营主体与为构建信息化综合平台提供全渠道服务相结合，是山东供销流通现代化的重要路

径选择"的顶层设计,整合系统网络资源,大力实施"农村现代流通创新工程",以"互联网+流通"为实现形式,积极探索"前台多样化、中台模块化、后台一体化"的电商模式,促进线上线下深度融合发展,加快构建农村现代流通体系。具体做法是：首先,建立省级综合性电商平台。省社出资 2000 万元成立山东供销综合服务平台有限公司,并与京东集团签署战略合作协议,成立山东供销京东农贸发展有限公司。目前已有 93 个县(市、区)接入山东供销 e 家,开设 B2B/B2C 县(市、区)分站 180 个,实现了全省县域电商"一张网"。其次,支持县域电商"多样化"发展。县级供销合作社灵活运用微电商、自媒体等手段,积极尝试社区配送、O2O 线上线下融合发展形式。全系统已开设各类县域电商平台 137 个,53 个县级供销合作社列入当地政府电子商务领导小组,22 个市县供销合作社成为领导小组牵头单位。目前电商交易额已达 152.6 亿元,比 2015 年增长 4.7 倍。再次,"模块化"构建供销电商生态圈。依托浪潮集团的技术优势开发编程,将各地多样化经营的"成功要素"转化成标准化的信息功能模块,研发了山东供销 e 家模块。目前已在山东供销 e 家平台建立"集采平台、农超对接、为农服务"等 7 个模块,开展日用品统采、农资统采、农产品上行等业务,大幅降低采购成本,保证产品质量。最后,"一体化"统领系统电商发展。通过构建省级综合性电商平台,提升"中间服务"能力,免费提供标准化的交易、结算、仓配等电商模块产品,统一县域电商交易平台,使之在同一平台分区运营,促进网上互联互通、共享共赢。截至 2016 年 10 月底,全系统连锁经营网点已达 10 万多个,建成农村综合服务社 62633 处、城乡社区服务中心 2832 处、农产品批发市场 158 处,新建和改建区域及县域综合仓储配送中心 14 个。流通体系的建立健全,使农产品流通更加通畅,反过来促进了土地托管的深入开展。

(四)构建农村合作金融服务体系,破解农业经营主体融资难题

山东省供销合作社参与制定并认真落实省政府《关于农民专业合作社信用互助业务试点方案》和《试点管理暂行办法》,总结推广滕州"448"、高密"436"模式,按照社员制、封闭性和民主管理原则,不设资金池,选择 1 家托管银行开展业务,在不对外吸储放贷、不支付固定回报的前提下，引导县级社、基层社在领办的农民合作社内部规范开展信用互助业务，确保"两头堵死、封闭运行"，最大限度防控风险。截至2016年10月底，全系统规范开展信用互助业务的农民合作社210家，互助资金总额5.2亿元。其中，10个合作金融专项试点县（市、区）供销合作社中开展试点的农民合作社113个，超额完成试点任务。全省供销合作社改革试点单位已注册融资担保公司2家，注册资本总额4.38亿元，注册控股融资租赁公司1家，小额贷款公司2家，典当行1家。其中，山东省供销合作社联合75家企业共同组建山东供销融资担保股份有限公司，赢得省财金公司连续三年每年5000万元的注资和补贴，使股本增加至3.38亿元，与农行、中行、交行、农发行4家山东分行签署战略合作协议，可撬动30多亿元的银行资金投向市场服务主体。目前已实现在保金额2.36亿元。积极探索农业补充商业保险业务，在13个县（市、区）开展试点，险种已达6个，投保面积超过2万亩。山东省供销合作社与中国建设银行山东分行合作，确定在莱芜、聊城、日照等部分市推动以助农存取款为重点的合作试点。

（五）推进第一、二、三产业融合发展，转变农业发展方式

山东省各级供销合作社充分发挥合作经济组织的优势，打破第一、二、三产业条块分割、信息不对称等壁垒，打造创新链，提升价值链，拉长产业链，让农民群众在三个产业融合发展中有更多的获得感。高密市孚高农业服务公司借助土地托管形成的新优势，与山东望乡食品有限公司联合组建了山东望乡农业发展有限公司，开展专用小麦订单生产和深加工，共同打造从粮食生产到餐桌的完整产业链；还与正大集团合作，推动由玉米订单生产、饲料加工向养殖业发展；已带动当地订单小麦、玉米种植面积10万亩。枣庄市山亭区店子供销合作社围绕当地大红枣特色产业组织农民成立枣店香大红枣专业合作社，改良旧品种、引进新技术、实施精准施肥智能化、加工产品多样化、市场销售品牌化，托管的6万亩大枣价值大幅提升，产值由原来的亩均不足3000元，提高到8000元以上。法国罗盖特、美国国民淀粉、泰国正大、中粮集团等国内外大型企业，以及当地农业产业化龙头企业纷纷与供销合作社联合合作，实现了共建共享、多方共赢。

（六）整合各方资源，形成为农服务协同机制

山东省供销合作社以综合改革为契机，依托自身系统组织优势，积极推进社农结合、社社合作、村社共建，形成协同为农服务的强大合力。在社农结合方面，省社与省农业厅、省财政厅、省民政厅、省国土厅分别印发了《加快推进农业社会化服务的意见》《加快供销社为农服务中心建设的指导意见》《农村社区服务指导规范（试行）》《做好为农服务中心建设用地管理工作的通知》，全省所有市和90%以上的县级供销合作社与农业口部门联合出台了推进农业社会化服务的相关文件。供销合作社与省科技厅、省农科院在农业科技成果落地等方面签署战略合作协议，围绕良种良法配套、农技农艺结合等农业科技成果转化展开全方位合作。有的地方把由财政资金形成的资产交由供销合作社管理运行，创新农业基础设施长效运行机制。如临沂市河东区将"小农水"设施交由供销合作社运营维护，解决了"小农水"工程"建、管、用"脱节、无法持续发挥作用的问题，同时也保证了财政资金的使用效益。在社社合作方面，供销合作社加强与合作社、种粮大户、家庭农场等新型经营主体的联合与合作，在资本、服务和经营中扩大与农民的利益联结，推行基地共建、品牌共创、利益共享，服务的经营主体达4.55万个，受惠农民400多万人，三年累计培训农民社员155.1万人次。另外，通过村社共建，供销合作社系统推动了农村经济发展，促进了农村基层服务型党组织建设，也实现了供销合作社自身的发展壮大。通过协同为农服务机制，其为农服务的综合平台作用得到充分彰显。

四 供销合作社改革的效果分析

（一）对供销合作社职能进行了重新定位

2014年4月，《国务院办公厅关于同意供销合作总社在河北等4省开展综合改革试点的复函》指出，供销社综合改革试点要"坚持市场经济方向，坚持合作经济组织的基本属性和特色，按照'改造自我、服务农民'的要求，……努力将供销合作社打造成为农民生产生活服务的生力军和综合平台"。2015年3月，中共中央、国务院发布了《中共中央、国务院关于深化

供销合作社综合改革决定》，指出供销合作社改革的基本原则是"坚持为农服务根本宗旨"，"做到为农、务农、姓农"。山东省供销合作社在改革中坚持从基层做起，积累了"村社共建"的基本经验，把自身改革融入农民组织化过程之中，既推动了农民组织化水平的提高，为农业农村发展做出了重要贡献，又找到了自身定位，大大提高了自我发展能力，使供销合作社系统重新焕发了生机。

（二）保障了农民的利益

只有让农民参与并拥有更多的话语权，让农民得到更多利益，让基层社得到更好发展，让农业现代化更快推进，才能保证为农服务体系的可持续运行，保证供销合作社改革的顺利推进。山东省供销合作社在为农服务中心建设过程中，本着农民出资、农民参与、农民受益的原则，设定了"两个比例"：一是2∶8，即组建实体性乡镇农民合作社联合社，基层供销合作社持股比例一般不超过20%，农民社员持股不低于80%；二是3∶7，即为农服务中心的投资，原则上县农业服务公司不超过30%，农民合作社联合社不低于70%。政府扶持资金可按比例以股权形式量化给农民社员，也可部分作为供销社的股权进入县级农业服务公司。按此计算，农民社员在为农服务中心的持股最低为80%×70%=56%，既保证了农民占大股，也密切了供销社与农民的利益联结，形成可持续发展机制。试点中，农民合作社及联合社普遍实行按股分红和按交易额返利相结合的分配制度，县级农业服务公司和基层社按股份制和合作制获取收益。

（三）土地托管的实际效果

在土地托管中，提高对土地的整合可增加种植面积达10%以上；规模化农机作业可大大提高效率，节约机械、人力等投入，粮食作物每亩增产10%~20%，为农民节支提效400~800元，经济作物为农民节支提效可达1000元以上；通过开展专业化统防统治飞防作业，降低农药使用量20%，提高工效300~600倍，有效防治率超过96%；通过测土配方智能配肥，每亩可减少化肥使用量15%~20%；通过"水肥一体化"新技术推广，比常规施肥节水30%~40%、节肥20%~30%；小麦、玉米烘干技术为农民解决了运输、晾晒的麻烦，降低了成本，增加了收入。

从山东省平原地区普遍实行的小麦、玉米轮作种植制度看，为农服务中心提供的服务一般为耕地整地、提供种子、提供化肥、播种施肥（种肥同播）、打药、浇水、收获、秸秆还田、籽粒烘干等，社会价格一般为1045元/亩，为农服务中心价格约为915元/亩，为农民节约130元/亩；为农服务中心采取了配方施肥，为农民节约20元/亩；玉米烘干（社会上暂时没有机构提供烘干服务）每斤可增值0.1元，按每亩1200斤计算，每亩可为农民增值120元。仅上述几方面，每亩就可为农民增加收入270元。同时，为农服务中心也可以实现利润150元。形成了真正的双赢局面。

五　进一步讨论

通过前文对山东省供销合作社综合改革的分析，可以初步回应本文第一部分提出的问题，并延伸讨论。

第一，中国农村地域辽阔，各地情况千差万别，农业适度规模经营理应采取多种模式。这一点早在20世纪80年代的中央文件中就已经提及。但无论是家庭经营、合作经营、企业经营、集体经营还是其他经验形式，地方政府具体的抓手多为"土地流转"。而农业适度规模经营的形式并不只是土地规模化一种方式。上述分析表明，为农业提供全程社会化服务是一种成本低、效益高、农民容易接受的方式，具有较为广泛的适应性。诚然，目前全国已有1.7亿农民工外出打工，其中3847万人举家全迁，但乡村第一产业就业人口仍然高达2.2亿人。这些"留守人员"年龄大多偏高、多为老人和妇女，并且不具备从事其他产业的基本技能。正是因为如此，他们才难以完全离开土地。而由于文化水平低的原因，这些农业从业人员主要依靠传统技能，对现代农业生产要素掌握慢，有时甚至排斥。在这样的背景下，合作社为他们提供全程社会化服务，使整个农业生产过程比自己操作投入少、成本低、收入高，并给其留有选择的权利，从而可以吸引他们纳入社会化服务体系，纳入现代农业体系。从资源禀赋角度看，全程社会化服务正是中国特色农业现代化的"特色"之处。山东省供销合作社综合改革经验的推广价值也正在于此。也就是说，各省改革的过程、模式可以不同，但 2015 年中央 11 号文件所确立的"为农、务农、姓农"的改革方向必须坚持。这或许是开创中国特色农业现代化新局面的一个重要突破口。

第二，作为兼具生产与服务双重功能的新型农业经营主体，目前超过 1000 万家，户均 30 亩以上的专业大户（家庭农场）是中国农业现代化和农产品供给的主力军，但如果每一个这样的大户都必须购买从耕地整地到初加工之内的所有农业机械和其他硬件设施设置，不仅会造成巨大浪费，成本也难以承受。因此，为新兴经营主体提供全程服务也是中国农业社会化服务体系建设的题中应有之意。从山东省供销合作社改革的实践看，凡是为农服务中心健全的县市，包括专业大户在内的新型农业经营主体大都自动纳入到服务中心的服务体系中来，净收益当然也有所提高。因此，完善的社会化服务不仅不会降低土地规模经营水平，反而是提高土地规模经营水平的一条重要途径。尤其在当下由于粮食价格下降导致规模经营效益下降、部分承租者退租或"跑路"的情况下，提高农业社会化服务水平，通过服务降低规模经营的成本，更加具有现实意义。我们甚至可以说，在当下，发展农业社会化服务体系建设比推进农业进一步适度规模经营更为重要。

第三，如何看待供销合作社改革？这是当下学术界甚至政策制定者讨论的热点话题之一。相当一部分人认为，这次供销社改革会形成新的垄断，尤其是会形成从农业生产资料供给到农产品初加工的全产业链垄断，进而损害农民利益。从山东省供销合作社改革的过程看，这种担忧是不必要的。供销合作社作为介于政府和市场之间的特殊机构，具有一定的政府信用，可以动员部分政府资源，并且可以把这部分信用资源与市场资源有机结合，实现资源的优化配置，是一个市场化过程。供销合作社在改革中所整合的企业、合作社和农户（包括专业大户）完全是基于市场原则的自愿行为，是利益驱动的结果。因此，山东省供销合作社综合改革经验的推广一定要注意这一点，绝对不能偏离市场化方向。

Reform of Supply and Marketing Cooperatives, Land Trusteeship and Scale of Services

—Investigation and Reflection on Comprehensive Reform of Shandong Supply and Marketing Cooperatives

Kong Xiangzhi　Zhong Zhen

Abstract: Since the beginning of the last century in 80s the full implementation of the household contract management, small scale, decentralized management model can realize the modernization of agriculture has been questioned, Chinese agricultural modernization must find another way in expanding the scale of land outside. Many through the increasingly perfect social services to enhance the scale of agricultural benefits, some documents call it "service scale". Exploration of Shandong Province Supply and marketing cooperative system in the reform process of the land trust model, the farmers' professional cooperatives as the organizational basis, taking the market as the direction of development, the initiative to promote the supply and marketing cooperatives, through the government, to form a powerful force to serve the farmers, is a useful practice of government power and the combination of market forces to promote the development of modern agriculture.

Key words: supply and marketing cooperatives reform; service scale; land trusteeship; agricultural modernization

以产权与业务对接促进供销合作社上下贯通

——对广东省供销合作社综合改革试点的调查[*]

魏后凯 王 军[**]

摘 要 作为全国供销合作社综合改革的四个试点省份之一,广东省根据自身农业特点和供销合作社实际情况,选择了以省级龙头企业为抓手建设现代经营服务体系、以搭建服务平台为载体建设为农综合服务体系、以创新联合社治理机制为切入点建立组织体系的供销合作社综合改革路径。本文采用实地调研和对第三方评估资料进行分析的方法,分析了广东省供销合作社综合改革试点的背景和路径选择,归纳总结了其具体做法和成效,剖析了综合改革试点中存在的问题,进而提出了相关建议。本文认为,广东省供销合作社综合改革试点的核心是以产权与业务对接促进供销合作社上下贯通,这一经验具有可推广价值。当然,也应该看到,虽然广东省供销合作社综合改革试点在经营服务领域取得了积极成效,但体制机制方面的改革相对滞后,这是下一步全面深化综合改革的方向和重点。

关键词 供销合作社 广东 综合改革

---

[*] 本文是作者于2016年11月20~25日参加全国供销合作社综合改革试点评估对广东省调研的基础上完成的,参与本次调研的还有唐敏、赵黎。

[**] 魏后凯,中国社会科学院农村发展研究所所长、研究员,主要研究方向为区域与城乡发展、产业经济、资源与环境经济;王军,北京商业管理干部学院合作经济研究中心副研究员,主要研究方向为农民合作社和农产品流通。

一 广东省供销合作社综合改革试点的背景

供销合作社是一种独特的经济主体,也是一种特殊的制度安排。改革开放以前,作为计划经济体制的重要组成部分,供销合作社遍布农村,是城乡物资交流、农村商品流通的主渠道,在保障市场供应、服务城乡群众、促进农业农村发展等方面发挥了骨干作用。改革开放以后,随着中国经济市场化进程的快速推进和农业农村发展格局的巨大变化,供销合作社在体制上、机制上和业务上日益面临严峻挑战,传统职能日渐弱化,传统优势逐步丧失。近年来特别是中共十八大以来,在中央和各级地方政府的支持下,供销合作社大力推进经营创新、服务创新、管理创新、组织创新,着力健全基层组织体系,积极构建现代经营服务网络,综合实力和竞争能力明显增强,为农服务水平不断提升。

作为全国供销合作社的一部分,广东省供销合作社始于新中国成立后,是由政府部门有组织发展起来的合作社,合作范围涉及国民经济的各个领域(张大海,2012)。新中国成立后,广东省供销合作社与国营商业"三合三分"①,其体制也经历了由民办到官办,由集体改全民,再由官办改民办,由全民改集体的多次反复(徐旭初、黄祖辉,2006)。1992 年,为适应市场经济发展的需要,广东省供销合作社按照集团化的方向开始推进市场化改革。然而供销合作社在体制机制上存在弊端,对市场竞争产生了不适应,出现了网点减少、经营业务萎缩、亏损严重的局面。直到 2000 年左右,广东省供销合作社把工作重点放在经济效益上,通过自上而下的改革,全省供销合作社系统各方面的工作才有了一定起色。截至 2013 年底(综合改革试点前一年),广东省供销合作社有省级供销合作社 1 个,地级及以上市供销合作社 20 个,县(区、市)级供销合作社 101 个,乡镇基层供销合作社 1109 个;全系统实现销售收入总额达 592.6 亿元,利润总额达 5.6 亿元,资产总额达 333.2 亿元。②

---

① "三合三分"指的是供销合作社在 1958 年与国营商业合并、1962 年分开,1970 年合并、1975 年分开,1982 年合并、1995 年分开。
② 本文所用数据均来自广东省供销合作社统计公报、广东省供销合作社网站以及作者在实地评估调研过程中搜集的资料。

2014年中央一号文件《关于全面深化农村改革加快推进农业现代化的若干意见》明确提出："发挥供销合作社扎根农村、联系农民、点多面广的优势，积极稳妥开展供销合作社综合改革试点。"广东省供销合作社联合社（以下简称"广东省联社"）编制了综合改革试点方案，积极参与试点申报工作。2014年4月，国务院批复同意河北、浙江、山东、广东4省开展供销合作社综合改革试点。在自愿申报的基础上，经过深入论证，广东省政府确定在省联社和珠海市斗门区等20个县（市、区）供销合作社开展综合改革试点。① 2015年，中共中央、国务院出台《关于深化供销合作社综合改革的决定》（中发〔2015〕11号），广东省联社根据文件精神对综合改革试点方案进行调整，进一步细化了重点改革任务，并新增20个供销合作社作为试点单位。从试点方案中可以看出，广东省联社按照"改造自我、服务农民"总思路，以密切与农民利益联结为核心，以提升为农服务能力为根本，以服务规模化、流通现代化为重点，加快推进经营创新、服务创新、组织创新和管理创新，希望通过两年半的试点，初步构建具有上下贯通、一体化运营、各业务板块有机融合特征的新型供销合作社经营服务体系。

二 广东省供销合作社综合改革试点路径选择

与河北省、浙江省、山东省不同，广东省根据自身农业特点和供销合作社实际情况，从抓省级龙头企业、搭建服务平台、创新联合社治理机制三个视角入手，选择推进供销合作社综合改革试点的路径。

（一）以省级龙头企业为抓手，以产权联结和业务对接为纽带，推动跨层级社有企业的合作

广东省供销合作社最明显的特点是"上强下弱"，省一级的社有企业实力较强，而县及以下的社有企业散弱小、经营网点零星分散、经营业态传统落后等问题比较突出。例如，2014年，占全省供销合作社企业数量10%

---

① 包括斗门区、曲江区、南雄市、东源县、丰顺县、惠东县、海丰县、新会区、阳西县、廉江市、徐闻县、信宜市、高州市、化州市、四会市、高要市、怀集县、英德市、新兴县、郁南县。

的省级社有企业，销售收入和利润所占比重达到了 1/3；而占企业数量 65% 的县级及以下社有企业，销售收入和利润所占比重仅为 50%。并且，县及以下实力较强的社有企业集中度高，主要分布在珠三角的东莞、佛山等地，如 2016 年，佛山市顺德区乐从供销集团有限公司经营销售额达 105 亿元，2015 年上榜为中国服务业企业 500 强。而其他地区的社有企业发展相对滞后，为农民提供农资和日用品供应、农产品收购以及再生资源回收等传统服务能力不足。更为重要的是，供销合作社在历史上形成了资产"分级所有、分级管理"的体制，虽然属于一个系统，但各层级企业之间缺乏有机的联系。加之社有企业经营的业务相似，在市场竞争中经常会出现同业竞争的现象。针对这些问题，广东省联社在综合改革试点方案和修订方案中提出，把推动不同层级社有企业产权业务对接、推进经营网络发展作为试点重点任务，希望通过这种方式促进资源共享，实现共同发展。

（二）以打造综合服务平台为载体，以整合服务资源、拓展服务领域为重点，不断提升为农服务能力和水平

2015 年，广东省人均耕地仅有 0.36 亩，不到全国平均水平的 1/4，土地碎片化十分严重。因此，供销合作社要想把广东的小农生产引入现代农业发展轨道，关键是要发展完善农业社会化服务。但是，相对于全国供销合作社系统而言，广东省供销合作社农业社会化服务供给水平较低。比如，按照《全国供销合作社基层工作调查分析报告（2015）》提供的数据，广东省供销合作社开展土地托管面积仅为 6400 亩，开展统防统治、农机作业、土地流转等服务在全系统的排名也比较靠后，农村综合服务社数量为 6767 家，占全系统的比重也仅为 1.9%。另外，广东省的基层供销合作社比较薄弱，也制约了其为农服务能力。2013 年，广东省基层社乡镇覆盖率为 81%，比全国平均水平低 4 个百分点，许多基层社处于守摊子、收租子、过日子的状态，其中停业、歇业的基层社占比高于全国平均水平 1.5 个百分点；全省供销合作社领办农民专业合作社 4046 家，在全系统的排名也比较靠后。针对供销合作社服务功能较单一、基层组织较薄弱、与农民联系不够紧密等问题，广东省联社在综合改革试点方案和修订方案中提出："围绕建设为农服务综合平台、拓展经营服务领域、分类推进基层社改造、领办创办农民

合作社等重点任务，积极开展农业社会化服务，加快推进供销合作社由流通服务向全程农业社会化服务延伸、向全方位城乡社区服务拓展，以便形成综合性、规模化、可持续的为农服务体系。"

（三）以创新联合社治理机制为切入点，强化联合社协调、服务、监督、管理功能

供销合作社在历史上形成了特殊的"四不像"体制，即不像行政机关、不像事业单位、不像社会团体、不像企业。虽然国家已经明确县级以上联合社机关属于参公管理的事业单位，但一些地方政府和学者对于供销合作社的组织性质和职能定位仍然认识不足。如有的学者认为，在农村经济发展日益市场化的背景下，供销合作社传统职能已经弱化，农村不再需要供销合作社了，或者也不指望供销合作社发挥什么作用了（徐旭初、黄祖辉，2006）。同时，与全国供销合作社类似，广东省各级供销社联社是按"块块"进行管理，各级联社领导由当地政府任命，"让领导满意"就成为各级联社追求的最终目标，上级社与下级社只有业务指导关系，不同层级之间缺乏有机的联系。从行政管理的角度看，分权式的"块块"管理有利于调动地方的积极性，促进地区经济快速增长（尹振东，2011）；然而，作为经济组织，如果按照"块块"进行管理，将会强化供销合作社行政化的工作理念，并导致不同层级供销合作社之间的竞争，产生"联合社不联合、合作社不合作"的问题。针对这些问题，广东省联社在综合改革试点修订方案中提出："通过建立双向评价监督机制、设立供销合作社合作发展基金、设立社有资产管理委员会等方式，切实转变联合社职能，建立起政事分开、社企分开、管理高效、监督有力的联合社治理机制。"

三　广东省供销合作社综合改革试点主要做法及取得的成效

综合改革试点工作启动以来，广东省采取以省级龙头企业为抓手建设现代经营服务体系、以搭建服务平台为载体建设为农综合服务体系、以创新联合社治理机制为切入点建立经济组织体系的路径，扎实推动供销合作社综合改革试点工作，在经营服务领域取得了积极成效，为下一步全面深

化供销合作社综合改革积累了有益的经验。

(一) 打造龙头企业，建设现代经营服务体系

1. 推进社有企业产权制度改革，做大做强社有企业

在国家政策扶持下的供销合作社县及以上的出资社有企业，有些最初是由农民股金部分构成的，有些是近些年来各级政府财政资金大力支持形成的（蒋省三，2013）。供销合作社企业在历史上经历了从全民所有制到集体所有制的改革，而集体资本占股过大的社有企业通常面临着预算软约束问题，集体资本占股过小又会导致社有企业偏离为农服务方向。因此，推动社有企业改革被列为广东省联社综合改革试点的重要内容。广东省联社制订了深化社有企业改革指导意见和深化直属企业改革实施方案，推进以产权制度为核心的体制机制改革，在确保对经营网络和龙头企业控制力的基础上，加强与社会资本对接，推行经营层、骨干员工持股，增强企业内生动力、发展企业活力和经济实力。广东省联社直属企业广东天禾农资股份有限公司和广东粤合融资租赁有限公司等通过引入社会资本和管理层持股，既保持了省联社对企业的主导力，又充分发挥了各方投资主体的作用。目前，广东天禾农资股份有限公司已经形成省社、企业员工、社会投资者分别持股47%、31%和22%的多元化格局；与此同时，该公司还在二、三级企业探索实施"事业合伙人计划"和"事业创始人计划"，鼓励优秀人才组建创业团队，围绕为农服务优势产业从事创新业务。通过产权制度改革，广东省供销合作社在农资农技、粮油连锁、冷链物流、再生资源、日用品销售等行业培育出具有较强实力和辐射带动力的龙头企业，企业的综合实力明显增强。截至2016年底，广东天禾农资股份有限公司等4家企业入选"2015年广东省企业500强"，广东新供销天润粮油集团有限公司等4家企业被评为"广东省重点农业龙头企业"，全省供销合作社实现产权多元化的企业有82家，占正常经营企业数的58.2%。

2. 推动产权业务对接，促进社有企业跨层级联合发展

供销合作社企业资源分散在不同层级，长期以来一直没有形成合力。只有将分散的资源整合起来，实现产权业务对接，才能促使社有企业从"小舢板"向"航空母舰"转型，从而在瞬息万变的市场环境中立于不败之

地。广东省联社制订了农资、粮油、日用品、再生资源、冷链物流、小额贷款等省级公司与试点单位对接的具体方案,采取产权联结和业务对接等方式,对接重组市县级供销合作社经营业务和网点,打造上下贯通、有效对接的现代经营服务体系。产权联结是由省级社有龙头企业通过股份转让、增资扩股等形式入股市县级社有企业或与市县级社共同出资组建区域公司。省级社有龙头企业一般要求获得相对控股权,具体参股比例由双方企业平等协商。试点期间,省级农资、粮油、日用品、再生资源、冷链物流等企业与70%的试点县实现了产权对接,合作组建了75家公司,新增经营服务网点2184个。产权联结属于要素契约,这种契约形式主要集中在市县级社有企业经营能力较弱而省级社有龙头企业的人力资本和管理技术对于其开拓市场是必需的区域。业务对接主要是省社直属农资、日用品、农产品等企业在连锁配送的基础上,与市县级供销合作社直属企业开展联采分销或为其提供技术服务等,由此整合了系统相对分散的资源,提升了为农服务的能力和水平。试点期间,广东省原20个试点县(市、区)与省社直属企业实现两项以上的业务对接,如信宜市供销合作社农资公司通过与广东天禾农资公司签订业务对接协议,10%的农资商品由广东天禾农资股份有限公司统一采购。不仅农资质量更有保障,价格还有优惠。业务对接属于商品契约的范畴,主要集中在市县级社有企业经营实力较强的区域,各级社有企业通过共享资源、优势互补,打破了过去分散采购、同业竞争的局面,实现了良性发展。

3. 推进经营网络升级,打造高效运转的经营服务体系

广东省供销合作社顺应流通领域变革的新趋势,延伸产业链条,创新商业模式,运用现代流通方式改造升级传统经营网络。如广东天禾农资股份有限公司实施网络终端化战略,直接对接基层网点和种植大户,建设标准化种植基地,制订各类作物种植技术方案,开展农业生产全程化服务。截至2016年11月,该公司已在全国建立配送中心63家(其中省内与市县级供销合作社合作建立配送中心35家),直接对接基层网点和种植大户1万家。英德市供销合作社在做大线下超市的同时建立了"即送网"电商平台,面向全市开展生鲜农产品、日用品等配送服务,采用地理定位技术实施配送员"抢单"和实时就近配送,实现市区10公里范围内30分钟送货上门。

2016 年，平台注册会员达 10 万多人，销售额超过 6000 万元，实现了线上线下融合发展。

（二）搭建服务平台，建设为农综合服务体系

1. 以社区综合服务社为载体，满足城乡居民多样化的服务需求

社区综合服务社是以供销合作社为主体，政府、社会资本、镇村等共同参与建设，能够为城乡居民提供日用消费品和农资供应、农产品购销、科技服务、信息交流、文体娱乐、健身医疗、宣传教育等的平台。广东省供销合作社积极推进社区综合服务社建设，打造社区综合服务平台，为城乡居民提供多层次、多样化、便利实惠的生活服务。如广州市供销合作社围绕新型城镇化和新农村建设要求，整合街镇、民政等政务资源以及慈善机构、社区企事业等社会资源，搭建综合服务平台，承接了民政、司法、人社、工会、共青团、妇联等单位部分专项购买服务项目，并且借助公益性项目的品牌效应积极拓展少儿培训、技能培训、招聘、老年人日间照顾等经营性、个性化项目，探索"无偿带动有偿，有偿反哺无偿"的发展机制。2015 年，广州市供销合作社共建立社会工作服务机构 8 家，城乡社区综合服务社（中心）29 家，覆盖全市约 11% 的街道，惠及约 170 万人口，为城乡居民和企业提供家庭服务、老人服务、青少年服务、外来人员服务、就业服务、妇女服务、志愿者队伍建设七大板块共 100 多项服务项目，形成了广州市规模最大的城乡社区综合服务体系。

2. 以基层社为载体，为农民提供生产生活服务

基层社是供销合作社设立在乡镇一级的基层组织，可以根据农民生产生活的需要开展产前、产中、产后等系列服务，是供销合作社为农服务的前沿阵地，也是供销合作事业发展的基础和支撑。广东省供销合作社选择有条件的基层供销合作社，通过新建、扩建等方式，打造综合服务平台，开展直接面对农民的生产生活服务。如化州市供销合作社引进社会资本 5600 多万元，改造基层社旧物业，建成供销大厦五栋，恢复拓展了农资、农产品、日用品等经营服务业务。有的基层社开办了普惠金融业务，帮助农户办理小额存取款、缴存水电费电话费、领取农业补贴等，满足了农户生产生活服务需求。

3. 以农民专业合作社为载体，为小农生产提供全产业链服务

广东省供销合作社利用自身的优势，把一家一户分散的农民组织起来，发展多种形式的专业合作社，打造农业生产服务平台，为小农生产提供产前、产中和产后的各环节服务，降低了小农生产的经营成本，提高了农产品的品质，实现了农业增效和农民增收。如信宜市前排镇供销合作社通过领办三华李专业合作社，为当地果农提供技术培训、质量检测、包装销售等"一条龙"服务，带动农户种植生产优质三华李，建立了三华李标准化种植生产基地560亩，示范带动果农种植5万多亩，推动形成统一种苗、统一技术、统一种植、统一品牌、统一销售的规模化产业带。2016年，前排镇供销合作社实现销售额8亿多元，帮助农民人均增收3000多元。高州市供销合作社以农民合作社联合社为依托，引入社会资本建成容积为1万吨的冷库和果品加工生产线，帮助农民加工荔枝干、龙眼干3000多吨，冷藏出口蚕蛹800多万元（美元），农民通过加工增值1800多万元。

4. 以社有企业为载体，开展专业化、综合性服务

各级社有企业把握为农服务方向，以现有经营业务为基础，培育拓展交易配送、质量检测、仓储加工、冷链物流、电子商务、金融服务等综合性服务，推动各经营服务业务有机融合。如广东省联社依托广东新供销金融控股集团搭建全省专业化的金融服务平台，为全省系统企业、上下游客户和农民合作社提供小额贷款、供应链融资、农村保险代理等农村金融服务。其中，广东新供销农业小额贷款股份有限公司在徐闻、云浮等地设立分支机构或开展业务，拓展一批种植大户、农民合作社等优质客户。2016年，累计发放贷款7.8亿元。肇庆市供销合作社依托农副产品配送服务中心有限公司构建了基于电子商务的集农产品采购、追踪溯源、食品检测、恒温仓储、冷链运输、终端保鲜为一体的农（副）产品配送服务平台。一头与市内60多个蔬菜类、水产类、禽蛋类等专业合作社和种养基地对接，一头与40多家机关团体饭堂和22个住宅小区对接，并且通过农（副）产品物联网配送服务电子商务平台，让市民通过电话、互联网下单，辐射带动3300多农户、2万多亩种养基地，为2000多户居民提供农（副）产品配送服务。茂名市供销合作社依托明湖百货有限公司在人口相对集中和交通便利的村庄建设村级电商服务站，为农村居民提供网上政务办事大厅、社保、

银行、保险、快递、明湖网上商城、淘宝网、明湖实体小超市等业务，使村民足不出村就能享受到优质便利服务。

（三）创新联合社治理机制，建立上下贯通、运转高效的合作经济组织体系

1. 加快转变联合社职能，强化不同层级的联合合作

广东省联社按照建设合作经济联合组织的要求，起草了《广东省供销合作联社机构编制方案》，对省联社的职责任务和内设机构进行调整优化，重点强化行业管理、政策协调、资产监管、教育培训等职能。为了切实解决"分级所有、分级管理"体制存在的问题，广东省供销合作社在省联社和试点单位建立了双向评价监督机制，包括上级社对成员社工作的考核机制、成员社主要负责人任免征求上级联合社意见工作机制和成员社对上级社工作的评价机制，既做到了上对下负责，也做到了下对上负责，建立起了责任上下共担的制度。

广东省联社还积极推进合作发展基金的设立。各级联合社从本级社有资产收益中提取不少于20%的资金注入到本级合作的发展基金，并且下级合作发展基金可以将其中一部分上缴上级合作发展基金，从而密切联合社不同层级的联系。试点期间，2014年，广东省联社从本级资产投资收益中首期提取500万元设立了广东供销合作社合作发展基金，各试点单位均设立了合作发展基金，基金总额1750万元。

2. 创新社有资产监管模式，强化社有资产监管

针对联合社机关参公管理、社企分开的情况下，各级联合社理事会作为本级社有资产所有权代表的职能如何履行这一问题，广东省联社在综合改革试点方案中提出了要推动县级以上联合社理事会设立社有资产管理委员会，以资本为主加强对社有资产的监督管理。目前，全部试点单位都设立了社有资产管理委员会。廉江、阳西、广宁、新丰、高明等试点单位成立了资产经营公司，对社有企业和基层社资产统一监管运营，初步形成了"联社理事会—社有资产管理委员会—社有资本投资运营公司—投资企业"的管理体制。各级联合社还强化了监事会监督职能，如广东省联社建立了监事会与本级投资一级企业监事会主席联席会议制度，强化对本级社有资

产和经济活动的监督；原20个试点县（市、区）全部向重点社有企业派驻了监事会负责人，进一步强化社有企业的监督。

供销合作社综合改革是一项制度变迁。通常情况下，当制度变迁的预期收益高于制度变迁的预期成本时，一项制度安排就会被创新，制度变迁就有可能发生。供销合作社综合改革涉及面广，需要兼顾好各方面利益，寻找到改革的突破口，分阶段稳步推进。广东省供销合作社综合改革试点工作坚持有所为有所不为，集中优势资源，以产权和业务为纽带，以社有企业为载体，用市场化的手段在农资及农化服务、农产品冷链物流、粮油全产业链和再生资源、农村合作金融等重点领域建立不同层级社有企业之间以利益联结为核心的联合发展机制，形成上下贯通的经营服务体系，并通过经营领域的改革带动联合社自身改革，从而部分解决了"分级所有、分级管理"引发的问题，最终实现总体收益的增加。2017年2月24日，汪洋同志在全面深化供销合作社综合改革工作电视电话会议上对这条经验给予了充分肯定。目前，这一经验也作为中华全国供销合作总社提炼总结的11项成熟经验做法之一，在全国供销合作社系统被推广。

四 综合改革试点中存在的问题及建议

很明显，广东省供销合作社综合改革试点的核心是以产权与业务对接促进供销合作社上下贯通，这一经验具有可推广价值。当然，应该看到，广东省供销合作社综合改革试点虽然在经营服务领域取得了积极成效，但也面临着一些亟待解决的问题，尤其是在体制机制方面的改革相对滞后，需要在今后综合改革中进一步深化和完善。

（一）综合改革试点中存在的问题

一是一些深层次的体制机制障碍还没有破解。产权不清晰或主体缺位一直是供销合作社深化改革的瓶颈，也是制约供销合作社综合改革最为深层、最为本质、最为关键的问题。解决这一问题难度相当大。近年来，广东省供销合作社虽然在社有企业方面进行了产权多元化的改革，但并未在供销合作社产权制度以及治理结构上进行有效的改革和创新，最终所有者缺位问题以及由此引发的职能定位问题、治理结构问题等依然存在。供销合作社资产"分级所有、分级管理"所引发的"联合社不联合、合作社不合作"的问题并没有破解。

二是还没有建立起与农民紧密的利益联结机制。供销合作社的"根在农村、本在流通、质在合作",只有坚持合作经济组织属性,才能称为合作社。但是,广东省供销合作社综合改革试点工作是由供销合作社干部职工主导的,农民在改革过程中参与度较低。无论是在综合改革试点方案制订还是在改革实施过程中,依然把农民当作服务对象对待,没有建立起吸引农民广泛参与的机制。农民出资、农民参与、农民收益的合作经济组织基本属性未能充分体现,农民的主体地位还没有通过改革得到实现。

三是对社有资产管理还没有形成长效机制。在综合改革试点的过程中,虽然广东省联社设立了社有资产管理委员会和社有资本投资运营公司,但这些机构与联合社理事会的关系如何处理、功能如何发挥等问题还没有很好地解决。在综合改革试点的过程中,各地只是按照试点方案要求建立起了机构,对社有企业的监管依然由各级联合社理事会负责,对社有企业监管的行政化色彩依然存在。部分试点县(市、区)资产管理委员会成员全部为供销合作社机关干部,而没有外部监督者参与,社有资产难以得到真正的监督。

四是历史遗留问题尚未得到全部解决。供销合作社历史遗留问题的顺利解决,直接关系到供销合作社的未来发展。我们在对广东省供销合作社干部职工访谈中发现,供销合作社作为老系统,历史包袱重、转型难,至今仍然是制约广东省供销合作社综合改革的首要问题。2016 年,广东省供销合作社系统在金融机构的不良贷款本息合计为 99.2 亿元,地方政策性亏损挂账 18.8 亿元,欠缴社会保险金 26.3 亿元。这些历史包袱主要集中在县及以下供销合作社,严重制约了基层社的发展壮大。

(二) 深化供销合作社综合改革的建议

一是要加快推进供销合作社体制机制改革。要进一步深化供销合作社企业公司制改革,并在此基础上厘清供销合作社产权关系。无论是将供销合作社现有的没有明确的集体资产作为合作社联社或联盟的不可分配资产,并通过开放办社的方式将这部分资产最终还给农民（徐旭初、黄祖辉，2006），或者是通过供销合作社领办的农民专业合作社或专业协会赎买供销合作社的资产或股份，或者是将这些集体资产的价值相应量化分配给这些"身份农民"（许建明，2017），都必须明确供销合作社的最终所有者，解决产权主体缺位的问题。同时，要在农资、粮油、农副产品等重要涉农领域和再生资源行业进一步推进社有企业跨地区、跨层级并购重组，形成规模效应和集聚效应，提高社有企业在供销合作社传统经营领域的产业控制力和行业影响力。在上下级联合社关系构建层面，可以在保持资产分级所有不变的前提下，探索人、财垂直管理，例如下级社理事会成员的任命征求上级社意见，下级社的财务由上级社监管等，从而密切各层级联合社之间的联系。

二是要建立与农民紧密的利益联结机制。要积极探索农民以不同形式加入供销合作社，可以在基层社改造的过程中通过直接吸收农民入股的方式让农民参与进来，从而建立与农民的产权联结；也可以通过领办创办专业合作社、合作社联合社、建立产业合作关系等多种形式影响和带动更多的农民加入到供销合作社中来，夯实供销合作社的群众基础和组织基础。各级供销合作社要面向农业现代化，为农民提供农资供应、农机作业、统防统治、收储加工等系列化、规模化、社会化服务，要面向农民生产生活，为城乡居民提供多层次、多样化、便利实惠的生活服务，从而在服务领域与农民建立起紧密的关系。

三是要进一步理顺联合社与社有企业的关系。要在已经建立社有资产管理委员会的地方厘清理事会与社有资产管理委员会、社有资产管理委员会与供销集团之间的关系，按照责权利相统一的原则，明确各自职责和权利边界。社有资产管理委员会要按照理事会授权对本级社有资产和社有企业进行监管，履行出资人职责、行使出资人权利、享有出资人权益，真正实现从管企业向管资本的转变。各级社有企业要加快建立现代企业制度，规范社有企业"三会一层"的治理机制和责权关系，推进职业经理人制度试点，建立健全与绩效挂钩的激励约束机制，并探索形成切合实际的中长期激励机制。

四是加大政策支持力度，妥善解决供销合作社历史遗留问题。要对供销合作社系统的土地、房屋、人员、债务等家底进行系统性的摸查，在此基础上积极争取财政、国土、社保、金融等部门支持，对于供销合作社土地确权、财务挂账、职工社会保障等历史遗留问题出台具体的配套政策措施，统一解决，实现供销合作社轻装上阵。要加强供销合作社人才队伍建设，加大对供销合作社系统机关干部、基层社职工、社有企业职工等培训力度，提升广大干部职工的管理能力和业务能力。

参考文献

蒋省三，2013，《供销合作社六十年之思辨（下篇）》，《中国合作经济》第7期。http://www.zlzx.org/zghzjjpl/index.html。

罗纳德·H.科斯等，2014，《财产权利与制度变迁——产权学派与新制度学派译文集》，刘守英译，格致出版社、上海三联出版社、上海人民出版社。

徐旭初、黄祖辉，2006，《转型中的供销社——问题、产权与演变趋势》，《浙江大学学报》（人文社会科学版）第3期。

许建明，2017，《作为全部社会关系的所有制问题——马克思主义视野里的供销合作社集体资产产权性质问题研究》，《中国农村经济》第6期。

尹振东，2011，《垂直管理与属地管理：行政管理体制的选择》，《经济研究》第4期。

张大海，2012，《广东省供销合作社制度变迁及效率研究》，博士学位论文，西南林业大学。

Promote the Supply and Marketing Cooperatives Closely Linked in Diffident Level by Linking Property Rights and Business
—The Survey of the Comprehensive Reform Pilot of Guangdong Supply and Marketing Cooperatives

Wei Houkai　Wang Jun

Abstract：As a pilot unit of the comprehensive reform of Chinese supply and marketing cooperatives, based on the agricultural characteristics and the reality of supply and marketing cooperatives in Guangdong Province, the Guangdong Supply and Marketing Cooperatives chose the reform path that using the provincial leading enterprises to construct the modern business service system, building a service platform to construct the agricultural comprehensive service system, innovating the governance mechanism of the cooperative union to establish the organization system. This paper adopts the data of field investigation and third party evaluation, analyzes the background and path selection of Guangdong Supply and Marketing Cooperatives comprehensive reform, sums up the concrete methods and effects, analyzes the existing problems, and then puts forward relevant proposals. By authors' opinion, the core of Guangdong Supply and Marketing Cooperatives comprehensive reform pilot is to promote the supply and marketing cooperatives closely linked in diffident level by linking property rights and business, and this experience has popularization value. Certainly, it should be observed that although the comprehensive reform pilot of Guangdong Supply and Marketing Cooperatives has achieved positive results in the field of business services, but the reform of system and mechanism is backward, and which is the direction and focus of the comprehensive reform in the next step.

Key words: supply and marketing cooperatives; Guangdong; comprehensive reform

莒南县供销合作社综合改革与农民合作社联合社运行机制调研报告*

钟 真 穆娜娜**

摘 要 2014年以来,莒南县供销合作社综合改革试点取得了一系列显著的成效。截至2017年5月,莒南县供销合作社已组建镇级农民合作社联合社12个,县级农民合作社联合社1个;但联合社采取的基本都是认缴入股的方式,尚未做到实际出资,而且供销合作社与联合社在机构运行方面实行"两社合一、合署办公"的模式。此外,莒南县供销合作社在全县建设了12处镇级为农服务中心;同时在全县242个农村社区组织实施"村社共建"项目456个,在山东全省率先实现了全覆盖。通过改革,莒南县供销合作社目前已经形成了以丰禾农业服务公司为龙头,以镇街农民合作社联合社为骨干,以为农服务中心为平台,以农民合作社、农产品基地和企业等农业经营主体为服务对象的农业社会化服务体系。

关键词 莒南县 供销合作社改革 联合社 为农服务中心

---

* 本文得到国家自然科学基金"社会化服务对农业经营主体生产效率的影响机制与政策选择研究"(批准号71773134)、"成员异质性、合作社理论创新与农民专业合作社发展政策体系构建"(批准号71273267)、国家自然科学基金国际合作与交流项目"变化市场中农产品价值链转型及价格、食品安全的互动关系——以蔬菜、渔产品和乳制品为例"(批准号71361140369)和教育部人文社会科学重点研究基地重大项目"我国新型农业经营体系构建与实践案例研究"(批准号14JJD790030)资助。

** 钟真,中国人民大学农业与农村发展学院副教授,主要研究方向为农户经营行为、农业社会化服务、农业机械化;穆娜娜,中国人民大学农业与农村发展学院博士研究生,主要研究方向为农业政策、合作经济。

一 引言

莒南县隶属山东省临沂市，地处山东省东南部鲁苏交界处，东与山东省日照市相邻，紧靠岚山港，南与江苏省连云港市接壤，西与临沂市河东区毗邻，北与莒县相接。截至 2014 年 3 月，全县总面积 1388 平方公里，下辖 15 个镇街、1 个省级经济开发区、242 个行政村（社区），81.64 万人口。莒南县是沂蒙革命老区的重要组成部分，是山东省四个一类革命老区县之一，被誉为"齐鲁红都"、山东的"小延安"。

莒南县属鲁东南丘陵区，为胶南隆起的一部分。地势总特点是东高西低，东部是北高南低，并向东南和西南呈脊背状倾斜。全县平均海拔高度 200 米，最高点是县境北部的马山，海拔高度 662.2 米；最低点在壮岗镇陈家河村前，海拔高度 19.9 米。县地貌以大店、十字路至相沟为界，分为东西两部分，东部低山丘陵区，西部平原区，以低山丘陵为主，其他类型地貌分布面积较小。莒南县属暖温带季风区半湿润大陆性气候，大陆度 61.1%。气候总特征是：春季温暖，干燥多风；夏季湿热，雨量充沛；秋季凉爽，昼夜温差大；冬季寒冷，雨雪稀少。四季分明，光照充足，无霜期长。

农业方面，截至 1993 年底，全县已建成 5 条农业经济带，即从板泉到大店以白柳条、桑蚕生产为主的经济带；从相沟至演马以板栗、茶叶生产为主的经济带；从陡山到文疃以苹果、杂果生产为主的经济带；从官坊到坊前以苹果、板栗生产为主的经济带；从厉家寨到柳沟以生产樱桃为主的经济带。

二 莒南县供销合作社综合改革概况

莒南县供销合作社现有社属企业 25 家，基层供销社 14 处，经营服务网点 2200 多个，全系统现有员工 6600 人，资产总额 9.86 亿元。2016 年 1~10 月，全系统实现销售总额 69.64 亿元，利润总额 6094 万元，同比分别增长 17.6% 和 14.5%。

自 2014 年供销合作社综合改革试点以来，截至 2016 年 11 月，莒南县共获得各级财政扶持资金 2634.6 万元，其中莒南县地方财政支持供销合作社改革发展资金达 1079.6 万元，在村社共建、农村现代流通、农业综合开发、电子商务、为农服务中心建设等方面获得上级扶持资金 1555 万元，分别是 2013 年的 8.9 倍和 7.6 倍。2016 年，县财政明确在每年给予供销合作社 100 万元改革发展扶持资金的基础上，再追加 300 万元村社共建专项扶持资金，明确给每处新建为农服务中心扶持 50 万元。图 1 展示了莒南县供销合作社综合改革的基本情况。下面将从供销合作社联合社、为农服务中心及村社共建的视角对莒南县供销合作社的改革现状进行详细介绍。

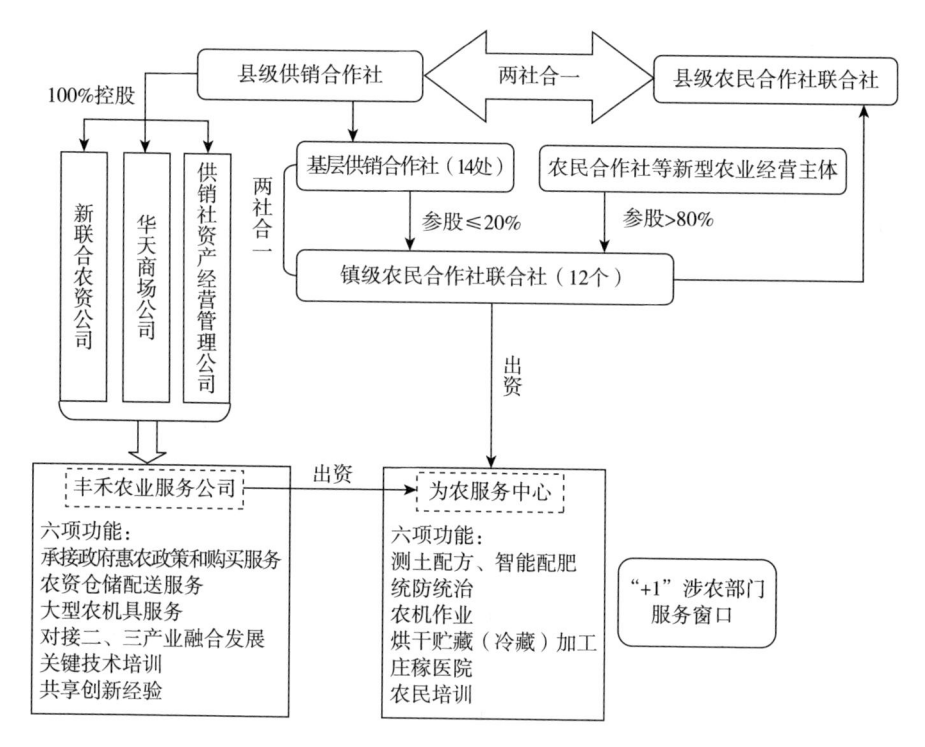

图 1　莒南县供销合作社综合改革的基本情况

注：各镇级为农服务中心建设过程中的实际出资情况会与本图有所不同。

（一）农民合作社联合社的组建和发展情况

首先是基层供销合作社联合社的组建。莒南县以乡镇为单位、基层供销合作社为主导，组织农民合作社、家庭农场、农产品企业等新型农业经营主体按照基层社持股不超过 20%、农民合作社等新型农业经营主体高于 80% 的股权比例组建了镇级农民合作社联合社，并在工商部门登记为合作社法人。镇级农民合作社联合社与基层供销合作社实现了"两社合一"。其次是县级供销合作社联合社的组建。经县编办同意，在镇级农民合作社联合社的基础上，莒南县供销合作社组建并登记了具有事业法人地位的县级农民合作社联合社，与县级供销合作社"一套机构、两块牌子"，并设置了"三部一中心"等机构。

与基层供销合作社相比，各镇级农民合作社联合社在组织各新型农业经营主体以及为农民提供社会化服务方面发挥了重要的作用。镇级农民合作社联合社不仅积极地吸纳农民社员的加入，同时还将政府的政策扶持资金投放到联合社，以股权形式量化到联合社农民社员身上，使其享受分红收益。此外，各镇级农民合作社联合社内部也设置了"三部一中心"（生产服务部、流通服务部、合作金融部以及综合服务中心）等机构，着力解决联采联销、标准化生产、品牌化经营、大田托管、信息资源共享、资金互助等单个专业合作社办不了、做不好的服务。

2017 年 5 月，莒南县已组建镇级农民合作社联合社 12 家，达到了每镇街一家，注册成立农民合作社联合社 13 家。全县的镇级农民合作社联合社出资额累计为 3470 万元，其中供销合作社的平均参股比例为 19.7%，农民合作社等新型农业经营主体占股 80.3%；镇级农民合作社联合社共拥有成员合作社 190 个、家庭农场 6 个、农业企业 3 个，吸纳农民社员 3.2 万户。截至 2016 年 10 月，已有 15 家农民合作社开展了信用互助业务，其中莒南县顺源养殖合作社、丰乐草莓合作社、昊睿农机化种植合作社、贵花种植合作社 4 家合作社获得了信用互助业务资格认定证书；全县累计发放信用互助资金 1052.2 万元，但是各家的互助资金额都会限定在 300 万元以内。

（二）农业服务公司和为农服务中心的建设现状

莒南县目前已经形成以丰禾农业服务公司为龙头，以镇级农民合作社联合社为骨干，以为农服务中心为平台，以农民合作社、农产品基地和企业等新型农业经营主体为服务对象的农业社会化服务体系，供销合作社因此也实现了由流通服务向全程农业生产服务的延伸。

1. 丰禾农业服务公司

丰禾农业服务公司是由县供销社资产经营管理公司、新联合农资公司、华天商场公司三个法人股东组成的县域农业规模化服务龙头企业。公司成立于2015年3月，并于当年7月在县工商局登记注册，注册资本为500万元，县供销社实际持股100%。该公司位于莒南经济开发区西关居委，公司本身拥有建筑面积5000平方米的仓储设施，化肥、农药储存能力达1.5万吨；拥有测土化验室180平方米，测土化验设备齐全；现代化的信息中心和农资展示大厅300平方米；培训教室300平方米，可同时容纳150人集中培训。公司总经销、总代理供销直供等国内外20多个优质化肥品牌，且有县域高毒农药专营职能，兼营农机具经营及维修业务。丰禾农业服务公司的职能主要包括以下六个方面：（1）承接政府惠农政策和购买服务；（2）农资仓储配送服务；（3）大型农机具服务；（4）对接二、三产业融合发展；（5）关键技术培训；（6）共享创新经验。在各乡镇为农服务中心的建设过程中，丰禾农业服务公司发挥了重要的作用。

2. 为农服务中心

莒南县的为农服务中心是以原建制乡镇为区划而建设的，占地面积约20亩、服务半径3公里、辐射范围3～5公里。莒南县县委县政府出台了《建设为农服务中心实施方案》，明确供销社每建设一处为农服务中心，县财政给予50万元补助。

截至2017年5月，全县已建成为农服务中心12处。全县的12处镇级为农服务中心共设有测土化验中心7处，智能配肥系统10套。其中，智能自助液体加肥站2处，智能配肥网络终端207个。具体情况如表1所示。此外，全县的为农服务中心还购置各类农机具共计220余台（套），整合各类农业机械500多台（套），配备植保飞机3架，服务能力达到50万亩，服务市场经营主体610个，受惠农民达47.1万人。前面提及的2处智能自助液体加肥站分别位于道口镇、石莲子镇等农产品基地密集区，以开展测土配方施肥服务，推广"水肥一体化"滴灌与精准施肥。目前莒南县已发展"水肥一体化"种植基地2800亩，平均每亩可节约用水30%、节约用肥40%～50%、节约人力成本40%以上。

2016年到2017年4月，全县供销系统通过为农服务中心这一平台实现土地托管面积35.08万亩，是2013年的6倍。其中，全托管面积6.33万亩，飞防面积10.52万亩，智能配肥面积16.22万亩，烘干粮食5700吨。从表2中可以看出，各乡镇（街道）的为农服务中心是土地托管服务的主要提供者，托管的作物种类已经涵盖了小麦、玉米等大田作物和草莓、花生、蔬菜等经济作物，其中又以小麦、玉米和花生托管为主。板泉镇、洙边镇和坊前镇的土地托管面积是12个乡镇（街道）中最大的，均达到了5万亩以上。此外，表3还详细地列出了2016年莒南县全县为农服务中心部分环节的托管情况：就测土面积而言，板泉镇、洙边镇和坊前镇的测土面积仍然是比较大的，石莲子镇的测土面积也比较大；配肥面积和统防统治面积比较大的是板泉镇、洙边镇、坊前镇和石莲子镇。可见，板泉镇、洙边镇、坊前镇和石莲子镇的土地托管服务在莒南县各个乡镇中是发展较好的。

表1　莒南县为农服务中心的部分设备统计情况

单位：台，架

序号	名称	智能配肥设备		植保飞机数量
		设备名称	数量	
1	十字路为农服务中心			1
2	洙边为农服务中心	智能配肥机	1	1
3	板泉为农服务中心	智能配肥机	1	1
4	坊前为农服务中心	智能配肥机	1	
5	石莲子为农服务中心	智能配肥机	1	
		智能自助液体加肥机	1	
6	相沟为农服务中心	智能配肥机	1	
7	文疃为农服务中心	智能配肥机	1	
8	道口为农服务中心	智能配肥机	1	
		智能自助液体加肥机	1	
9	相邸为农服务中心			
10	大店为农服务中心	智能配肥机	1	
11	筵宾为农服务中心			
12	岭泉为农服务中心			
合计	—	—	10	3

注：统计数据截至2017年5月。

表2 莒南县供销合作社土地托管情况

单位：万亩

序号	名称	托管面积	托管主体	托管的主要作物
1	十字路街道	1.35	十字路为农服务中心、富泉农机化种植专业合作社	小麦、玉米、花生等
2	大店镇	1.96	大店为农服务中心	小麦、玉米、草莓、花卉等
3	板泉镇	5.07	板泉为农服务中心	红薯、小麦、玉米、花生等
4	洙边镇	5.04	洙边为农服务中心	小麦、玉米、红薯、茶叶等
5	坊前镇	5.27	坊前为农服务中心、相邸为农服务中心	小麦、玉米、花生等
6	文疃镇	2.32	文疃为农服务中心	小麦、玉米、花生等
7	涝坡镇	1.97	龙德农机化种植专业合作社	小麦、玉米、花生、果品等
8	石莲子镇	3.42	石莲子为农服务中心、洪泉农机化种植专业合作社	小麦、玉米、花生等
9	岭泉镇	2.06	岭泉为农服务中心、中亭农机服务专业合作社	小麦、玉米、花生等
10	筵宾镇	2.17	筵宾为农服务中心、田彬农机化种植专业合作社	小麦、玉米、花生、蔬菜等
11	相沟镇	2.31	相沟为农服务中心	小麦、玉米、红薯、花生等
12	道口镇	2.14	道口为农服务中心	小麦、玉米、草莓、蔬菜等
合计	—	35.08	—	—

注：为2016年1月至2017年4月的统计数据。

表3 2016年莒南县全县为农服务部分环节托管情况

单位：亩

序号	名称	测土面积	配肥面积	统防统治面积
1	十字路街道	5060	5100	6100
2	筵宾镇	2210	2300	3500
3	大店镇	9890	10000	7450
4	岭泉镇	3160	3210	1120
5	道口镇	19240	19700	8400
6	石莲子镇	24130	25150	14910
7	板泉镇	21210	21360	13700
8	相沟镇	13120	13700	8620
9	洙边镇	25340	25490	12960

续表

序号	名称	测土面积	配肥面积	统防统治面积
10	坊前镇	25610	25820	12440
11	文疃镇	8940	9080	4920
12	涝坡镇	1290	1330	3090
合计	—	159200	162240	97210

（三）供销合作社村社共建工作的基本情况

莒南县充分发挥供销合作社的市场网络、经营方式等优势，整合村集体的土地以及农民合作社的生产、组织带动等优势，创新"供销社＋村级党组织＋专业合作社"的三位一体联合共建模式，规划实施"农村综合服务社、农民合作社、农产品基地和市场、农业服务规模化、人才队伍"等共建项目，并逐步拓展延伸到共建电子商务平台、农村合作金融、为农服务中心等领域，探索出了一条"强基固本、富民兴社"多方共赢的发展路子。

截至2016年11月，莒南县在242个农村社区组织实施"村社共建"项目456个，在全省率先实现全覆盖。累计实现交叉任职57人，年增加村集体收入共计1700多万元，带动农民年增加1.5亿元。供销社增加服务网点210个、营业面积3万多平方米。

三 基层供销合作社主导的农民专业合作社联合社的发展现状

（一）洙边镇供销合作社农民合作社联合社

洙边镇供销合作社农民合作社联合社是由洙边镇基层供销合作社联合其他8家合作社组成的。联合社的各成员社通过认缴股份对联合社进行出资。也就是说，目前联合社的成员社都没有实际出资只是认缴。如果联合社有投资项目，则成员社根据各自的认缴股份进行出资。如图2所示，其中，基层供销合作社持股20%，玉芽茶叶合作社和顺源养殖合作社持股15%，柳河农机水利合作社、大丰收花生合作社、碧芽春茶叶合作社、宏图服务烟农合作社以及心连心农机合作社持股10%。

```
洙边镇基层供销合作社  ──持股20%──▶  洙边镇供销合作社农民合作社联合社
       ↑持股15%  ↑持股15%  ↑持股10%  ↑持股10%  ↑持股10%  ↑持股10%  ↑持股10%
       玉芽     顺源     柳河农机  大丰     碧芽春   宏图服务  心连心
       茶叶     养殖     水利     收花生   茶叶     烟农      农机
       合作社   合作社   合作社   合作社   合作社   合作社    合作社
```

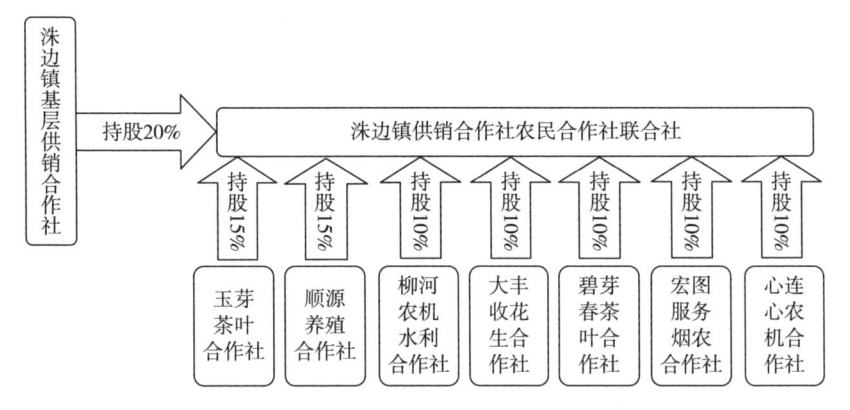

图 2　洙边镇供销合作社农民合作社联合社的持股构成

（二）石莲子镇供销合作社农民合作社联合社

石莲子镇供销合作社农民合作社联合社是由石莲子镇基层供销合作社牵头，联合丰乐草莓种植合作社、五谷丰农机合作社、日月花生种植合作社共同组建成立的。2014 年 11 月，联合社在工商局登记注册，注册资本 300 万元。但石莲子镇供销合作社农民合作社联合社实现的是股份认缴制。其中：基层供销合作社认缴 50 万元，占总股本的 16.7%；丰乐草莓种植合作社认缴 90 万元，占总股本的 30%；五谷丰农机合作社认缴 80 万元，占总股本的 26.7%；日月花生种植合作社认缴 80 万元，占总股本的 26.7%。联合社现有社员 182 户，经营范围包括：（1）组织收购、销售成员种植的农产品、花卉；（2）引进农产品、花卉种植新技术、新品种；（3）开展技术培训、技术交流和咨询服务。

（三）文疃镇供销合作社农民合作社联合社

文疃镇供销合作社农民合作社联合社是由文疃镇基层供销合作社牵头，联合三皇山果品合作社、金水河蔬菜种植合作社、民旺农机合作社共同组建成立的，共有社员 156 户。2015 年 2 月，联合社在工商局登记注册，注册资本 900 万元。其中，基层供销合作社出资 180 万元，占总股本的 20%；三皇山果品合作社出资 360 万元，占总股本的 40%；金水河蔬菜种植合作社出资 180 万元，占总股本的 20%；民旺农机合作社出资 180 万元，占总股本的 20%。据该镇基层供销合作社的主任说，联合成员社都是实缴出资，资金主要用于建造仓库、厂房和购置农机具。目前联合社一共购置了 6 台收割机。文疃镇供销合作社农民合作社联合社的经营范围包括：（1）提供农机技术咨询和信息服务；（2）组织采购农机具；（3）组织农机化劳动合作和农机具规模化作业；（4）组织采购农资；（5）组织收购、销售农产品；（6）开展技术培训、技术交流和咨询服务，引进新技术和新品种。

（四）大店镇供销合作社农民合作社联合社

大店镇供销合作社农民合作社联合社是由大店镇基层供销合作社牵头，联合红果草莓种植合作社、五谷香水稻种植合作社、永益草莓种植合作社、农乐草莓种植合作社共同组建成立的，共有社员 869 户。2014 年 11 月，联合社在工商局登记注册，注册资本 100 万元。其中，基层供销合作社出资 15 万元，占总股本的 15%；红果草莓种植合作社出资 25 万元，占总股本的 25%；五谷香水稻种植合作社出资 20 万元，占总股本的 20%；永益草莓种植合作社出资 20 万元，占总股本的 20%；农乐草莓种植合作社出资 20 万元，占总股本的 20%。大店镇农民合作社联合社的经营范围包括：（1）组织成员开展农作物、蔬菜、水果、花卉、苗木种植和畜禽养殖服务；（2）提供农业技术咨询，开展技术培训、技术交流、信息服务；（3）引进农业新技术、新品种、新机械；（4）为成员提供种植、养殖、机耕、机播、机灌、机收服务；（5）组织成员开展农产品购销、储存；（6）供应成员种植、养殖所需的化肥、农地膜以及饲料；（7）组织本社成员开展农机化劳动合作和农机具规模化作业。

从大店镇供销合作社农民合作社联合社的成员社构成可以看出，草莓种植类合作社在联合社中占据了主要的地位。因此，目前大店镇供销合作社农民合作社联合社的经营业务也多是围绕草莓而开展的。如联合社利用成员社的出资额，建成了一个草莓交易大棚以辅助成员社销售草莓，1 斤草莓收取交易费 0.1 元，由商贩支付。2016 年，联合社草莓交易大棚的草莓交易量为 10000 吨，收入 200 万元。此外，联合社的 3 家草莓合作社还统一购买草莓的种苗。相比之下，五谷香水稻种植合作社与联合社其他成员社之间的业务联系则比较少，利益联结也比较松散。

（五）板泉镇供销合作社农民合作社联合社

板泉镇供销合作社农民合作社联合社是由板泉镇基层供销合作社牵头，联合昊睿农机化种植合作社、凤习养鸡合作社、四季花海合作社共同组建成立的，共有社员254户。2015年2月，联合社在工商局登记注册，注册资本340万元。其中，基层供销合作社出资68万元，占总股本的20%；昊睿农机化种植合作社出资136万元，占总股本的40%；凤习养鸡合作社出资68万元，占总股本的20%；四季花海合作社出资68万元，占总股本的20%。板泉镇供销合作社农民合作社联合社的经营范围包括：（1）组织采购种苗、化肥和农地膜；（2）组织收购、销售成员社的农产品；（3）为成员社提供养殖禽畜技术服务；（4）为成员提供农机技术咨询、信息服务；（5）组织采购农机具；（6）组织成员社开展农机化劳动合作和农机具规模化作业；（7）开展技术培训、技术交流和咨询服务，引进新技术、新品种。

（六）坊前镇供销合作社农民合作社联合社

坊前镇供销合作社农民合作社联合社是由坊前镇基层供销合作社牵头，联合乐力农机化种植合作社、天雪小麦种植合作社、雪峰茶叶种植合作社、民生种植（未出资）4个合作社共同组建成立的，共有社员177户。2014年9月，联合社在工商局登记注册，注册资金100万，均为实际出资。其中，基层供销合作社出资40万元，占总股本的40%；乐力农机化种植合作社出资20万元，占总股本的20%；天雪小麦种植合作社出资20万元，占总股本的20%；雪峰茶叶种植合作社出资20万元，占总股本的20%。该联合社属于同一地区不同业之间的联合，联合社主要负责为4家成员社提供协调、沟通、支持、组织等服务，其业务经营范围包括：（1）为成员社提供农机技术咨询、信息服务；（2）组织提供机耕、机播、机灌、机收农机新技术；（3）组织成员社开展农机化劳动合作和农机规模化作业。

坊前供销合作社镇供销合作社农民合作社联合社主要通过各村的便民超市来为社员提供服务。村内便民超市的经理是联合社在本村聘用的联络员，负责将本村的农民需求汇报给联合社，然后联合社统一组织提供服务。例如村联络员会向联合社反映本村的粮食收割需求，联合社通知相关的农机合作社与村联络员取得联系，村联络员带领合作社农机手进行收割。联合社根据服务作业量以及农资销量给予联络员相应的提成，一般为 5~10 元/亩。社员通过联合社购买农资、接受农机作业等服务，可以比直接从市场上购买要优惠许多。如联合社提供的化肥价格要低于市场价 10 元/袋，花生种子价格低于市场 0.2 元/袋，农药价格低于市场 1~2 元/瓶。而且社员从联合社购买化肥，可以享受免费的测土配肥服务。此外，联合社提供的机收服务价格为 80 元/亩，也比农民直接从市场购买的价格低 10~20 元/亩。同时，联合社帮助社员储存小麦，1000 斤小麦仅收取储存费 2 元。联合社还会邀请农业专家、技术人员为合作社社员提供免费的技术培训服务。

四 镇级为农服务中心的发展现状

山东省供销合作社改革中，供销合作社为农服务中心在提供农业社会化服务中发挥了关键的作用，而且与镇级供销合作社农民合作社联合社之间也有着紧密的利益联结关系。本文通过分析镇级为农服务中心的运行组织状况，一是有助于对联合社有更加深入的了解，二是能够对以供销社为核心的农业社会化服务体系有更直观的认识。

（一）洙边为农服务中心

1. 洙边为农服务中心基本情况

洙边为农服务中心主要是由丰禾农业服务公司、洙边供销合作社农民合作社联合社以及博丰家庭农场按照 3∶5∶2 的出资比例建成的。洙边为农服务中心占地 20 亩，总投资 500 万元（上级政府扶持资金 300 万元、自筹资金 200 万元），其中建设性投资 320 万元，设备投资 180 万元。洙边为农服务中心的建筑面积共 4200 平方米，晾晒场共 7600 平方米，购置农机具 20 多台套。洙边为农服务中心的经理是博丰家庭农场的农场主庞立虎。博丰家庭农场成立于 2013 年 7 月，最初是流转土地种植小麦和玉米，后来由于流转土地比较困难，庞立虎便开始与洙边镇基层供销合作社合作，开展土地托管服务以顺应当地农民保留土地经营权的需求，同时也减轻了家庭农场流转土地的资金和经营压力。

2. 农业社会化服务

洙边为农服务中心设有测土配方和智能施肥、统防统治、农机作业（存放维修）、粮食烘干贮藏、庄稼医院（视频对讲系统）、农民培训6大服务功能。同时，服务中心还整合农业、气象、农产品检测、农机等涉农部门入驻，形成了"一站式一个窗口"的全程社会化服务中心，服务半径3公里，服务耕地面积达5万亩，服务人口5.2万。

半托管目前是洙边为农服务中心主要的托管方式，托管环节集中在耕种和收获两方面。因此，服务中心整合农机具是非常重要的（如图3所示），可以降低中心自购农机具的资金压力，分散风险。服务中心联系作业，便于土地连片，降低农机路耗，提高作业效率，同时也省去了农民和农机手之间的交易成本。因此，为农服务中心接受的农机服务价格都要低于市场价。关于服务中心和农机手之间的农机服务费分成，如果农机具持有者自己作业，则在分成中占大头；如果农机具持有者只提供农机，农机手由服务中心雇用，则持有者在分成中占小头。此外，为农服务中心还会对农机手进行技术培训以提高作业质量。

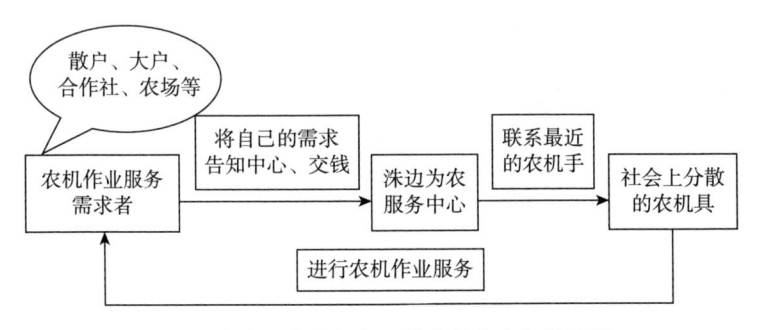

图3　洙边为农服务中心整合社会农机具流程

毋庸置疑，洙边为农服务中心的社会化服务收益是非常显著的。2016年，服务中心检测土壤面积3.7万亩，智能配肥1400吨；实施大田作物托管5.04万亩，其中小麦2.56万亩，花生0.93万亩，玉米1.55万亩；承接政府购买小麦一喷三防1.6万亩；烘干小麦1000吨、玉米500吨。最终实现农资销售收入308万元，土地托管服务费收入320.3万元，利润合计79.5万元，节省农民生产成本133.5万元。表4以小麦为例，来说明洙边为农服务中心提供土地托管服务的增效情况。表4中，土地托管的亩均成本可比农民自己种植节约 47 元，亩均产量能够增加 100 斤，共计可以比农民自己种植增收 172 元/亩。

表 4 洙边为农服务中心小麦托管与农民自己种植的效益比较

项目		农民自己种植	土地托管种植	土地托管增收
亩均成本（元）	种子	50	45	5
	播种	60	50	10
	化肥	160	150（配方肥）	10
	打药	90	78	12
	收获	80	70	10
	合计	440	393	47
亩均产量（斤）		800	900	100
销售价格（元/斤）		1.25	1.25	0
亩均纯收入（元）		560	732	172

（二）板泉为农服务中心

1. 板泉为农服务中心基本情况

板泉为农服务中心是由板泉镇基层供销合作社及其参股 38% 的昊睿农机化种植合作社联合投资建立的。服务中心占地 40 亩，总投资 580 万元，建筑面积 1.4 万平方米。其中，服务大厅及农民培训中心 780 平方米，农机、农资库及配肥车间 2300 平方米，粮食烘干及储存库 2200 平方米，农产品深加工车间 2900 平方米，地下红薯储存窖 5350 立方米（可储存红薯 1600 吨）。此外，服务中心还配备智能配肥机 1 台，粮食烘干机 2 台，大中型农机 60 台（套），花生及红薯干脯、紫薯色素提取加工生产线 5 条。板泉为农服务中心的经营服务主要依托昊睿农机化种植合作社来进行。

昊睿农机化种植合作社成立于 2013 年，2007 年有社员 294 人，发起人 5 户。2014 年，山东供销合作社改革试点，洙边镇基层供销合作社在此合作社参股 38%。2015 年，昊睿农机化种植合作社开始大规模扩张，其中县社注资 110 万元（争取了省社项目扶持资金 100 万元和配肥机 10 万元），并联合国土部门给予土地建设指标，建立了板泉为农服务中心。

昊睿农机化种植合作社主要有土地、资金和农机三种入股形式。其中土地入股实行保底+分红的盈余分配方式：合作社提供全程托管服务，保底750元/亩+超产的40%分给社员，这类土地现有200亩（2017年）；或者保底400元/亩+超产的60%分给社员，这类土地现有1700多亩（2017年）。资金入股的自然人4人，其中有3人每人100万元；理事长入股200万元，资金入股共计500万元。目前带机入社的农机有126台，针对带机入社的农机手，合作社会提取部分农机服务费，年底再根据各个农机手社员的作业量进行分红。通过加入合作社，农机手的收入得到了极大的提高。例如2016年，一个农机手社员净收入3万元，如果农机手自己单干，最多收入2万元。此外，昊睿农机化种植合作社还流转了1060亩耕地，其中252亩是果园，100多亩种植了苗木花卉，其余种植大田作物，如红薯、花生和小麦等，土地租金为750~1000元/亩不等。其中合作社750元/亩保底+分红的200亩耕地也包括在这1060亩流转的耕地中。

2. 农业社会化服务

板泉为农服务中心设置了智能配肥、统防统治、农机作业、粮食烘干贮藏、农民培训、农产品收购及加工、信用互助七项服务功能，并整合农业、气象、农机等涉农部门入驻，形成了"一站式一个窗口"的全程社会化服务，服务半径3公里，可覆盖耕地面积5万亩，服务人口5万人。自建成投入运营以来，服务中心联合社区（村）集体、农民合作社以及涉农企业等经营服务主体，通过设立村级联系点、推广测土配肥精准施肥、土地托管农机作业、技术培训等措施，于2016年实现托管土地4.4万亩、直供各类化肥1000多吨，实现销售额600万元、利润达130.4万元，节省农民成本81.4万元，增加村集体收入25万元。关于服务中心节本增收的具体情况，表5~表7分别对花生、玉米和小麦的社会服务价格和服务中心的服务价格进行了比较。以花生为例，与社会服务价格相比，为农服务中心的服务可为农民节约成本158.5元/亩。

板泉为农服务中心的土地托管服务目前涵盖了小麦、玉米、花生和红薯等农作物。面对散户，服务中心以提供半托管服务为主；对种植大户、涉农企业等规模主体，服务中心则提供全托管服务。板泉为农服务中心土地托管的实施方式可归纳为以下三种：一是整村托管。2016年，服务中心与王家武阳、马槽头等5个村集体签订整村小麦收割及秸秆还田托管合同，实施托管6390亩。二是联合村级服务联系点。板泉为农服务中心已经联合16个村集体设立了村级服务联系点，发挥村集体的组织带动作用，其负责本村的土地托管、预约登记、农资配送等服务项目的组织实施工作，服务中心根据业务规模给予村集体5元/亩的服务费提成。2016年，通过村级服务联系点，服务中心实施托管小麦收割7300亩、玉米收获5600亩、小麦播种1.2万亩。三是跨区作业。2016年，服务中心组织农机远赴郯城、烟台托管1.28万亩小麦收割等业务。此外，服务中心还直接联系对接市供销农资公司，为种植大户、农民合作社、家庭农场等新型经营主体联采质优价廉的化肥，直接配送到田间地头。2016年，服务中心累计联系直供化肥1000余吨、农地膜16吨、农药700余箱，其中智能配肥250吨。

表5　板泉为农服务中心花生托管价格与社会价格比较

单位：元/亩

项目	中心服务队价格	社会价格	节约成本
种子	140	160	20
耕地	50	70	20
播种	80	100	20
地膜	35	45	10
农药	40	48.5	8.5
化肥	140	160	20
机械收获	120	180	60
合计	605	763.5	158.5

表6　板泉为农服务中心玉米托管价格与社会价格比较

单位：元/亩

项目	中心服务队价格	社会价格	节约成本
种子	40	50	10
播种	50	70	20
农药	75	90	15
化肥	120	140	20
机械收获	100	120	20
合计	385	470	85

表 7 为农服务中心小麦托管价格与社会价格比较

单位：元/亩

项目	中心服务队价格	社会价格	节约成本
种子	45	50	5
播种	50	60	10
农药	75	90	15
化肥	140	160	20
机械收获	50	80	30
合计	360	440	80

五 村社共建的发展现状

村社共建在提供社会化服务、组织农民、促进村集体和村民增收方面发挥了重要的作用，是对为农服务中心和联合社社会化服务功能的重要补充，是实现农业社会化服务规模化的手段之一。莒南县供销合作社的村社共建模式多是通过成立合作社，以流转和集中土地为主要抓手，对农业生产经营进行统一管理来提高农业经济效益、增加农民和村集体的收入。下面以莒南县的两个村社共建案例来对此进行详细的阐述。

（一）莒南县石莲子镇郝家庄村

1. 郝家庄村村社共建基本情况

郝家庄村位于莒南县石莲子镇。该村有人口1112人，耕地1360亩，地处丘陵地区，人均年收入4000元左右，在石莲子镇排在中游水平。村里有超过一半的人口在外出务工，留守在村的农民大多以种植粮食作物为主，一年纯收入不到1000元/亩。此外，郝家庄村拥有30多年的草莓种植历史，当地金黄色的砂质土壤适合草莓的生长，蔬菜种植在郝家庄村也比较普遍，但大多是小棚，不成规模，经济效益不高。

2012年，郝家庄村成为供销合作社"村社共建"的改革示范点。之后，石莲子镇供销合作社出资，村集体出地，合作建设了集办公、农资超市、日用品超市于一体的社区服务中心。此外，村集体还与石莲子镇供销合作社共同出资50万元（村集体以路、灌溉渠等折股25万元）成立了绿园合九果蔬专业合作社，建立了果蔬产地交易市场。过去村民要走十多里的路去卖粮食，而现在收购市场就在村里，节省了农民的时间，也省去了很多运输成本。郝家庄村果蔬交易市场的管理费收取标准是1斤草莓的交易费用为5分，进行产品销售的农户缴纳；交易市场的收入最后由村集体和基层供销合作社五五分成。

2. 郝家庄村集中土地具体做法

郝家庄村村社共建的土地集中工作是由该村村委会来推动实施的，以土地置换和返租倒包的手段为主，目的是使土地集中连片，便于进行设施建设、改良和统一管理。如2013年，绿园合九果蔬专业合作社在村干部的发动下，以1500元/亩的价格流转了400亩土地，集中连片、提高设施档次后，再以1500元/亩的价格反包给想种地的农民。村集体协调土地置换流转的过程如下：合作社先询问农民意愿，想反租的农民上报种棚数量后合作社再去流转、建设、反租倒包。例如，截至2015年12月，该合作社基地内有150户社员，每户平均需要2个蔬菜草莓大棚，每个大棚是5亩，该合作社总共需要1500亩地。而一个社员自己的承包地只有2亩，即使全部调整集中，也不够，所以合作社就需要再去流转1200亩土地。需要特别指出的是，果蔬大棚由承包户自己出资，合作社负责建设。

当然，供销社要发动村民积极地参与土地流转和基地建设，增强供销社与村民之间的信任至关重要。为此供销社做了三方面工作：第一，供销社投资建立社区服务中心，获得了农民的信任。在上级政府的推动下，村集体和石莲子镇供销合作社合作，投资建设村级活动、农资、日用品超市于一体的社区服务中心1处，为村民的生产生活提供了极大的便利。在2015年之前，村里只有私人开设的小卖部，货品种类不全，质量没有保证，很多村民要去十多里外的石莲子镇购物，来回得需半天时间。供销合作社超市的建立满足了村民的消费需求。第二，供销合作社组织农民代表去寿光市、江浙等省份考察、学习；同时供销合作社还组织专家和技术人员开办夜校对农民进行培训。第三，绿园合九果蔬专业合作社在内部设立兼合式党支部，吸纳该村38名党员加入该支部成为兼合式党员，党员发挥模范带头和组织保障作用。

3. 郝家庄村果蔬基地经济效益

果蔬种植规模的扩大、先进技术的指导以及可靠的销售渠道增加了村民、村集体和供销社的收入。对村民来说，承包基地的果蔬大棚，种植韭菜每亩纯收入 1 万多元，种植草莓每亩纯收入超过 2 万元，这远高于之前种粮每亩不足 1000 元的收入水平。同时，郝家庄村村集体可以获得土地流转中介服务费、社区服务中心土地入股分红和果蔬产地交易市场管理费。例如，2016 年，郝家庄村村集体收入 58000 元，而村社共建之前，村集体基本是没有收入的。基层供销合作社则获得农资、农产品和日用品销售利润，以及果蔬产地交易市场管理费。那么，基地增收的具体机制究竟是怎样的呢？

首先是种植规模的扩大。村民原来经营的传统果蔬大棚一般一个棚的面积只有 1 亩；而经过合作社的流转整合，最小的棚也有 1.5 亩，最大的有 10 亩。2013 年以前，一个农户经营 5 亩地，由于耕地比较分散，5 亩地就是 5 个单独的大棚，户与户大棚之间的耕地都闲置浪费了。现在耕地连片，农户节约了进出各个大棚的时间，同时也节约了土地、扩大了种植面积。2017 年，郝家庄村果蔬基地有韭菜棚 100 亩、草莓棚 200 亩、露天草莓 200 亩。

其次是先进技术的指导。在果蔬的生产过程中，供销合作社派驻的技术人员对村民进行统一指导以保证产品的质量和产量。基地的韭菜都选用良种，合作社统一购买，种子单价为 50 元，远低于市场价 80 元，有机肥也比村民自己从市场上单独购买便宜 20%。

最后是可靠的销售渠道。对果蔬业来说，能够在收获之后及时销售出去是增加收入的重要保证。一是因为果蔬具有易腐性，贮存不利的话，容易腐烂，从而导致减产损失；二是因为果蔬的价格波动比较大，果农对市场变化一旦把握不准，就会有滞销的危险。例如，果蔬基地的草莓于 2015 年 8 月、9 月栽种，元旦上市，春节前能卖 10 元/斤，到 4 月平均售价为 2 元/斤。可见，春节前后，草莓的价格差距是很大的。郝家庄村果蔬基地交易市场的建立节省了农户自己销售产品的时间和运输成本，同时也降低了草莓因腐烂而可能导致的损失。在郝家庄村果蔬基地，草莓和韭菜等通过供销合作社直接对接批发市场和大型超市。同时郝起可、郝启欢等蔬菜销售专业户和党员代表也带头跑市场，将基地的蔬菜以高于市场 0.1~0.2 元/斤的价格直供超市。

（二）莒南县道口镇曹家庄村

1. 曹家庄村村社共建基本情况

曹家庄村位于莒南县道口镇。该村一共有人口2000人，共600户，2100亩耕地，其中1000亩菜地。2012年之前，曹家庄村有400户农民种植蔬菜，以卷心菜和甘蓝为主。虽然种植蔬菜一直是当地的种植传统，但是卷心菜和甘蓝的市场价值比较低，仅仅几分钱一斤。2008年，国家政策鼓励成立农民专业合作社，曹家庄村顺势成立了一家合作社。然而，该合作社并没有实际运作，只是一个空壳。

直到2012年，道口镇基层供销合作社与村集体进行"村社共建"后，曹家庄村的合作社才开始真正运作起来。此外，道口镇供销合作社还组织带领村两委班子和村里的蔬菜种植大户到寿光、临沂、沂蒙学习大棚蔬菜种植的先进经验。同年，曹家庄村村集体与道口镇基层供销合作社合作建立了蔬菜产地交易市场，号召农民加入。此时，合作社也重新注册资本100万元，投资建设了样式更好、更大的蔬菜大棚，开始种植市场价值较高的西红柿。

2. 曹家庄村合作社社员入社方式

村民加入曹家庄村合作社的一般程序是，社员先向合作社报出自己计划种棚的数量，合作社根据需求建棚，并租给社员经营。合作社建设大棚的资金来源是承包大棚的社员自身，而建设大棚所需要的土地都是通过村支书去协调。协调土地是比较有难度的，因为有的村民不想种棚、只想露天种地。这时，合作社就需要采用置换的方式，以便大棚集中连片。曹家庄村合作社平均每年吸收将近100户社员，2015年末经营面积已经达到了1000亩左右。截至2015年12月，该村加入合作社的村民一共有200户。

3. 曹家庄村合作社蔬菜销售方式

为了帮助社员统一销售蔬菜，合作社和村集体合作建成了一个蔬菜产地交易市场，负责统一联系客商和经纪人收购蔬菜。交易市场的收购价对所有社员都一样，但会根据蔬菜质量进行分级。蔬菜的销售货款由客商或经纪人先打给合作社，合作社根据交易量分给社员。曹家庄村的社员都很相信合作社，不会质疑西红柿的质量标准和销售价格。对于新社员的加入，合作社的老社员是非常支持的。因为经营规模大了有利于联系客商，增加合作社的市场谈判话语权。如果一个村的蔬菜产量不够载满一车，客商就不会来，小商贩则会杀价，导致蔬菜无法高价出售。

曹家庄村的蔬菜产地交易市场主要是由合作社投资建设的。其中合作社社员和道口镇基层供销合作社各投资了一部分。该蔬菜产地交易市场占地20亩。交易市场的盈利会在投资者之间进行分红。正常情况下，交易市场一年的盈利额在40万左右，村集体分红10万元，社员分红10万元；另外20万元左右作为合作社的运作资金，补贴社员的化肥、农药等农资投入。

4. 曹家庄村村社共建经济效益

通过村社共建和经营高效蔬菜大棚，曹家庄村村民以及村集体的收入都得到了不同程度的提高。2016年，西红柿的批发价平均为2.2元/斤，市场景气之时能够达到2.4~2.5元/斤。农民每斤西红柿赚0.5元；曹家庄村拥有高效蔬菜大棚300多个，一个棚的年收入为10多万元。不仅农民增收，曹家庄村的村集体每年也有10余万元收入。村集体的增收来源主要是交易市场管理费、土地整合协调费及出租给供销合作社作日用品与农资超市的土地租赁费。例如，村集体出面协调土地流转，供销合作社会支付协调费，第一年100元/亩，之后就逐年下降，稳定在每年10元/亩，村集体每年至少有几万元的协调费收入。交易市场管理费和社区中心的土地租金每年也能给村集体带来10余万元的收入。

村社共建之前，曹家庄村村集体的收入主要依靠几十亩的果园，收入非常有限。村社共建之后，村集体收入大幅增加，利用这些收入，曹家庄村进行了基础设施改善。例如，安装了40盏路灯，修建了4000米绿化带，硬化了1200米路面；同时，村委会还组建了环卫管理队伍，解决了村民的生活垃圾问题。

六　总结评述

（一）为农服务中心、村社共建与农民合作社联合社的关系

前文对洙边为农服务中心和板泉为农服务中心的案例分析表明，莒南县为农服务中心多是由基层供销合作社联合一些合作社或家庭农场等农业经营主体投资建立的。与此同时，基层供销合作社又联合该农业经营主体

及其他一些合作社、家庭农场或种植大户成立基层供销合作社农民合作社联合社。可见，联合社的运营与为农服务中心是相互补充、互为依托的，部分联合社尤其是同业联合的农民合作社联合社，已不仅停留在"行业指导"的层面，也会提供一些社会化服务，如大店镇供销合作社农民合作社联合社和坊前镇供销合作社农民合作社联合社。

此外，基层供销合作社农民合作社联合社还积极吸纳"村社共建"项目下的合作社。如石莲子镇的丰乐草莓专业合作社，是由石莲子供销合作社领办的一家专业从事草莓种植与销售的合作社，该合作社同时也加入了石莲子镇农民合作社联合社。可见，供销合作社联合社的角色更像是一个组织协调者，意在将基层乡镇村的各个农业生产服务主体整合到一个体系中提供指导和生产服务，这一点仅依靠为农服务中心或"村社共建"都是难以实现的。为农服务中心发挥的主要功能是经营服务。"村社共建"是以村为单位帮助其更加合理有效地经营整合村集体的各项资源，实现农民、村集体和供销社利益共享、同步增收。

（二）存在的问题

通过对莒南县供销合作社农民合作社联合社的分析可知，莒南县基层供销合作社农民合作社联合社多数实行认缴出资的形式，很少会实际出资。只有当联合社有实际的投资需求时，成员社才会依据认缴股份进行出资。而这类联合社能否发挥作用，第一取决于当地为农服务中心的发展水平，第二与成员社的性质有很大关系。尽管各个联合社都涉及为成员社提供农资、技术等各类农业社会化服务，可是真正在提供服务的联合社却很少。坊前镇农民合作社联合社通过便民超市为其成员社提供了优惠有效的农资、农机作业、粮食储存运输等服务，此联合社之所以能够在该镇发挥一定的作用，与当地为农服务中心尚未完全建立起来有很大的关系。一旦为农服务中心建设完善，联合社的经营业务无疑会受到影响。其他几家基层供销合作社农民合作社联合社的成员社之间则基本很少有实质性的业务联系。其中，大店镇的联合社以草莓合作社为主，成员社之间有共同的利益诉求，它们共同出资建立了草莓交易市场。一方面，辅助社员销售草莓；另一方面，从交易费中盈利，增加联合社的收入。

(三) 政策建议

联合社若以同业联合为主，会更容易激发成员社进行合作。若非同业，但是合作社相互之间有业务需求或互补，可以通过联合社建立稳定的合作伙伴关系。如粮食种植类合作社之间可以合作成立联合社，然后与农机类联合社进行合作。这样既节约了交易成本和服务成本，又提高了各自的收入，利益的联结和核算也较为紧密和明确。周振和孔祥智（2014）的研究曾指出，当存在着联合的潜在利润时，产品同质性的合作社群体联合谈判成本相对较低，更容易发生诱致性制度变迁从而生成同业联合社；产品异质性的合作社群体，由于产品的差异容易导致合作社之间利益需求的不集中，自发联合的谈判成本过高，从而很难自发形成联合社，一般要在政府或公共部门的干预下，通过强制性制度变迁的方式才能生成异质性联合社。所以建议供销社在领办成立联合社的过程中，根据各地的实际情况，采取不同的方式，同业合作社之间的联合相对来说比较容易实现，可以进一步促进同业之间的再合作；产品异质性较大的合作社要试图挖掘共性，促进合作，以实现联合办大事和提高各自经营绩效的目的。

参考文献

周振、孔祥智，2014，《组织化潜在利润、谈判成本与农民专业合作社的联合——两种类型联合社的制度生成路径研究》，《江淮论坛》第 4 期。

Report about the Comprehensive Reform of Supply and Marketing Cooperatives and the Operating Machanism of Farmers' Cooperatives Association in Junan County

Zhong Zhen　Mu Nana

Abstract：Since the comprehensive reform of Junan Supply and Marketing

Cooperatives (Junan SMC) in 2014, it has gained a series of obvious effects. Up to May of 2017, Junan SMC has established 12 Farmers' Cooperatives Associations (FCAs) at the township level, 1 Farmers' Cooperative Association at the county level; However, all the shareholders from the FCAs did not have actual investment basically, and the FCAs are co-located with SMC. Additionally, Junan SMC established 12 agricultural service centers at the township level, and in the meanwhile implemented 456 Cunshegongjian projects in 242 rural communities, achieving full coverage on the county level of Shandong Province in advance. Through reform, Junan SMC has formed its agricultural socialized service system, which regards Fenghe agricultural service company as leader, FCAs on the township level as backbones, agricultural service centers as platforms, and farmers' cooperatives, agricultural products bases and enterprises as service objects.

Key words: Junan county; reform of supply and marketing cooperatives; farmers' cooperatives association; agricultural service center

东阿县供销合作社综合改革与农民合作社联合社运行机制调研报告[*]

赵昶 钟真 孔祥智[**]

摘 要 通过供销合作社综合改革，山东省聊城市东阿县供销合作社建立起了县乡两级供销系统与联合社系统并存的运营体系。前者强化了县乡供销合作社相互之间的协调合作与指导关系，巩固了改革后的新架构；后者则形成"两条线、一大片"的运营机制，落实了供销合作社改革要求的社会化服务、现代化流通、创新性金融工程等实际业务内容。从若干乡镇联合社的案例分析看，改革背景下东阿县供销合作社的农民合作社联合社发展呈现出现代化服务规模化、特色业务创新化、架构体系清晰化等特点。当然，供销合作社综合改革与农民合作社联合社运营中也存在着各级供销合作社力量薄弱、乡镇联合社发展差异大、联合社内部激励与服务能力不足等问题。这些问题需要在后续的改革中进一步完善。

关键词 供销合作社改革 农民专业合作社联合社 农业现代化 服务体系 东阿县

---

[*] 本文得到国家自然科学基金"社会化服务对农业经营主体生产效率的影响机制与政策选择研究"（批准号71773134）、"成员异质性、合作社理论创新与农民专业合作社发展政策体系构建"（批准号71273267）、国家自然科学基金国际合作与交流项目"变化市场中农产品价值链转型及价格、食品安全的互动关系——以蔬菜、渔产品和乳制品为例"（批准号71361140369）和教育部人文社会科学重点研究基地重大项目"我国新型农业经营体系构建与实践案例研究"（批准号14JJD790030）资助。

[**] 赵昶，中国人民大学农业与农村发展学院硕士研究生，主要研究方向为农业政策、合作经济；钟真，中国人民大学农业与农村发展学院副教授，主要研究方向为农户经营行为、农业社会化服务、农业机械化；孔祥智，中国人民大学中国合作社研究院院长，农业与农村发展学院二级教授、博士生导师，主要研究方向为农业政策分析、合作经济。

一 引言

供销合作社（以下简称"供销社"）拥有庞大的各级分支机关和从业人员。我国经济进入新常态以后，随着城镇化和工业化的进一步发展，农业现代化也得以深入推进，农村经济发展进入了新的阶段。一方面，随着大量新型经营主体如雨后春笋般涌现，农业生产方式的转变对覆盖全程、便捷高效的农业社会化服务有着迫切的需求；另一方面，农民生活水平的提高也需要提高多样化、多层次的生产生活服务。为了适应这一发展的需要，打造中国特色的为农服务综合性组织成了新形势下的必然选择。历史悠久的供销社长期扎根基层，拥有广泛的群众基础与公信力，组织体系与经营网络相对健全、完整，拥有肩负这一重任的先天性基础。但也正是由于多年不变的组织体制，供销社也暴露出各方面存在的问题，比如与农民的合作关系不够紧密、层级之间联系松散、体制还未理顺以及综合服务能力欠缺等，这些问题直接影响了供销社未来潜力的激发，供销社如何突破其自身发展瓶颈成为亟待研究的问题。

供销社因其参公管理性质而具备"政府信用"，并且原本就是一个经济实体，具有人力、组织、渠道、技术、品牌等优势，可以在整合上述各类服务机构中发挥核心作用（孔祥智，2014）。但也正是因为这种隶属政府的身份，供销社无法开展实体性的经营活动。而现代化服务的提供、现代流通网络的建设都离不开经济业务本身，这就需要一个经济组织来协调运营。与此同时，各类新型经营主体发展速度加快，服务提供能力不断增强，走向规模化也是各经营主体追求的主要目标。但是，新型经营主体之间的联合也是有交易成本存在的，一个外在组织者的推动会大大降低这种搜寻与协商成本。基于上述两方面原因，农民专业合作社等新型经营主体走向联合正是形势所需。供销社作为一个具有公信力的公共部门，组织成立联合社是最有效的选择。

供销社的综合试点工作自从 2014 年被写入中央一号文件和《政府工作报告》以后，便先后在河北、浙江、山东、广东四个省份逐步展开。为了总结供销社改革背景下联合社的发展成效与经验，理顺各级供销社、联合社的运营体制机制，我们选取山东省作为目标开展专题调研，采取座谈研讨、问卷访谈、实地调查、个案剖析等方法，对山东省的10个县进行深入调研，总结规律。其中东阿县在自然条件、人文经济条件上都有充足的农业发展优势，特色阿胶产业的发展为该县的农业发展提供了一定的经济支撑。东阿县供销社早在1949年已成立，一路历经兴衰沧桑至今，各级供销社都在摸索一条适合自身的复兴之路，东阿县良好的农业发展条件为县镇供销社进一步改革打下了坚实的基础，改革过程中形成的体系架构与运营模式十分值得我们借鉴学习。

东阿县地处鲁西平原，位于泰山脚下，黄河岸边，隶属山东省聊城市，土地总面积达729平方公里，下辖2个街道、7个乡镇、1个乡和1个省级经济开发区。从自然条件来看，东阿县沿黄河滩区地形多为洼地，属于聊城分布最广、面积最大的一种地貌类型。由于地势平缓，排水不畅，东阿县雨季容易形成涝灾，陈集镇、高集镇均有大面积洼地分布。但低洼的地势土质却相对肥沃，适宜多种农作物生长。东阿县四季分明，年平均气温和降水量适中。水资源总量460亿立方米，可利用水量2.8亿立方米，各种自然资源丰富，条件适宜，对发展农业生产十分有利。从人文条件来看，全县2016年生产总值201亿元，城镇居民可支配收入19541元，农村居民人均可支配收入11306元。交通便利，毗邻京九、京沪、济邯、济馆等交通动脉，同时105国道和两条省道贯穿全境，交通区位优势为开拓农业市场提供了硬件保障。全县总人口42万人，其中非农业人口7.96万人。东阿县又是"千年阿胶福寿乡"，阿胶的产量和出口量分别占全国的75%和90%以上，充分带动了该县工业经济的发展。农业发展方面，东阿县耕地面积60万亩，土地流转面积14.92万亩，占耕地总面积的24.9%。小麦种植面积60万亩，粮食总产量11亿斤，无公害蔬菜面积18万亩，大牲畜存栏14万头，肉蛋奶总产量5万吨，是全国绿色食品原料标准化生产基地。

在目前供销社改革的大背景下，联合社功能的发挥主要体现在以下四个方面：一是现代化农业社会化服务模式的创新；二是农产品流通体系的建立；三是农村合作金融业务的开展；四是城乡综合服务平台窗口的打造。其中，东阿县在体系构建与业务开展方面脉络较为清晰，本文对其改革开展的几个方面与各级联合社的发展模式进行详细介绍与案例分析，在总结成果经验的基础上，找出目前存在的问题，并给出对应的政策建议。

二　东阿县供销社综合改革与农民合作社联合社发展现状

（一）东阿县供销社改革前运营架构

东阿县供销社下设新城、陈集、杨柳、高集、牛店、大李、姚寨、大桥、姜楼、刘集、关山、单庄、黄屯13个基层供销社，负责各个乡镇的基层工作。虽然东阿县内部已经进行了行政区重新划分，现有乡镇已合并为10个，但是仍保留了原来的基层社。县社下属3个行业协会分别为农资流通协会、再生资源协会、农村合作经济协会，它们对13个基层社进行直接的行政干预指导。10个县社直属公司包括利群农资公司、盛佳物流公司、绿丰源农产品公司、盛佳电子商务有限公司等（见图1），为下属基层社提供实体性经营服务。其中，盛佳物流公司于2007年11月11日成立，成立时间最早，当时还未进行供销社改革，所以盛佳物流公司完全由未参公的县社参股300万元资本成立，后来受改革影响，变为县社与两个自然人共同持有股份。相同情况的还有利群农资公司，其成立之初也是县社控股的企业，由县社领导领办，但是改革后县社便以盛佳物流公司的名义对该公司进行控股。2015年，县社又以盛佳物流公司的名义成立了盛佳电子商务有限公司，其中盛佳物流公司控股56%，社会私人资本占比44%。通过这些直属实体公司建立起日用消费品、农产品、农资、再生资源四大营销网络，加强了县社与基层社的实体性联结。东阿县供销合作社暂未被批复编制，现有职工653人（不包括原破产企业职工），按时发放工资的员工有56人，正在上班的员工34人。整个聊城市参公的县供销社只有东阿和茌平，每个月可以拿到一小部分车险等保险补助。目前，东阿县供销社系统上下正在围绕一个为农服务目标，用活合作制、开放办社两种手段，聚焦村社共建、为农服务中心建设、电商平台建设三大重点，落实党建带社建、争取土地扶持政策、加快电商综合服务网点建设、强化督导考核四项措施，为实现与农民密切合作力，实体性合作经济组织活力，为农服务能力，供销合作社感召力、运行力、竞争力、供销实力、形象魅力的提升而不断改进工作中。

```
                    ┌──────────────────┐
                    │   东阿县供销社    │
                    └────────┬─────────┘
        ┌────────────────────┴────────────────────┐
```

组织架构（改革前）：

- 3个县属行业协会
  - 农资流通协会
  - 再生资源协会
  - 农村合作经济协会
- 10个县社直属公司
  - 利群农资公司
  - 盛佳物流公司
  - 绿丰源农产品公司
  - 盛佳电子商务有限公司
  - 昌盛世贸易公司
  - 土产杂品公司
  - 供销商场
  - 果蔬水产
  - 县属烟花公司
  - 县属茶叶公司

行业指导 / 经营服务

基层供销社：新城、陈集、杨柳、刘集、大李、牛店、姚寨、大桥、黄屯、姜楼、高集、关山、单庄

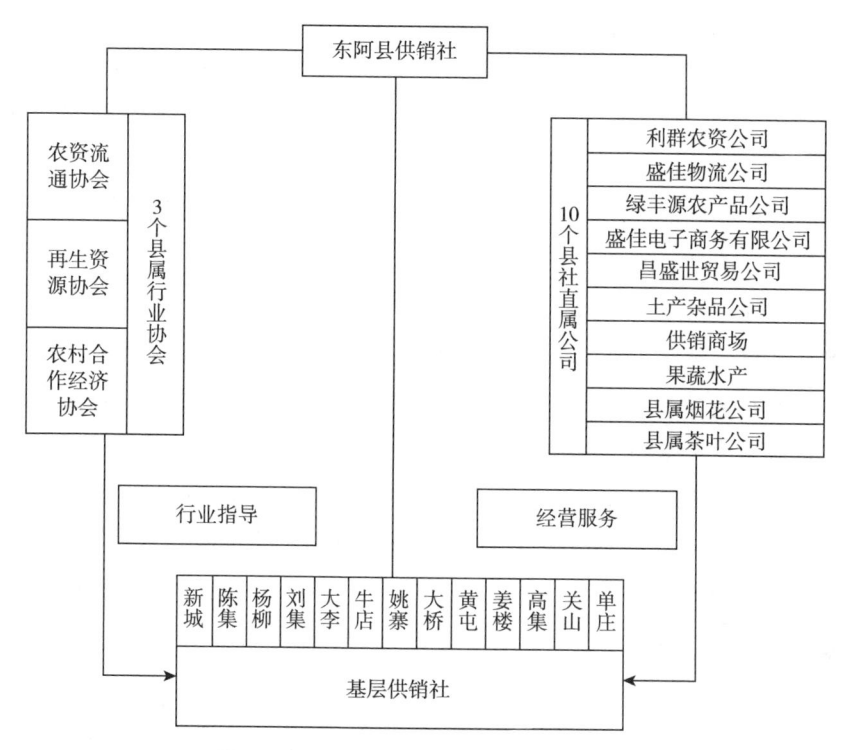

图 1　东阿县供销合作社改革前运营架构

（二）东阿县供销社改革开展情况

1. 建立十个乡镇级联合社

组建乡镇级联合社是东阿县供销社迈出的改革第一步。乡镇级联合社成立的原因中，以往各县所见的政策驱动只占了很小的一部分比例，极大一部分是水平参差不齐的众多合作社自身发展的需求。这些合作社主动要求走向联合。因此，实现镇域联合已经成为东阿县供销社改革的首要任务。东阿县供销社自成立至今已有近 70 年的历史，供销社下属基层社 13 个，而该县内部的农民专业合作社已经达到 970 家，平均每个行政村有约 2 个合作社，其中有 120 家合作社是供销社领办的，42 家合作社有供销社参股。虽然近年来东阿县合作社的数量呈膨胀式增加，但是大部分合作社都是有名无实，规模小、实力弱，鲜少有实际业务开展较为丰富的合作社。合作社长期空壳运营的同时也并没有给自身带来收益，资不抵债使得这些数目繁

多的"小弱"合作社开始有了走向联合的意愿,而能在其中肩负协调重任的当属在各村各镇有着常年威望与信任的县供销社。2015年,国务院关于供销社改革的文件一经下发,便得到了各乡镇各个合作社积极响应。县供销社也借此时机通过市社与省社取得联系,在向山东省其他市县认真学习改革经验的基础上,一年之内在下属的10个乡镇相继注册建立了乡镇级农民合作社联合社,实现了联合社在镇域范围内的全覆盖。

2. 改造现有基层供销社

改造各乡镇基层社是东阿县供销社改革的第二个重要环节,这是实现镇域联合后的必然要求,也是使改革发挥效用的关键步骤。各乡镇级联合社虽已成立,但是联合之后谁来统一管理运营成了阻碍联合社高效运行的一大障碍。无人负责、无人监督的联合势必松散低效。各个基层供销社如果能发挥实际作用,挑起管理各自乡镇联合社运营的重任,那么便能实现同上对接、同下统筹。同上与县社对接,一方面,以基层社的身份获得县社的行政指导;另一方面,以基层社领导下的联合社的名义获得县社下属企业的实体性服务;同下与各个合作社成员统筹,一方面,下达县一级的指挥管理要求与监督;另一方面,作为县级服务提供的渠道,发挥好服务传递的媒介作用,同时统筹好领域内为农服务中心自主提供的现代化服务管理工作,这也是乡镇级供销社改革在整个改革体系中应该扮演的角色。

但是,基层社目前还存在各种各样的问题,东阿县中的13个基层社都是特困企业,全县有职工653人,在岗的不足100人,其余全部为下岗职工,每个基层社现在有十多个职工,月工资只有1000元,工资全部来自固定资产的租赁收入。基层社的老资产房大都处于地理位置优越的街道边缘,正是拆迁的重头之处,现有职工的收入也面临着不保的风险。例如,刘集镇供销社目前在刘集镇只剩下一块供销社的牌子以及下岗的38名职工,供销社主任空有一人之职,同样情况还发生在牛店镇供销社、大李镇供销社、杨柳镇供销社、大桥镇供销社。这些基层社多数包括:1个主任兼出纳,1个副主任兼会计,几十名下岗职工,几名老党员,为数不多的两三个在职职工。总体年龄结构偏高,教育程度偏低,固定资产也几近没有。基层社要想承担领导联合社这一重任,在承上启下的过程中拥有话语权,势必要进行改革,拥有真正的管理能力,否则联合也只是徒有其名。基层社目前的唯一优势是广泛的号召力与群众基础，可以利用与基层群众长久建立起来的信任关系，通过整合劳动力、资本、土地、农机等多种资源，采取合作制、股份制等多种合作形式，鼓励村民加入合作社，组织合作社走向联合，强化基层社与农民在组织上和经济上的联结。

对基层社的具体改造工作可以从以下几个方面进行：（1）为"原牌子"注入新鲜血液。在现有乡镇供销社牌子的基础上，成立乡镇级联合社，对《联合社章程》进行修改。除了农民专业合作社外，积极鼓励农民社员、家庭农场、种田大户、涉农企业、已承包或租赁的原基层社网点使用者入社，重新完成工商注册。同时，对于所有入社的社员及其入社资产都要登记入册。一方面，社员之间的合作方式可以采取股份合作制等方式，通过明确股权比例关系，签订劳动合同协议确定合作关系；另一方面，对于不想形成股权依附关系的主体，只要严格遵守《联合社章程》，便可以在保持独立经营的同时加入联合社实现抱团发展，但是其不享有股权分红等权利。（2）完善内部治理机构。现阶段基层社内部治理结构一片混乱，人员权责不明晰，效率低下。为了与县级供销社进行良好的工作对接，基层社必须要对现有员工进行明确的分工。在落实理事会、监事会、成员代表大会三会制度的基础上，建立服务指导组、现代流通组、合作金融组等专项管理部门。同时，为了保证基层社员工激励效应，还应该建立健全按交易额返利和按股分红相结合的分配制度，切实提高基层社员工的工资，使得利益与工作绩效挂钩，而非仅仅靠遗留的老固定资产获得为数不多的固定工资。实现民主管理，民主监督，建立起长效管理运营机制。（3）村社共建，把支部建在合作社上。为了加强基层社、联合社与农民专业合作社的纽带关系，基层社要大力组织村社共建，鼓励乡镇各联合社与各村两委共建合作社，共建为农服务中心。在每个合作社都设有党支部，同时在基层社与联合社设立总支部，拉动"党建带社建"，在村社共建实现村集体发展壮大的同时巩固党在该村的执政基础，达到双赢。（4）提高基层社人员素质。基层社残存的劳动力多为中老年干部，他们虽然对基层社有着深刻的认识与管理经验，但基层社仍然需要大量人才来完成各部门小组的具体工作。一方面，需要有较强的学习能力和创新能力的人才；另一方面，需要有丰富实践经验的农村能人。因此，基层社在完善治理机构的同时还应逐步形成进得来人、留得住人、养得起人、人尽其才的人才管理机制。

基层社改造的试点工作已经展开。按照因地制宜的原则，发挥不同基层社的特色作用，进行分类指导。先选择牛店、大桥、刘集、关山4个乡镇基层社开展试点，边试边改，总结经验之后普遍推行。虽然各地都存在人才、资金、技术等难题，但是也都找到了各自改革的重点与方向。牛店镇以为农服务公司为发展重点对象，凭借飞翔为农服务公司多年的创办经验和政策倾斜，为各个乡镇为农服务公司做好了示范。刘集镇以村社共建为主要工作。关山镇以订单农业为发展方向，依靠县社的电子流通服务平台，将优势做大做强。大桥镇以示范带动、引领农业发展方向为突破口。优势基层社充分整合各自的社会资源，从而为后续其他基层社改造带来经验与业务帮助。

3. 搭建各级为农服务平台

在筹备各乡镇级联合社的同时，为迎合规模化服务体系建立的需要，各乡镇级联合社的为农服务中心都在工商局挂牌成立了自己的为农服务公司，以为农服务公司的身份开展运营各项服务经营工作。从其他市县的经验来看，为农服务公司的成立必须要有一定的服务提供基础，有相当规模的经营业务才可以。如果是基于扩大规模的需求而硬性成立为农服务公司，那么这笔投入便像"无底洞"般无法获得相应收益。据县供销社负责人反映，为农服务中心是公益性的组织，而东阿县供销合作社致力于建立营利性的现代化服务体系，所以县社各位负责人一致认同将各乡镇原有的为农服务中心都改为为农服务公司。目前，10个乡镇联合社已全部挂牌成立了为农服务公司。

从各个乡镇为农服务公司的股权构成来看，基层供销社认缴51%的股份，其余49%的股份由社会上有资本的企业、个人进行出资入股，县级为农服务公司并未出资。大部分基层供销社存在资金困难，所以起初大多注资20%，该部分来源于社会筹资，剩余认缴股份可以在20~50年之内付清，这部分主要靠省社、市社批复的资助金来填补。以牛店镇飞翔为农服务公司为例，成立之初两位供销社职工出资占比49%，基层社认缴的51%中只有20%是实际注入资金。飞翔为农服务公司挂牌成立后，2016年省社批复了100万元资金予以支持，现阶段该笔资金还在农业开发办公室，等待验收之后才能拨款给牛店镇供销社，市社也拨款 20 万元作为村社共建项目金，届时一并作为基层社股权注入剩余股份中。

东阿县供销合作社于 2015 年 12 月组织成立了县级为农服务公司——东阿县联创农业服务有限公司（以下简称"联创"），统领全县各个乡镇的为农服务公司。联创是县供销社实质领办而非入股的企业，这是由于县社出于事业单位的身份无法经营实体资本性的业务。从股本构成来看，联创成立之初是将利群农资公司进行资产评估后，整体注入公司股份的，而利群农资公司是县供销社的直属公司，所以实质上联创 34% 的股份依然是县社控制。除此之外，下级各乡镇的为农服务公司都必须参股 5%，当时只有 5 个乡镇建立了为农服务公司，它们总共参股 25%，最后还有 31% 的股份是来自山东省开元农资有限公司的股本投入。值得注意的是，东阿县的为农服务体系中，股份参与是自下向上的，联创并没有参股乡镇级为农服务公司，但是乡镇级为农服务公司参股了联创（见图 2）。从公司成员构成来看，联创的经理是供销社的一名副主任，其余大部分员工也都是供销社的人。目前联创主要为下属各个乡镇为农服务公司提供统一的农资购买服务和农机统防作业服务。但这部分服务占比非常少，各乡镇为农服务公司的绝大部分服务都是自己独立提供的，只有少部分特殊农资（如高毒农药）通过联创购买。联创会承接一些政府项目或公益项目。2017 年 5 月，联创刚刚中标了东阿县粮食高产创建项目。由于涉及业务较少，联创还未涉及利润分配，但是供销社主任已经对联创的分配机制有了充分的规划，未来联创利润分配将按照股权和参与量三七分成，其中纯利润按股权占比一一分配给各个股东。联创通过服务量、经营量、销售量这些硬性参与指标的衡量对下属参股乡镇为农服务公司进行激励分红。这种统分结合的方式可以更好地密切乡镇为农服务公司和县级为农服务公司之间的关系，进一步增强各级联合社、供销社之间的实体性联结。

4. 组建县级联合社

改革的第四个重要环节是建立东阿县农民合作社联合社。镇域联合已经初步实现，各级为农服务公司也已经筹备完成，走向县级联合不仅是乡镇级联合社进一步大联合的需要，更是县供销社经营实体性业务的要求。东供粮食种植农民合作社联合社作为东阿县唯一的县级联合社，于 2014 年

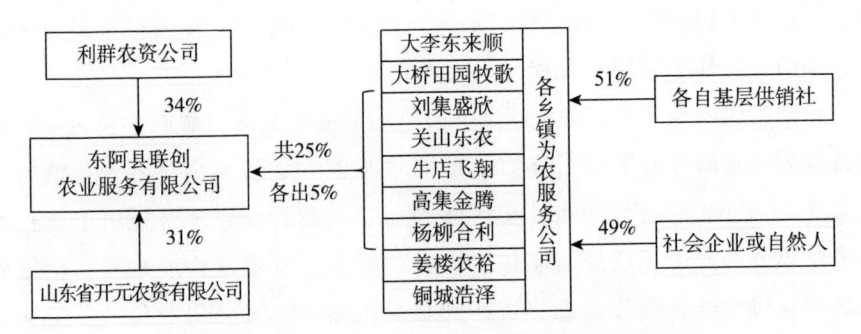

图 2　东阿县供销合作社各级为农服务公司股份结构

的在工商局挂牌成立。县供销社领办的东阿县联合社已经筹备完成，截至 2017 年 10 月，县编办正在向市编办上报等待批复。在此之前，所有县级联合社的业务都先交由东供粮食种植农民合作社联合社办理。东供粮食种植农民合作社联合社理事长刘建新是县供销社的副主任，同时也兼任牛店镇供销社的基层社主任。章程规定的联合社成员是 10 个乡镇级联合社，名义上既不包括 13 个基层社，也不包括乡镇联合社中比较出色的合作社成员。东阿县联合社批复下来后，将成为县社工作开展的主要抓手，东供粮食种植专业合作社联合社的所有业务也将合并到县联合社中。

东阿县联合社将 10 个乡镇联合社、10 个县社直属公司、3 个县下协会都纳入到同一个体系下，充分整合了供销社原有资源，与改革后的新鲜血液充分融合在了一起，是该县供销社改革并形成体系化、网络化的一步。但是县社在资本运作方面没有想到很好的解决办法，目前没有将各项拨款资金投入县联合社的打算，资本运营公司也暂未建立。

（三）东阿县供销合作社改革后运营架构

东阿县供销社形成了如图 3 所示的全方位多层级改革架构。一方面，形成了由上级到县级再到乡镇级，由乡镇级到村级再到村民个人的多层级垂直运作体系。东阿县供销社作为行政事业单位，上接市社、省社、总社的各项行政指导，内部分化给县社对应组织部门，向乡镇基层社对应小组传递，进一步到达村属社区综合服务社的负责小组。另一方面，形成了以供销社为主导的行政指导路线、以联合社为依托的实体经营路线、以服务公司为主体的现代服务路线、以资金互助社为载体的资本通融路线的全方位改

图 3 东阿县供销合作社改革后运营架构

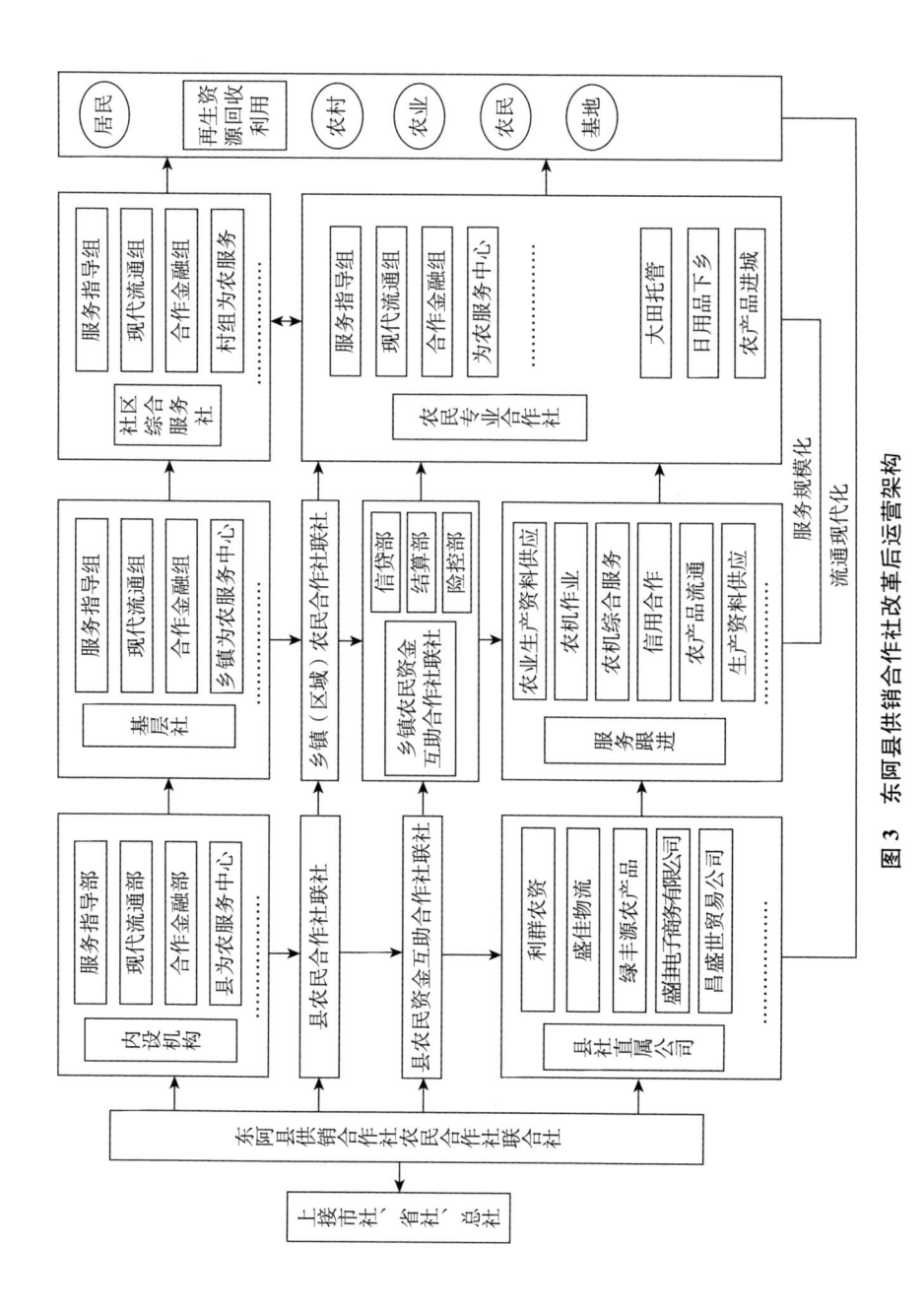

革路径。乡镇级联合社作为中间枢纽，利用自己的为农服务公司承接县服务公司的统一农资服务，同时对下属专业合作社开展农机作业等服务，在县社现代化流通体系下形成了规模化的服务架构。

（四）县级联合社运行情况

1. 基本情况

东阿县农民专业合作社联合社目前由10个乡镇级联合社组成，主要职能是承接上级行政指示，对下属联合社成员进行指导、协调与监督，同时为它们提供以农资供应、技术培训为主的农业社会化服务。县联合社主要设服务指导部、现代流通部、合作金融部、县为农服务中心来负责各相关的业务。东供粮食种植农民专业合作社联合社注册资本金5000万元，其成员全部为东阿县各个乡镇经营出色的专业合作社，股份占比较多的东阿县永鑫粮食种植专业合作社占17.20%，东阿县乐民核桃种植专业合作社与东阿县单庄腌制蔬菜专业合作社各占16.00%，其余15个专业合作社出资额占比均在10%以下。东阿县联合社与东阿县供销合作社是同属一套班子两块牌子的关系，二者合署办公。资金运营业务暂时由县供销社早期成立的盛佳物流公司、利群农资公司两家直属企业接管执行，暂时未成立专门的资产运营公司。2015年12月成立的县级农业服务公司——东阿联创服务公司的经理是供销社员工，联合社跟县级为农服务公司联创之间是协作与监督关系，暂未实际入股。乡镇联合社统一接受县级联合社的监督与指导，各乡镇级为农服务公司通过向上入股的方式与联创进行资本联结，与县联合社产生间接指导与被指导关系。

表1　东阿县农民专业合作社联合社情况统计

性质	事业单位（待批复）
构成	10个乡镇级联合社（已实现镇域全覆盖）
职能	指导、协调、监督、服务、教育培训
股份构成	待批复，暂无股份构成
主要制度设计	服务指导部、现代流通部、合作金融部、县为农服务中心，与县社相关机构合署办公

	续表
已开展主要工作	协调各乡镇联合社出资成立县为农服务公司，同时指导联合社成员建立各自的为农服务公司
与县供销社关系	合署办公
与县资产运营公司关系	暂无资产运营公司
与县级农业服务公司关系	协作与监督关系，暂无实际入股
是否有入股下级联合社	尚未
与乡镇联合社关系	指导镇级供销社与农民合作社联合社融合发展，强化镇级农民合作社联合社规范管理
与乡镇为农服务中心关系	间接指导

2. "两条线、一大片"的服务运营机制

待批复的东阿县合作社联合社由东阿县联创农业服务有限公司和东阿县盛佳电子商务有限公司两大公司参股支持，由10个乡镇级农民合作社联合社共同参与组成。其中两参股公司分别引领农业全程社会化服务体系与农村现代化流通服务体系两大线路，为下属"一大片"的10个乡镇联合社成员提供服务，联合社再进一步服务下属专业合作社，最终实现惠农利农。具体的业务开展情况如图4所示。

（1）农业全程社会化服务体系

农业全程社会化服务体系由县级为农服务公司联创公司引领下属乡镇为农服务公司组成，乡镇为农服务公司由下向上参股。农业全程社会化服务体系以为农服务公司为运作枢纽，联创作为龙头企业，承接各项政府购买服务和公益性活动。各乡镇以各自为农服务公司为依托，以大田土地托管为切入点，在耕、种、管、收、储、售等主要环节提供全程社会化一条龙服务，开拓农业社会化服务的主渠道，打造既能为农民生产生活提供综合性、规模化服务，又能体现政策导向的服务队伍。

在联创的领导下，各乡镇为农服务公司旨在打造农资直供、农机服务、农民培训、测土配方与智能配肥、庄稼医院、统防统治、烘干仓储、综合服务等全方位一条龙服务。开拓3~5公里托管服务圈，托管服务面积3万~5万亩，以达到助农增收、助村集体壮大、助合作社得发展的显著效果。2015年以来，东阿县供销合作社已先后建成了大李东来顺、大桥田园牧歌、刘集盛欣、关山乐农、牛店飞翔5处为农服务公司，高集金腾、杨柳

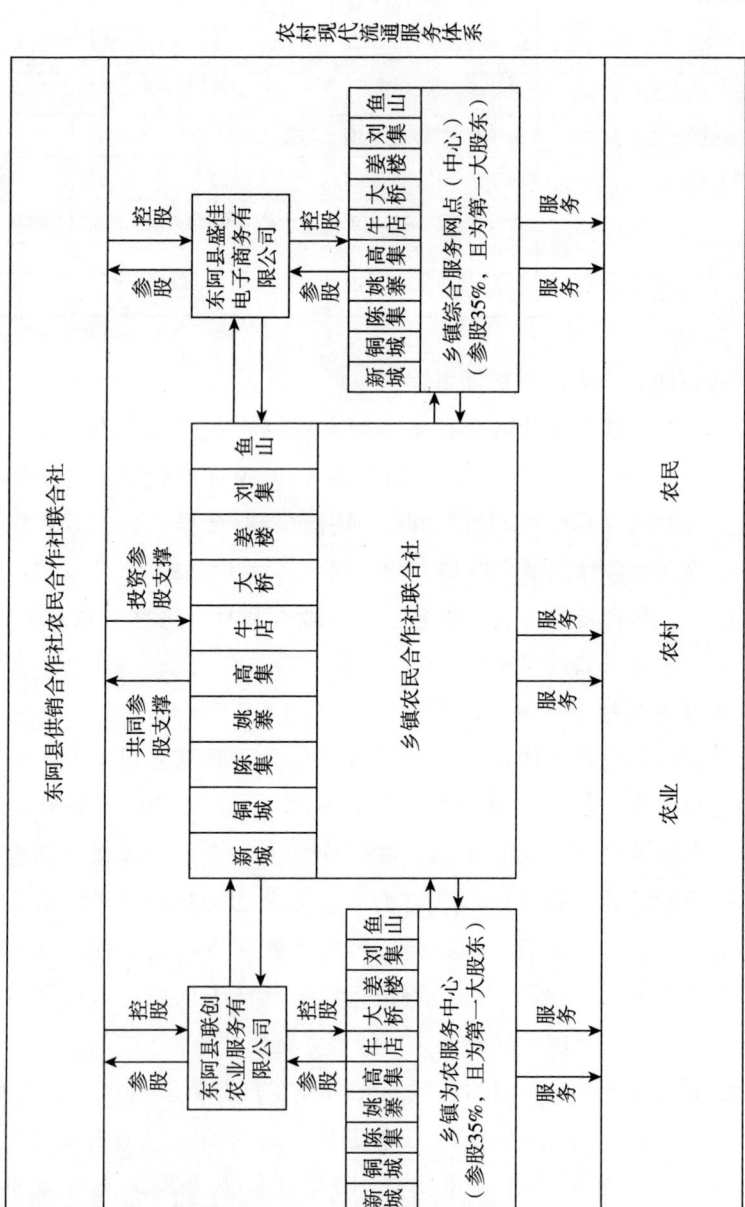

图 4　东阿县供销合作社农民合作社联合社双线运营机制

合利、姜楼农裕、铜城浩泽 4 处为农服务公司正在建设过程中。按照省社 2020 年实现为农服务中心镇域全覆盖的要求，县社制定了到 2018 年实现为农服务公司（占地 20 亩左右）乡镇全覆盖的发展目标，拟在陈集、单庄、黄屯、大桥 4 乡镇再建设 4 处为农服务中心。目前已完成选址工作，正等待土地规划调整批复，努力争取政府的扶持政策，最大限度地解决为农服务中心建设中的土地手续、资金困难等问题。截至 2016 年，全县已实现土地托管服务面积 30 亩，同比增长 25%，增加智能配肥设备 5 套，配肥面积 7 万亩，测土配方面积 5 万亩，增加植保飞机 17 架，飞防面积达到 10 万亩。

（2）农村现代化流通服务体系

农村现代化流通服务体系是以东阿县盛佳电子商务有限公司为依托，以乡镇综合服务网点为各自的分平台构建的现代化流通服务体系。将传统网络信息化，并建立县社主导、盛佳电子商务有限公司企业化运营下的"供销 e 家东阿运营中心 + 10 个乡镇、一个园区综合服务网点"运营模式。融合东阿县内外资源，东阿县将已租赁或已承包的原基层社网点中属于流通类的一并纳入现代流通服务体系中，强化供销 e 家东阿运营中心的创新孵化能力。目前，县级供销 4 家电商平台正在建设中，10 个乡镇供销社传统网络信息化改造和电商网络中心预计在 2018 年年底完成并实现对接工作。依靠已租赁承包的基层社网点和现有的盛佳电商平台，东阿县 2016 年实现电子交易额 3000 万元，建设农村服务社共计 715 个，城乡社区服务中心 2 处，农产品批发市场 2 处，填补了以往在实体性流通方面的空缺。东阿县供销合作社发挥流通网络覆盖城乡的优势，加快推进新农村现代流通服务网络建设，改善农村消费环境，开拓农村市场，促进了城乡经济社会统筹发展。

（3）各项创新工程辅助穿插

首先是资金互助工程逐步开展。由基层社控股，设立农民信用互助社，规范发展农民信用互助业务。东阿县供销合作社尝试在系统内坚持社员制、封闭性原则，开展农民合作社、农民合作社联合社信用互助业务，融资担保业务，农业互助保险业务，解决农民融资难题。其中，牛店镇鑫博蔬菜种植专业合作社内部的资金互助业务开展得较好，规模不大但很稳妥，通过信用互助使得内部的资金紧张问题有所缓解。2016 年，东阿县总共开展信用互助的合作社有 2 家，互助金额在 1300 万元以内，同比增长 3.17%，规范化办理并获得证件的只有 1 家互助社。目前，正在按照"两头封死、封闭运行"的要求推进，不对外吸储放贷，不支付固定回报。但这实际上就是让合作社内部富裕社员拿出钱来给贫困社员用，现阶段农民社员的觉悟并没有普遍达到这种程度，所以开展的规模很小。

其次是形成了协同体系下的窗口联合。各乡镇为农服务公司与农村集体经济组织、基层农机推广机构、涉农服务窗口、龙头企业等开展合作，形成了服务农民协同机制，在服务农民生产生活方面形成新动能。飞翔、东来顺、浩泽、农裕、乐农等为农服务中心都设有综合服务窗口。农民在生产生活中遇到的困难通过窗口服务甚至电话服务就可以得到解决。

最后是村社共建工程也有了一定的效果。通常各乡镇为农服务公司都会让利两分钱给村两委，村两委组织号召村民购买服务，联合的村民越多，村两委获利越多，服务规模化越大，是一个双赢的过程。2016 年，东阿县共计开展村社共建村 100 个，共建项目以及合作社 103 个，帮助农民增收 1500 万元，村集体增收 200 万元。同时培训社员 12500 人次，一定程度上提高了农民社员的素质。

（五）乡镇级联合社运行情况

东阿县各乡镇级联合社是下属合作社成员自主走向联合的，县供销社联合社在其中发挥的是搭桥引线的作用。所以，供销改革体系下的乡镇级联合社在实际运营中呈现出了极大的自主性特点，主要表现为：县级联合社、为农服务公司对乡镇级联合社的作用不太明显；个别乡镇级联合社发展优势明显、业务丰富，大多数乡镇级联合社刚刚起步，服务能力较弱，但运行架构清晰，未来工作开展方向明确。其中，姚寨镇农民专业合作社联合社依托东阿县东来顺为农服务有限公司（以下简称"东来顺"），形成了集农资供应、农机作业、植保飞防、粮食烘干、粮食银行为一体的特色现代化农业服务体系。其本身存在极大的发展优势，辐射能力强，与县联合社、联创之间的联系并没有很紧密，但是仍会通过联创购买固定农资，并能接手联创承接的一些项目。牛店镇农民专业合作社联合社也形成了自己的规模化服务，虽不及姚寨镇的东来顺富有特色，但却便于效仿学习，故以案例形式具体展现。同时，牛店镇专注村社共建工程的开展，并优先创立了自己的特色服务业务。最后，以高集镇联合社为例，说明大部分刚刚起步的联合社在发展初期的战略重点应该放在构建体系上。

1. 构建区域现代化农业服务体系：姚寨镇农民专业合作社联合社

东阿县姚寨镇农民专业合作社联合社成立于 2016 年 12 月，由姚寨镇供销社领办，其下有 6 个成员合作社，分别是东阿县鑫淼粮棉种植专业合作社、东阿县鑫科粮棉种植专业合作社、东阿县庆丰粮食种植专业合作社、东阿县富康果蔬种植专业合作社、东阿县海山粮食种植专业合作社、东阿县俊岭粮食种植专业合作社。联合社注册资本金 860 万元，每个合作社实际出资 40 万元。联合社理事长题召洋不仅是东阿县姚寨镇农民专业合作社联合社负责人，还是鑫淼粮棉种植专业合作社、鑫淼粮食银行的理事长，东阿县海山粮食种植专业合作社、东阿县东来顺为农服务有限公司的股东。

东来顺是姚寨镇联合社下的为农服务公司，姚寨联合社下属成员社的所有社会化服务都是由东来顺提供。东来顺成立于 2015 年 8 月，注册资本 500 万元，是通过鑫博蔬菜合作社的信用互助业务实现的。其中供销社持股 51%，题召洋持股 10%，法人代表刘善仑出资 5%，其余由社会人士出资剩余部分。题召洋担任东来顺董事长，总经理是出资人之一的张明芳。2016 年，东来顺实现销售收入 1800 万元，纯利润 85 万元，用于分配的利润只有 10 万元，按照入股量和交易量六四开的比例进行分红。

从运行架构来看，东来顺由姚寨供销合作社、鑫博蔬菜种植专业合作社、鑫科粮棉种植专业合作社、鑫淼粮食银行组成（见图 5），每个单位负责不同的业务，姚寨供销社主要负责协调指导工作，鑫博蔬菜种植专业合作社主要负责资金户主业务，鑫科粮棉种植专业合作社主要负责订单农业，鑫淼粮食银行负责以粮食储存为基础的资金业务周转。各单位的发展情况一定程度上也反映出了东来顺的现代化农业服务的提供框架。

姚寨供销合作社现有职工 20 人，主任、副主任和会计在供销社是兼职，月工资分别为 2000 元、600 元和 200 元不等。姚寨供销社作为基层社发挥组织与监督的作用，充分协调东来顺公司与联合社的业务与关系。

鑫博蔬菜种植专业合作社是联合社成员社中发展规模最大的合作社，同时也是东来顺的资金依托。2009 年 5 月，鑫博蔬菜种植专业合作社由题

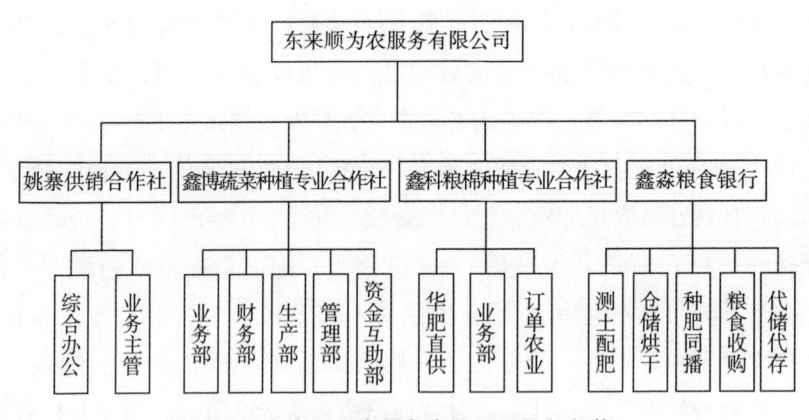

```
                    东来顺为农服务有限公司
        ┌──────────────┬──────────────┬──────────────┐
   姚寨供销合作社  鑫博蔬菜种植专业合作社  鑫科粮棉种植专业合作社  鑫淼粮食银行
```

图5　东来顺为农服务有限公司运行架构

（姚寨供销合作社下设：综合办公、业务主管；鑫博蔬菜种植专业合作社下设：业务部、财务部、生产部、管理部、资金互助部；鑫科粮棉种植专业合作社下设：化肥直供、业务部、订单农业；鑫淼粮食银行下设：测土配肥、仓储烘干、种肥同播、粮食收购、代储代存）

召洋以及其他7位县供销社员工发起成立，注册资本金118万元，社员由最初的68户发展到现在的460户，入社股金增加到400万元，带动农民1200余户。鑫博蔬菜种植专业合作社目前拥有自己的注册商标"鑫博士""题博士""洋糯香"，蔬菜示范棚10个，育苗基地1处。鑫博蔬菜种植专业合作社大力发展订单农业，仅糯玉米订单就达3000亩，回收价格每斤高于市场价格0.1元。2014年秋季又发展了订单优质麦6000亩，同年10月开工新建2000平方米仓储粮仓1处，这降低了农民粮耗，增加了社会效益，也为鑫淼粮食银行的成立奠定了硬件基础。丰富的运营经验、规模化的订单农业、特色化的商标产品为鑫博蔬菜种植专业合作社提供了坚实的资金基础，其累计投放小额社员互助金500万余元，解决了社员扩大生产经营的"资金瓶颈"问题，取得了良好的经济效益和社会效益。2016年，在县金融办指导下，鑫淼粮食银行与农商银行签订合作托管协议，为东来顺提供资金互助业务与最直接、最基础的金融服务。

鑫科粮棉种植专业合作社主要为东来顺提供直供化肥，合作社主要种植玉米和优质麦，采用订单农业的销售模式，两个月内不收取粮食的储存费用。这种"先找市场、再抓生产、产销挂钩、以销定产"的模式很好地适应了市场需要，给农民的收入带来保障。该合作社订单农业的发展模式也被引进到了东来顺服务体系中，鑫科粮棉种植专业合作社也因此成为东来顺订单服务的依托对象。

鑫淼粮食银行于2015年5月成立，占地面积16000平方米。对于没有仓库进行粮食储存的农户个体或其他经营主体，存粮以防损失是十分迫切的需求，鑫淼粮食银行便很好地解决了这个问题。鑫淼粮食银行与村组签订协议，农民将粮食存到鑫淼粮食银行，鑫淼粮食银行验收粮食后为储户发放粮食储存折，储户凭存折兑粮，农户凭粮食存折可在粮食银行签约的粮油超市兑换成品粮或其他日用消费品。一方面，储户无须承担风险，落价保底、涨价顺价，跌价保底结算，涨价利益分成，规避了市场风险；另一方面存粮期间储户随用随取，还可以获得利息分红。定期存粮每斤每月可获得6分钱利息，存期有一年、半年、三个月。随用随取便属于活期存粮，每斤每月利息便有2分钱。粮食银行每月可以获取3分钱的利息分红。自2015年运作以来，已有90余户农民存粮100万斤。"粮食银行"这种新型的粮食流通业态，很好地解决了农户日常储粮不科学、不安全和占地费时的问题，大大减少了农民晾晒、用工问题。有利于为种粮大户、家庭农场、合作社提供保障。为农业现代化、适度规模化发展做出积极贡献。

东来顺利用供销合作社系统的优势和社会资源，建成了占地21亩的为农服务中心，集种植、加工、仓储、销售服务于一体，为联合社提供信息咨询、综合服务、订单农业、土地流转、农业保险、烘干仓储、信用互助、测土施肥、庄稼医院等服务。几个主要的服务项目包括：（1）粮食烘干。东来顺拥有耕、种、收、保设备30余台（套），2016年耗资300万元构建烘干塔1套，日烘干量达400吨以上，让农民像收小麦一样收玉米，玉米鲜穗脱粒后进入烘干塔，烘干入仓。截至2016年10月，东来顺已收购小麦4600余吨，收购玉米穗4300余吨，烘干小麦和玉米共1万吨，使小麦和玉米两种作物的产量提高15%，减去农民承担的烘干费用后每亩仍增收120元。（2）粮食仓储。鑫博蔬菜种植专业合作社现有的2000平方米标准化粮仓，储粮能力达7000斤，向成员、种粮大户及社会各界提供仓储服务，按储存时间每月每斤收取存费0.004元，在价格合适时进行价格结算，提高了对方的收入。同时还承接国家储粮项目，每吨每月收费60元。2016年，累计储存粮食150万斤。（3）测土配方。新上智能配肥机一台，测土化验后配出高含量、低成本玉米肥2000余袋，经种粮大户试用，使每亩成本同比降低10%，产量增长10%以上，同时形成了自己特有的配肥流程体系（见图6）。截至2016年，已经累计配置玉米用肥和小麦用肥200吨。（4）订单农业。依托鑫科粮棉种植专业合作社、鑫

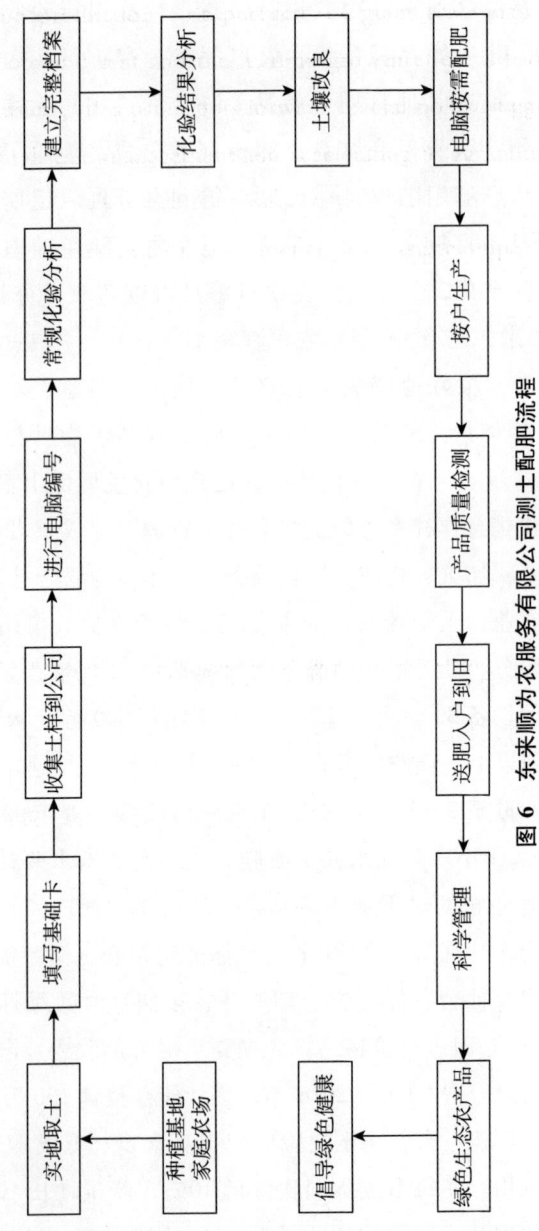

实地取土 → 填写基础卡 → 收集土样到公司 → 进行电脑编号 → 常规化验分析 → 建立完整档案 → 化验结果分析 → 土壤改良 → 电脑按需配肥 → 按户生产 → 产品质量检测 → 送肥入户到田 → 科学管理 → 绿色生态农产品 → 倡导绿色健康

种植基地家庭农场 → 实地取土

图6 东来顺为农服务有限公司测土配肥流程

森粮食银行发展订单农业，凭借鑫森粮食银行仓储设备的优势，保证订单在两个月之内不收取粮食存储费用，与美国国民淀粉厂签订优质麦订单5000亩，糯玉米订单5000亩，其中与法国罗盖特公司签订订单2000亩，与保龄宝公司签订订单3000亩。全程机械化规模种植订单小麦、玉米比农户自己种植每亩增收达到987元。成本减少主要包括两个方面，一方面是提高机械化使用效率，另一方面是减少肥药投入成本。截至2016年10月，销售优质小麦100吨，实现收入1300余万元。（5）土地托管。目前承接菜单式托管大田面积20000余亩，在南陈村、牛东村、付五村、黄启元村、前王村、旗杆刘村组织了6支40余人的托管服务队，全部实行机械耕种、种肥同播、统防统治。通过土地托管给农民带来便利和收益，具体收益对比情况如表2所示，通过对比发现，托管后无论是小麦还是玉米最终都实现了纯利润增加。

表2 农户自己种植与托管规模种植投入产出对比

项目	小麦	玉米
农户自己种植一亩投入	犁地60元，播种20元，种子60元，底肥120元，追肥50元，打药二至三次（除草剂一次，治虫一至两次）40元，浇水两次80元，收割60元，用工5个400元（用工指打埂、往家拉麦、晾晒、入仓、防虫、销售），共计投入890元	播种加播肥25元，种子50元，底肥120元，追肥50元，打药三次（治虫两次加除草剂一次）45元，浇水两次80元，收获70元，秸秆还田每亩70元，用工4个320元（含运粮、晾晒、销售等环节），共计投入830元
托管规模种植一亩地投入	犁地50元，播种15元，种子50元（专业合作社补贴一部分），二次包衣20元，肥料130元（控释肥，春季不再追肥），打药两次（治虫、除草各一次）25元，浇水两次80元，收割50元，用工1.5个120元，共计投入540元	灭茬旋耕深松播种施肥35元，种子35元（订单种子），两次包衣8元，肥料130元（缓控释肥），打药两次（治虫、除草各一次）25元，浇水两次80元，收获50元，秸秆还田50元，用工1.5个120元，共计投入533元
综合效益比较	农户自己种植一亩小麦产量按1100斤计算，每斤小麦收获下来1.158元，产值1273.8元，减去投入890元，每亩地收入383.8元；托管规模化订单种植一亩小麦按1100斤计算，其优质麦价格比普通小麦每斤高出0.10元，每亩地增加收入110元，每亩地纯收入1383.8元 - 540元 = 843.8元，比农户自己种植收入提高843.8元 - 383.8元 = 460元	按平均产量1100斤计算，农户自己种植一亩玉米产值1100斤×1.02元/斤 = 1122元，减去投入830元，纯收入292元；全程机械化规模种植一亩订单玉米产量按1100斤计算，每斤价格比普通玉米高0.10元，每亩地增加收入110元，每亩地纯收入1232元 - 533元 = 699元，比普通玉米每亩地提高收入699元 - 292元 = 407元

资料来源：山东省聊城市东阿县东来顺为农服务有限公司。

2. 推进村社共建与特色业务开展：牛店镇农民专业合作社联合社

东阿县牛店镇农民专业合作社联合社成立于2016年12月，由8家合作社发起，并于2016年12月在东阿县工商局注册，注册资本260万元。成立之初有成员将近1000人，现有13家合作社，成员1600余人。联合社现有固定资产260万元、流动资产100万元，无负债。联合社的13家成员社发展水平有较大差异，拥有两家省级农民专业合作社，以新意粮棉专业合作社为代表的几家合作社发展程度较高。新意粮棉专业合作社成立于2010年，是联合社各成员社中最早成立的，提供从种到收的一条龙服务，并拥有粮食烘干机，日烘干能力可达300吨。鑫博蔬菜种植专业合作社主要经营大棚蔬菜种植，并向合作社内部成员提供资金互助服务，在合作社内部进行资金的调剂，由内部成员进行担保，利息与银行贷款相似，可解决农户贷款难的问题。

牛店镇农民专业合作社联合社在村社共建方面做了比较多的工作，成立了专门的领导小组，设立村社共建办公室，根据县级政府的相关指示，对具体共建工作予以开展。针对县委县政府提出"村社共建"意见，立刻设立了专项扶持基金。紧接着根据县社下发的"村社共建"实施方案，将任务分解落实到镇、街道，制定共建项目的验收标准与考核办法。收到上级办公室的考核方案之后，迅速将其纳入本镇各街道科学发展考核中，确定每年开展两次村社共建推进会，纳入镇街党委书记工作考核的标准中。目前，全镇83个村已经实施共建项目26个，实现交叉任职人数60余人，累计带动村集体收入增加70万元。

牛店镇农民专业合作社联合社于2015年4月控股成立的飞翔为农服务公司，除了提供土地托管、智能配肥、农机服务、烘干储存、统防统治、农民培训等常规性的社会化服务外，还率先成立了综合服务窗口作为当地的特色服务业务。2015年中央一号文件要求供销合作社为农民提供的"综合性服务"，既包括生产性服务，又包括生活性服务。综合服务窗口的成立正是很好地落实了这一政策呼吁，为农民提供了快捷服务的平台。飞翔为农服务公司有固定的服务大厅承接快速服务，同时也有固定电话随时接受成员电话资讯与业务处理。主要承办的快捷业务有信息咨询、订单农业承接、农资直供购买、农机服务预订、农民培训资讯、代理缴费购物、社员内部小额借贷服务等。快捷窗口可办理各种快速业务，免去了成员四处奔波无处获取信息的困扰，提高了联合社整体的信息利用率和服务公司的资源配置效率。这种经验值得其余乡镇的为农服务公司效仿学习。

案例　飞翔为农服务中心规模化运营案例

飞翔为农服务中心是由东阿县牛店镇农民专业合作社联合社控股的飞翔为农服务公司建立的，项目总投资580万元，总占地面积22亩，建有粮食仓储库430平方米、农机仓库460平方米、晾晒场820平方米、综合服务大厅560平方米，配置和整合大型农业机械设备30余台套，投资200余万元购置安装了先进低温粮食烘干设备4组12台及其配套设施，日烘干能力达300余吨。2016年，新增智能配肥机1台、无人植保飞机3架，服务半径5公里，可为周边30余个村庄2万余农民提供耕、种、管、收、加、储、销等系列化服务。

产前服务主要包括统一采购化肥、农药、农膜、种子，飞翔为农服务中心采购农资，能比合作社单独采购节省5%，但是为非联合社成员提供服务时会收取一定的费用。产中服务包括统一协调、组织、安排各专业合作社进行培训，主要是协调各合作社的培训工作。除此之外，依托新意粮棉种植和义松农机两个专业合作社，以"保姆式"全托管、"菜单式"半托管和流转方式服务农民耕地面积2.6万亩，土地托管服务使农民群众每亩地降低种植成本10%、增加粮食产量10%、订单增加10%左右。2016年，共为种粮大户、家庭农场、农业企业及周边农民烘干粮食达3万余吨，较好地帮助他们解决了粮食晾晒困难问题。产后销售服务主要是帮助农民联系厂家进行小麦的销售。以玉米为例，2016年玉米最低收购价为0.7元/斤，飞翔为农服务中心联系玉米销售商（包括饲料厂、淀粉厂），可以比当地市场价高100元/吨。目前除传统渠道外，还通过"供销e家"、京东等电商平台进行销售。

3. 发展初期完善联合社运行架构：高集镇农民专业合作社联合社

除了上述两个发展比较快、有自己特色的乡镇联合社及其为农服务公司外，东阿县大部分乡镇联合社的发展水平相当，其中也有一些起步阶段实力较弱、存在很多问题的联合社。高集镇农民专业合作社联合社作为一个刚刚起步的乡镇级联合社，虽然在业务开展上并没有上述两个乡镇的联合社那么充实，但是由于县级改革路线目标明晰，再加上榜样乡镇联合社示范带头，其自身的运营架构也是相对清晰的。运行架构勾勒出之后，乡镇联合社本身对于自身定位也会准确许多，有利于找准未来主要发展方向，并充分利用现有架构内已有资源，少走弯路。

东阿县高集镇农民专业合作社联合社成立于2016年11月，由3家合作社发起，联合社成立时间不长，所以现仅有3家成员社。联合社在县工商局登记注册，注册资本为500万元，其中供销社出资33%，成员社出资67%，均为认缴而非实际出资。联合社的3个成员社分别为乐民核桃种植专业合作社，主要种植核桃、牡丹；富民甜叶菊种植专业合作社，主要种植甜叶菊、玉米、小麦；金科粮食种植专业合作社，该合作社理事长是联合社理事长，也是乡镇供销社主任——李鹏，合作社成立于2009年，目前有成员100人左右，主要业务除了种植粮、棉、油之外还有100亩推动托管的业务，帮助托管对象提供化肥、施肥、喷药，以及耕种、收机械化服务，理事长李鹏占出资额的51%。2016年，通过合作社分红获得收入10万余元。

基层社领办了该联合社，并占联合社注册资本的33%，基层社主任担任联合社理事长。联合社3个成员社中的金科粮食种植专业合作社理事长又是联合社理事长也是基层社主任。为农服务中心由基层社领办，为联合社以及其他农业生产经营主体提供农机、农资、技术培训、统防统治以及粮食烘干等社会化服务。该为农服务中心占地20亩，建设花费300万元，其中50万元为省里下拨的财政支持资金，250万元中基层出资33%，中粮集团投资60%，其余部分为贷款所得。

联合社不为成员社提供农资采购服务，但是3个成员社农资服务一般以该乡镇为农服务中心提供为主。目前联合社没有注册商标，也没有自己的销售平台。此外，联合社目前还没有能力为成员社提供运输、加工、储藏以及资金服务。该联合社没有实际性的业务，所以目前没有盈利和分红，但是已经形成了清晰的运行架构。未来该联合社想要发展，在现有架构的

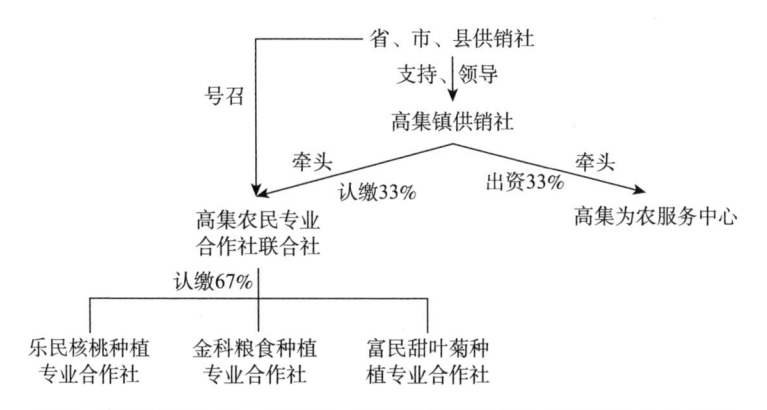

图 7　高集镇联合社、基层社、成员合作社以及为农服务中心的关系

基础上必须要通过提供社会化服务来增加联合社收入，从而增强各个成员社的凝聚力，规模化的服务提供仍然是未来努力的方向。

三　主要成效和存在问题

（一）联合社发展取得的主要成效

在供销社改革的大背景下，东阿县对现有供销体系进行改革，改革后的东阿县供销合作社走在了聊城市同行业的前列，2016 年，供销系统内实现了销售总额 18.7661 亿元，同比增长 81.67%，利润总额 850 万元，同比增长 29.57%，所有者权益 3.52 亿元，同比增长 12.46%[①]，在此基础上形成了特有的"两条线、一大片"的联合社运营体系，推动了当地的农业现代化建设进程。具体来看，东阿县各级联合社所取得的成效如下。

1. 落实了东阿县供销合作社改革的基本框架

东阿县供销合作社全方位多层次的改革框架为各级联合社的建立与发展指明了道路，各级联合社的进一步壮大更是落实了已经建立的基本框架。东阿县供销合作社联合社下属的 10 个乡镇联合社涵盖了县下所有乡镇与基层社，联合范围比较广。县级联合社成员全部为乡镇级联合社，便于制定公平统一的运营规则，降低县社的协调管理成本，提高运营效率。在县联合社的指导下，协调各平等的乡镇联合社统一制度，即统一品牌谈判、统

---

① 数据来源为山东省聊城市东阿县供销合作社办公室。

一订单种植、统一技术指导、统一购置农资、统一生产品种、统一整地播种、统一收获储存、统一银行借贷、统一产品销售。这种高效统一的管理体制进一步巩固了供销社改革的成果，有助于加强各级供销社之间的联系。

东阿县的各乡镇级联合社，虽然也是在政策号召的契机下走向联合的，但大部分专业合作社早就有了合作的需求，这些合作社的诉求同时也带动了能力较弱的合作社寻求帮助的信心，因此乡镇级联合是在众多水平各异的合作社普遍需求下实现的。为农服务中心的建设也是如此，乡镇联合已经实现的基础上，规模化的运营载体就是各乡镇的为农服务公司，于是在镇域联合实现后紧接着各乡镇的为农服务中心也建立起来。最后，这些众多的实体运营主体的协调工作、上级资金拨款的投入工作等都需要有一个负责实体资金业务的县级组织来指导监督，县级联合社的成立也最终慢慢实现。这一步步形成体系的过程是始于基层的，是自下而上的变革过程，这与自上而下的行政干预下形成的体系虽然看似没有区别，但主动性与积极性却相差很大。也正是这种联合社体系的形成模式，才使得各级供销社之间的归属感和信任感比较强，从而稳固了供销社改革的成果。

2. 整合了全县范围内的为农服务资源

充分发挥供销合作社的资源优势和政府信用优势，组建各级合作社联合社，把合作社、龙头企业以及包括村两委成员在内的农村能人组织起来，既能够实现农村各项资源的优化配置，也可以实现供销合作社基层社的重建（孔祥智，2014）。东阿县各级联合社的成立，促进了各个乡镇为农服务公司之间的业务交流，加强了县级、乡镇级为农服务公司之间的联系。据统计，各个乡镇联合社的农资购买服务有近20%来自县级为农服务公司，而各村农民专业合作社的农机作业服务有近50%购买自本乡镇的为农服务公司，有利于农业资源在全县范围内的合理流动，极大地降低了交易成本。

3. 形成了全产业链的现代化服务体系

山东省供销社改革探索的实质就是在小规模农户的限制条件下通过服务实现了规模经济，这个过程就是建设现代农业的过程（孔祥智，2015）。东阿县供销合作社创新改革思路，各级联合社立足于自身需求，从全程社会化服务、现代化流通服务"两条线"着手，为"一大片"的10个乡镇联合社提供全方位的体系化服务，整个过程中始终保持思路清晰和目标明确，使得从县到镇再到每一个合作社内部，都有着清晰的服务、流通双线运营轨道。尤其是社会化服务的规模化方面有着显著成就，2015年中央一号文件明确指出："重点支持为农户提供代耕代收、统防统治、烘干储藏等服务"，这是农业社会化服务体系建设的重点，也是各个乡镇耕、种、管、收、加、储、销一体化服务的出发点与落脚点，部分乡镇已经实现了全环节的规模化服务。从服务情况来看，农机服务方面，各乡镇的农机作业服务有一半来自为农服务公司，剩余部分由合作社自己联系社会上其他专业大户、农机合作社等进行购买服务。农资服务方面，全县的农资供应覆盖率达80%。在规模化服务的同时也进行了村社共建工作的开展，各乡镇为农服务公司购买服务主体中有50%都是规模比较大的，其中就不乏村两委来签订的整村订单。从各乡镇联合社的服务效果来看，姚寨镇农民合作社联合社联合庆丰粮食、鑫科粮棉、俊岭粮食、鑫淼粮棉、富康果蔬、海山粮食6家农民专业合作社，在联合社内部实行统一测土配肥3000吨，统一储存小麦400万斤、玉米350万斤。牛店镇农民专业合作社联合社联合华涛粮食、新意粮棉、鑫博蔬菜、义松农机、昆泰粮食、新梦粮食、新垚粮食、国栋粮食8家农民专业合作社，在联合社内部实行统一播种1万亩，统一储存小麦600万斤、玉米400万斤。刘集镇农民专业合作社联合社联合同心葡萄、同心桃果树、同心圆果树、道强果树、裕丰粮食、美丰粮食6家农民专业合作社，在联合社内部实行统一购肥3000吨，统一购置树苗5000株，统一技术指导、产品销售等，美丰粮食订单种植糯玉米10万亩、销售40000吨。通过为农民生产经营提供便捷高效的服务，合作社把千家万户的分散生产经营变为相互联结、共同行动的合作生产、联合经营，实现小规模经营与大市场的有效对接，提高我国农业的整体素质和市场竞争力（钟真，2013）。

4. 带动了县乡层面农业生产效益提高

2015年中央11号文件明确要求供销合作社改革要"坚持为农服务根本宗旨"，要"做到为农、务农、姓农"。东阿县在供销社改革的背景下，实现了县乡各级的联合，虽然联合的出发点是各个合作社自身发展的需求，但是落脚点却在促进农民收益的增加。以姚寨镇农民专业合作社联合社为例，在其现代化服务运营体系内部，有作为资金支柱的鑫博蔬菜种植专业合作社，有以订单农业作为主要业务支撑的鑫科粮棉种植专业合作社提供大量统一订单客户，有为粮食仓储开创新出路的鑫淼粮食银行，一根资金支柱，两种特色业务成为东来顺现代服务体系的有力支撑。尤其是鑫淼粮食银行有很大的借鉴意义，为农民代储粮食，解决了农民卖粮难、储粮难、加工难的后顾之忧，同时又减少了粮食损失，确保储藏品质，提高了粮食利用率，合理周转规避粮价波动风险，增加了农民收入，有利于农民种粮积极性的提高，促进国家"藏粮于民"战略的实施。有效率的镇域联合可以指导各类合作社更好地组织农民，从而把更多的农民吸引到合作社中来，实现规模效益，反过来促进更多的合作社走向联合，进一步扩大自身联合的规模，最终实现乡镇级联合社组织能力、管理水平的提高，服务功能的完善，与农民联系的紧密性大大增加。

（二）存在的主要问题

1. 各级供销社力量薄弱，缺乏专业性创新人才

县供销社是事业单位，无法涉足与资本相关的实体性业务，成立县社直属的资本运营公司似乎成了县供销社的不二选择。但是东阿县供销合作社目前运营能力不如从前，并没有自己的资本运营公司，这导致省社、市社批复的资金无法作为自身股权予以投放，也阻碍了对乡镇级联合社及为农服务公司的参股入股、资金业务往来。同时，县直属的实体公司较多，仅是承接县社股权投入的就有利群农资、盛佳物流、盛佳电商3个企业，供销社没有专业的资金管理人员进行梳理，交错的股权关系难免会产生矛盾及摩擦，不利于县社对控股情况详细掌握，更不利于县社从利润分配中获取分红。

基层社在县级供销社体系中发挥着承上启下的作用，但无论是从资产拥有还是人员构成方面来看，基层社力量都太过薄弱。从资产方面来看，13个基层社都被上级批为特困单位，仅有的老租赁资本也在面临着被一一拆除的风险。同时，少额固定工资也只有少数人拥有，没有经济来源与盈利空间的基层社在协调整个乡镇合作社联合的话语权力度上有所欠缺。从人员构成来看，一方面，基层社职工太少，无法对其进行明确的权责划分，从而无法有效地上传下达相应部门的信息与指示；另一方面，供销社人员

偏向老龄化，对先进的农业知识与专业技能了解甚少，学习起来也困难，所以仅有人员素质提高空间不大，缺乏年轻职工。从人员积极性看，固有问题难以解决，上级对于供销社批复编制太少，很多科长到现在还是工人身份，一直无法提升，导致无法提高工作的积极性。

2. 乡镇联合社差异较大，存在一家独大的现象

各个联合社之间发展水平参差不齐，发展比较好的联合社已经完全实现了服务的规模化，收益可观，发展较弱的联合社仍不能独立提供各项具体业务。差异化过大的乡镇联合社成员不利于县级联合社的统一管理，像姚寨镇农民专业合作社联合社、牛店镇农民专业合作社联合社这种业务较为全面的联合社，就占据了县内部绝大部分的服务份额。垄断的趋势更不利于其他联合社发展，也有可能降低它们自身的积极性。同时，东阿县目前有近200家农民专业合作社，其中有不少发展十分成熟的，但也存在很多有名无实的。虽然联合社的目的是发挥以优带劣，减少差距，实现规模化，但是没有实际业务的合作社在联合社中的存在意义很小。这类合作社的存在无疑会降低联合社内部的凝聚力与向心力，不利于良性竞争与良性合作的发展。联合社对于成员合作社目前还没有加入门槛限制，无法杜绝这种"搭便车"现象的发生。

3. 联合社内部激励不足，缺乏完备的利润分配机制

按照制度变迁理论，制度创新的动力基础是外部利润（一种在已有制度安排下无法实现的利润，能通过内部环境的改善获得），外部利润的不断累积使当事人不断进行制度创新（刘芳等，2006）。成熟的利润分配机制还未建立，联合社虽然有一定的利润来源，但是涉及利润二次分配的联合社少之又少，内部尚未建立起股权合作机制，激励机制更是缺乏。没有利润分配，就无法反过来对统一的指导关系进一步加强，导致各级联合社之间的关系较为松散，县级联合社对乡镇及联合社的统一领导关系不十分紧密，这与其对应的实体性为农服务公司自下而上的参股方式有关。县级为农服务公司未参股下级为农服务公司，自然缺乏一定程度的领导力，直接或间接对联合社的统一工作产生影响。除此之外，由于没有利益共担机制，县级为农服务公司与乡镇为农服务公司之间的服务联结也不够密切。

4. 联合社服务能力不够，不能满足多数合作社要求

虽然存在发展非常好的乡镇联合社，但是大部分联合社的服务能力还

是远远不够。为农服务中心虽已建成9处，但是服务提供比较完备的只有一半左右，提升服务功能仍然是联合社要解决的一大难题。虽然对于联合社来说"村社共建"是个很好的抓手，但是如果服务能力不足，即使与村两委合作获得全村定点杆，成立的合作社集合了全村人，也还是没有底气去承接项目、扩大规模。

四　政策建议

1. 改造基层社，加强人才队伍建设

基于基层社在改革中的桥梁作用，如何壮大基层社是东阿县供销合作社改革所面临的核心问题。要改革基层社的内部管理机制，为基层社注入新的活力，注重加强基层社人才和干部队伍建设。一是坚持开放办社，广泛吸纳农村各类优秀人才入社，参与管理和运营工作，将各类优秀人才纳入供销合作社人才和干部选拔任用培养体系，基层社、村两委、社会各界带头人可以交差任职，引导他们来基层供销合作社干事创业；二是拓宽基层社负责人选任渠道，鼓励村两委负责人、农村能人等入社参选，公开基层社管理人员招应聘选拔任用渠道，实行考试考核或竞争上岗，采用试用或末位淘汰等制度；三是营造引人引智的环境和氛围，转变系统用人观念；四是建立基层社人才干部孵化器，借大众创业万众创新大好形势，与系统内外高等院校联系，鼓励大学生到基层社开展调查研究，实习体验、撰写毕业论文，为基层社改造出谋划策。引导热爱供销事业的大中专毕业生到基层社来干事创业，鼓励社会就业大军到基层社创业就业，为基层社孵化出更多的优秀人才；五是完善人才和干部管理体系，建立健全基层社人才和干部管理制度、录用考核制度、升迁管理制度、交流合作制度、子女入学就业优先制度、参加社会医疗保险和养老等社会保障制度，提高基层供销人的幸福指数，消除其后顾之忧。

2. 适度提高成员联合社、合作社的准入门槛

对于各联合社成员来说，实现相互之间的统一性要做到：一是保持农民合作社联合社的为农服务属性；二是保证农民合作社联合社内部能够实现农民组织的民主控制（谭智心、张照新，2016）。对于加入联合社的成员

合作社，联合社考虑对其进行交易量、服务量等实体业务的量化评估，彻底排查有名无实的空壳合作社。但是对于那些确实有规模化需求、确实想实现发展却没有太多实体性业务的合作社，可以考虑让其入社，要有明确的试用期限制，在规定期限内如果没有改变的话，联合社有权规劝退社。

3. 完善基层社与联合社内部的利润分配机制和激励机制

建立健全联合社内部按股权和交易量共同决定利润的分配机制，进一步细化按交易量衡量的具体指标，增强可行性。在此基础上增加交易量占比，有效增强激励。严格执行"一人一票、按交易量返还"的基本原则，坚持民主管理与民主决策。除了联合社外，基层供销社的工资机制也要改革创新。利用基层社与联合社一套班子、两块牌子的关系，在联合社系统下增加员工的工资和奖金，提高基层社员工的工作积极性。

4. 提供资金支持，促进服务能力的提升

联合社服务能力的提升离不开各项业务的开展，服务规模的扩大，而这都是需要资金支持的。目前各个乡镇为农服务中心尚未完善的主要原因也是资金问题。所以建立长效的资金扶持机制是十分有必要的。在当地政府加大对联合社财政扶持力度的同时，鼓励积极开展资金互助业务，用于服务设施的建设与完善。除此之外，还要建立健全联合社与成员社的信用档案，在信用评定基础上对联合社开展授信（刘同山等，2014）。只有解决了资金的问题，薄弱乡镇的服务能力才有提升的硬件资本，在建立规模化服务的进程中还要向已经实现规模化的乡镇积极学习探索，总结经验。

参考文献

孔祥智，2014，《供销合作社要整合资源才更能有所作为》，《中国合作经济》第7期。http://www.zlzx.org/zghzjjpl/index.html。

孔祥智，2015，《把供销合作社打造成为农服务的骨干力量》，《中国合作经济》第1期。http://www.zlzx.org/zghzjjpl/index.html。

孔祥智、钟真、谭智心，2013，《加快建立新型农业社会化服务体系》，《农机科技推广》第10期。

刘芳、钱忠好、郭忠兴，2006，《外部利润、同意一致性与昆山富民合作社制度创新——昆山富民合作社制度创新的制度经济学解析》，《农业经济问题》第12期。

刘同山、周振、孔祥智，2014，《实证分析农民合作社联合社成立动因、发展类型及问

题》,《农村经济》第 4 期。

谭智心、张照新,2016,《关于农民合作社联合社成员资格立法问题的思考》,《农村工作通讯》第 14 期。

Report about the Comprehensive Reform of Supply and Marketing Cooperatives and the Operating Machanism of Farmers' Cooperatives Association in Dong'e County

Zhao Chang　Zhong Zhen　Kong Xiangzhi

Abstract: Through the comprehensive reform of supply and marketing cooperatives, the coexisted operating system including supply and marketing system as well as joint society system has been established in Dong'e county. The system strengthened the the cooperation and guidance between county-township supply and marketing cooperatives, consolidated the new structure after reformation. The "two lines, a large area" operating mechanism has been formed. The system also implemented social services, modern circulation, innovative financial engineering and other projects. From the case analysis of the township association, the development of farmer cooperatives has shown the characteristics of modernized service, characteristic business innovation and clear structure system under the background of Dong'e county supply and marketing cooperatives. There are still some problems in the reform process, the system of supply and marketing cooperatives is powerless, township union development in huge difference, cooperatives association is not enough incentive, and lack of service capacity. These issues need to be further refined in subsequent reforms.

Key words: reform of the supply and marketing cooperatives; famers' cooperatives association; agricultural modernization; service system; Dong'e coundty

合作与发展

不同模式粮食规模经营的增收效果比较分析*
——基于3家新型农业经营主体的调查

穆娜娜**

摘　要　粮食的规模经营问题是当前我国农业现代化建设所面临的重要课题之一。本文通过对3家新型农业经营主体的案例研究发现：第一，不同模式粮食规模经营主体的亩均产量和销售价格一般要高于普通农户；第二，土地托管模式下，粮食规模经营主体的亩均生产成本会降低，增收效果显著；而土地流转模式下的粮食规模经营主体的亩均生产成本是否会降低主要取决于土地租金，增收效果较差。在此基础上，本文提出了促进我国农业规模经营发展和加速农业现代化建设步伐的几点政策建议。

关键词　粮食　规模经营　土地托管　土地流转　增收

一　问题的提出

家庭承包经营制的实行在促进农业生产率提高的同时也带来了我国土

---

* 本文得到国家自然科学基金"社会化服务对农业经营主体生产效率的影响机制与政策选择研究"（批准号71773134）、"成员异质性、合作社理论创新与农民专业合作社发展政策体系构建"（批准号71273267）、国家自然科学基金国际合作与交流项目"变化市场中农产品价值链转型及价格、食品安全的互动关系——以蔬菜、渔产品和乳制品为例"（批准号71361140369）和教育部人文社会科学重点研究基地重大项目"我国新型农业经营体系构建与实践案例研究"（批准号14JJD790030）资助。

** 穆娜娜，中国人民大学农业与农村发展学院博士研究生，主要研究方向为农业政策、合作经济。

地的细碎化和农业的分散经营。随着农业技术的进步和农村劳动力的外出务工,"一家一户"小规模经营农业的现状逐渐暴露出弊端,成为阻碍我国农业现代化建设的关键因素之一。Wodud 等(2002)认为减少土地细碎化可以提高技术效率并增加农户家庭福利。但实际关于土地规模和农业生产效率之间关系的研究,学术界一直存在争议。很多学者认为土地规模与土地生产率之间存在着负向关系(Sen,1962;Kuma 等,1980;Booth & Sundrum,1984;Abey et al.,1981)。也有学者指出,大农场在劳动力市场上的劣势将被其在其他市场上的优势所抵消,如信贷市场,由此大农场的土地生产率与土地规模之间的负向关系将会消失甚至反转(Feder,1985;Eswaran & Katual,1986;Carten & Wiebe,1990)。而李谷成等(2010)的研究结果显示,小农户相对于大农户确实享有土地生产率上的比较优势,但在资本要素投入的使用上,大、小农户并不存在成本收益的差别。

  虽然学术界对土地规模经营的生产效率颇有争议,但是近年来我国政府一直鼓励农民实行适度规模经营。2008 年《中共中央关于推进农村改革发展若干重大问题的决定》强调"加强土地承包经营权流转管理和服务,建立健全土地承包经营权流转市场,按照依法有偿自愿的原则,允许农民以转包、出租、互换、转让、股份合作等形式流转土地承包经营权,发展多种形式的适度规模经营。"2016 年中央一号文件便开始强调"支持多种类型的新型农业服务主体开展代耕代种、土地托管等专业化规模化服务。"2017 年中央一号文件则提出"大力培育新型农业经营主体和服务主体,通过经营权流转、股份合作、联耕联种、土地托管等多种方式,加快发展土地流转型、服务带动型等多种形式规模经营。"从单一强调土地流转形式的规模经营,到鼓励发展土地流转型、服务带动型等多种形式的规模经营,这体现了我国政府对农业规模经营的重视,同时也侧面反映出了土地流转并不能充分地发挥规模经营优势,满足我国农业经营体制机制改革的要求。

  那么,规模经营究竟是否能够带来更高的农业收入呢?与土地流转[①]等传统的农业规模经营模式相比,土地托管等农业规模经营模式的优势又体现在哪些方面呢?鉴于此,本文以水稻、小麦和玉米 3 种主要粮食作物作为

---

① 土地流转的方式很多,包括出租、转包、入股等。在本文中,土地流转仅指通过土地租赁的方式进行土地经营权的转让。

研究对象，探讨农业规模经营的增收机制，并对土地流转和土地托管这两种农业规模经营模式的增收效果进行比较分析，以便为我国农业适度规模经营的路径选择提供借鉴和参考。

二 理论框架

粮食的生产效率衡量指标包括劳动生产率、土地生产率、成本—收益率、技术生产率以及全要素生产率等。从经济学的角度来看，利润最大化是农户进行粮食生产的最终目的。因此，本研究只关注粮食的亩均生产利润。很明显，利润等于收入减去成本。其中，收入等于销售价格×亩均产量；粮食的生产成本核算则比较复杂，包括种子、化肥、农药、人工、灌溉、机械作业、机械折旧、燃料、机械维修以及土地租金等各方面的费用支出。为便于研究，本文将粮食的生产支出简化为了农资成本、耕种收灌溉等农机作业成本、人工费用及土地租金方面。根据利润的计算公式可知，若要增加粮食的亩均生产利润、实现增收，一是提高销售价格或亩均产量；二是降低亩均生产成本。理论分析框架如图1所示。

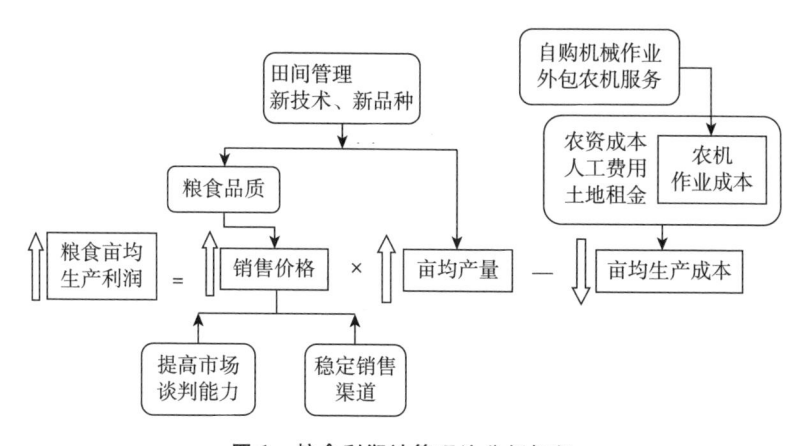

图 1 粮食利润计算理论分析框架

（一）规模经营与粮食销售价格和亩均产量的提高

粮食销售价格的提高与规模经营主体的市场谈判能力、市场销售渠道以及粮食品质有关。毋庸置疑，若规模经营主体的粮食销量较大，则在与下游的粮食收购方签订收购合同时，具有一定的议价权利，有助于价格的提高；而且规模经营主体的负责人一般都是农村能人，具有广泛的社会网络和市场分析的能力，便于寻找到实力比较雄厚、信誉度较高的稳定的销售渠道，这对于提高粮食的销售价格也有一定的作用。然而对粮食价格提高贡献度最大的是品质，优质优价是基本的市场准则。规模经营农户比小规模农户更倾向于采用现代农业科学技术（张忠明、钱文荣，2008）。先进的农业科学技术既有助于提高农产品品质，又促进了农产品产量的增加。黄祖辉、陈欣欣（1998）的研究指出，扩大经营规模引起了技术变化，规模经营有助于轻型栽培技术和农业机械的应用，与采用常规技术的小规模经营相比，既促进了亩均产量的提高，又降低了亩均生产成本。

同样，Steven 等（2004）的研究也表明，土地规模与生产率之间的负向关系被打破的最重要原因是大农场更容易接触到可以帮助其降低非效率的机构和服务，例如农业电力、技术以及市场服务，更密集的技术和投入品的使用提高了土地生产率。尽管仍有学者认为规模经营的粮食单产远低于小农生产，原因是小农生产是精耕细作，小农可以灵活地进行农业生产的田间管理，而规模经营却很难做到灵活精细的农业生产管理（贺雪峰，2014）。可是实际上，在粮食的生产过程中，规模经营主体通过科学合理的田间管理以及新品种、新技术的采用，已经能够在提高品质的同时增加粮食的亩均产量。更重要的是，一些规模经营方式并不排斥小农发挥作用和对农业进行精细化的管理，例如"生产在家、服务在社"的服务规模化经营模式。

由此，本文提出假说 1：规模经营与家庭承包经营相比，通过采用先进的技术、稳定的销售渠道和科学合理的管理模式等能够提高粮食的销售价格和亩均产量。

（二）规模经营与粮食亩均生产成本的降低

许庆等（2011）曾指出，扩大经营规模能带来单位产品生产成本的降低。规模经营中导致生产成本降低的主要原因有以下两点：一是规模经营的农资使用量一般都较大，批量采购，因此在价格方面能够得到优惠，单位产品支出低于小农户；二是规模化生产有利于大型机械的使用，对此规模经营主体既可以自购农机进行作业，又可以将农机作业环节外包给农机合作社等专业服务组织，无论采用哪种途径，规模经营主体的农机作业成本都会显著低于小农户。例如对于自购农机进行作业的主体，如果其本身的经营面积足够大，能够实现农机的饱和作业，那么连片作业所产生的农机成本一定低于小农户从市场上购买农机服务、分散作业时的支出。规模经营主体的作业面积即使无法实现农机的饱和作业，也可以通过承接其他农户或规模主体的作业服务需求来赚取利润，分摊到其农业生产中的作业成本仍然是会低于小农户。外包农机服务对规模经营主体而言，降低成本的逻辑则更为明显——规模经营主体由于作业面积较大而具备的议价优势有助于降低单位作业费用。但是不同形式规模经营的人工费用和土地租金则不一定会有利于降低粮食的亩均生产成本。

1. 人工费用

人工费用产生于任何一种农业经营模式，既包括小农生产模式，又包括规模化生产模式。机械是对人工劳动的替代，依据农业生产机械化程度的不同，人工投入会有所差别。通常来讲，机械化程度偏高，人工成本会偏低；机械化程度偏低，人工成本则偏高。毋庸置疑，粮食规模化生产的人工投入量一般是低于小农户的，例如规模化生产中，可以采用飞防植保节省人工，而小农经营仍然是人工植保。但小农自我雇用，不存在委托—代理问题，雇工则会产生监督成本。如表1所示，相对于小农，土地托管和土地流转模式下，由于机械化程度较高，劳动投入量 L_1 也相应地偏低。但是在土地流转的情景下，要支付给雇工以较高的工资 W_L，同时还要承担雇工偷懒懈怠的监督成本 W_S，而土地托管和小农经营模式下，既不会有劳动工资支出，同时又不会产生监督成本。

然而，不同的成本核算视角，所得出的结论是不同的。从经济成本的角度出发，将农户自身的用工进行折价计算可知，土地托管因为劳动投入较少，且没有监督成本，所以亩均人工经济成本最低，即 $W_L \times L_1$ 同时小于 $(W_L + W_S) \times L_1$ 和 $W_L \times L_2$；从会计成本的角度看，土地托管和小农经营都没有实际的劳动工资支出，所以土地流转经营模式的人工成本无疑是最高的，即 $(W_L + W_S) \times L_1$ 是大于 0 的。也就是说，无论是从会计成本，还是从经济成本的核算角度出发，土地托管的人工成本都不会大于小农的人工成本；

但土地流转的人工成本只有在以经济成本的方式核算时，才有可能小于小农，这时需要满足 $(W_L + W_S)L_1 < W_L L_2$。监督成本的核算比较困难，同时鉴于本文的研究对象是机械化程度较高的粮食作物，劳动力投入总体上比较少，所以我们暂时对各经营模式在劳动成本支出方面的差异不予考虑，即假定各经营模式下的劳动投入成本一样。

表 1　两种规模经营模式与家庭承包经营模式的人工成本比较

模式		亩均劳动投入	劳均工资成本	小农用工折价	劳均监督成本	亩均人工经济成本	亩均人工会计成本
规模经营	土地托管	L_1	0	W_L	0	$W_L \times L_1$	0
	土地流转		W_L	W_L	W_S	$(W_L + W_S) \times L_1$	$(W_L + W_S) \times L_1$
家庭承包经营*		L_2	0	W_L	0	$W_L \times L_2$	0

注：L_1 表示规模经营模式下的劳动投入量，L_2 表示小农经营模式下的劳动投入量，且 $L_2 > L_1 > 0$，W_L 表示雇工的劳均工资成本，W_S 表示劳均监督成本，W_L、$W_S > 0$。

* 户均耕地规模不足 10 亩是我国农业生产经营的基本现状。在本文中，家庭承包经营是指仅在集体分配的原承包经营耕地上进行农业生产，小农和普通农户的提法与家庭承包经营农户的概念内涵是一致的。

2. 土地租金

对于土地流转的规模经营主体而言，租金是一笔不可避免的高额支出，而土地托管和家庭承包经营农户则不会有这样的资金压力。农户选择自己种地，就等于放弃了获得土地租金的机会，失去了这部分收入。由此分析，农户耕种自己的承包地也应该计算"租金成本"——经济成本中的隐性成本，类似于上文提到的自有劳动折价。所不同的是，通过前文已知，劳动成本的支出差异可以暂时忽略不计。但是土地的租金价值是相对明确的，并且土地的投入也是固定和不可替代的。以租赁土地的形式开展规模经营的主体无一例外地会支付固定的土地租赁费，一旦租金的额度高于规模经营主体所节约的农资和农机作业等费用支出，那么土地流转的生产成本就会高于家庭承包经营模式（前提是二者的劳动成本一样，即满足前文的假定）；土地托管不会支付土地租赁费，因此在该经营模式下，粮食的亩均生产成本必定会低于家庭承包经营模式下的成本。当家庭承包经营农户以市场租金折价计算其耕地的隐性成本时，土地流转会同土地托管模式一样，生产成本显著低于家庭承包经营模式下的成本。

由此，本文提出假说 2：规模经营与家庭承包经营相比，不一定能够降低粮食的亩均生产成本，土地托管模式因为没有土地租赁费的显性支出，其亩均生产成本一定会降低。而土地流转模式下，只有将家庭承包经营耕地的隐性成本考虑在内时，其降低生产成本的效果才会明确地显现出来，否则，土地租赁费的巨额开支将可能抵消其成本节约的效果，甚至给规模经营主体带来亏损。

三 资料来源与案例概况

本文使用的案例资料均来自课题组于 2015 年 8~9 月及 2016 年 7~8 月在河南省、安徽省以及吉林省 3 地的实地调研。在调研中，课题组在每个省各随机选取了 3 个县，每个县各调查了 20 家新型农业经营主体，包括农业产业化龙头企业、农民合作社、家庭农场以及专业大户等。根据研究需要，本文最终选择了 3 家新型农业经营主体作为案例分析对象（见表 2）。选择这三家新型农业经营主体的原因可归纳为以下几点。

表 2 3 家新型农业经营主体的基本情况

序号	经营主体名称	负责人	经营/注册时间	经营内容	生产/服务规模	经营模式
1	河南荥阳新田地种植专业合作社	各生产要素车间主任均为当地的种粮能手	2011 年 4 月	小麦、玉米	51000 亩（一个生产要素车间为 1000 亩左右）	土地托管
2	安徽广德华阳水稻种植家庭农场	当地村民、合作社理事长	2013 年 9 月	水稻、小麦	930 亩	土地流转
3	吉林农安天地丰种植专业合作社	产销大户	2013 年 5 月	玉米	1170 亩	土地流转

资料来源：作者根据调研资料整理所得。

第一，3 家新型农业经营主体都处于粮食主产区，所在省份主要粮食作物的机械化水平较高；第二，3 家新型农业经营主体的负责人都是农民，且为当地的种粮大户或能手，也就是说，这 3 个粮食规模经营主体的企业家管理才能没有明显的差异；第三，3 家新型农业经营主体的注册成立时间没有较大的差距，有 1 家于 2011 年注册成立，2 家于 2013 年注册成立，而且经营内容都为粮食作物;第四,3家新型农业经营主体的粮食生产或服务规模都在1000亩左右,研究基本控制了因经营规模不同而可能会对生产效率或租金等产生的影响,需要指出的一点是,新田地种植专业合作社(以下简称"新田地合作社")主要是以土地托管的模式从事规模化服务,51000亩是其服务的总面积,而实际经营中是以1000亩为界限,所有的生产服务都是在1000亩左右的范围内进行的;第五,也是最重要的一点,3家新型农业经营主体的规模经营模式不同,其中新田地种植专业合作社采取的是土地托管的服务规模化经营模式,而华阳水稻种植家庭农场(以下简称"华阳农场")和天地丰种植专业合作社(以下简称"天地丰合作社")采取的都是土地流转的模式,本文满足了多案例研究中的差别复制和逐个复制的要求(罗伯特,2004)。

四 案例分析

(一) 土地托管类型——以河南荥阳新田地合作社为例

新田地合作社位于河南省荥阳市,由当地的种粮能手李杰于2011年4月牵头成立。新田地合作社的特点是社员"生产在家,服务在社",土地仍由农户亲自进行管理,合作社负责提供农资采购、耕种收、粮食运输和烘干、销售等除田间灌溉以外的所有生产环节的服务,典型的"菜单式"土地托管。在这种模式下,新田地合作社通过提高粮食销售价格和产量以及降低亩均生产成本,取得了显著的增收效果。

1. 亩均产量和销售价格提高

与普通农户相比,新田地合作社所销售的粮食价格及收获的亩均产量都是比较高的。销售价格方面,在正常年份,新田地合作社的玉米和小麦价格都要高出市场价0.1~0.15元/斤;遭遇自然灾害的年份时,则能比市场价高出0.2~0.25元/斤。产量方面,普通农户的玉米和小麦平均产量约为1100斤/亩,而新田地合作社的玉米产量可以达到1500斤/亩,小麦可以达到1300斤/亩,亩均增产分别为400斤和200斤。

新田地合作社之所以能同时提高粮食的销售价格和产量,主要得益于其所采用的作物品种和管理模式。新田地合作社的社员都必须种植"新麦

26"小麦种和"宇玉 30"玉米种,二者都属于优质的无公害品种,有助于提高粮食的产量和品质。同时合作社还于 2014 年年底采用了工业化生产模式,通过建立农业生产要素车间对粮食生产进行单元式管理。新田地合作社以 1000 亩土地作为单位,建立虚拟的农业生产要素车间。每个生产要素车间配备一名车间主任①,其在车间内完成粮食"从种到收"的各个环节,以确保农机作业质量和粮食的及时收获。②此外,新田地合作社还免费为社员提供粮食烘干服务,最大限度地减少了粮食损耗。

高品质粮食有助于提高销售价格,但仅有品质是不够的。为了在高品质的条件下获得较高的价格,新田地合作社与五得利、艺海嘉里、中粮、1+1 面粉、思念等企业签订了合作协议。通过建立与知名企业的固定合作关系,新田地合作社不仅稳定了粮食销售渠道,也提高了农产品的销售价格,真正实现了优质优价。例如,2016 年因天气原因,小麦胚胎萌动和发芽现象严重,许多地方的小麦无人问津,河南省的小麦发芽率为 40% 以上,很难卖出去。而新田地合作社的发芽小麦在检验后品质仍较高,与新田地合作社进行订单合作的企业根据小麦的发芽情况,分别以 1.05 元/斤、1.13 元/斤、1.14 元/斤、1.29 元/斤、1.34 元/斤不等的价格收购了小麦。

2. 亩均生产成本降低

新田地合作社粮食亩均生产成本的降低主要体现在农资和农机作业成本的节约方面。首先是农资作业成本的节约。与普通农户相比,新田地合作社主要有以下几点优势:化肥方面,小麦能节省 50 元/亩,玉米能节省 70 元/亩;种子方面,小麦能节省 20 元/亩,玉米能节省 10 元/亩;此外,社员生产所需要的灭草剂,合作社都会免费发放,而市场价是 10 元/亩。新田地合作社之所以能够降低农资作业成本并保证质量,源于其在选择农资时所遵循的三项原则:第一,必须选择大企业的农资;第二,与所有进行合作的上游企业签订合同,明确服务内容;第三,农资必须是上市企业的一线品牌。其次是农机作业成本的节约,新田地合作社选择将 80% ~ 90% 的

---

① 新田地合作社的生产要素车间主任均是当地的种粮能手,且为了防止寻租行为,坚决不聘用村干部。
② 车间规模过大不利于农机的调配和保证粮食的及时收获,过小则农机无法实现饱和作业,不利于降低成本。

农机作业服务外包给专业的农机合作社或农机手，这些农机服务供给方形成了固定的合作关系，同时，新田地合作社的作业需求量一般比较大而且连片。所以，与普通农户相比，新田地合作社的玉米机收成本仅为 80 元/亩，能够节省 20 元/亩；小麦的机收成本为 45 元/亩，平均能够节省 5～10 元/亩。

那么，新田地合作社的增收效果究竟如何呢？首先以 2016 年的小麦生产为例，亩均成本能够节约 85 元（种子 20 元 + 化肥、农药 60 元 + 农机作业 5 元①）；产量和价格方面，新田地合作社能够比普通农户平均每亩多产出 200 斤小麦，按 2016 年新田地合作社销售价比市场价约多 0.2 元/斤②计，亩均提价的效果为 1300 斤（普通农户亩产）×0.2 元/斤 = 260 元，亩均增产的效果是 200 斤×0.9 元/斤（市场价）= 180 元。新田地合作社的小麦增收效果合计为 85 元/亩 + 260 元/亩 + 180 元/亩 = 525 元/亩，而当年荥阳小麦的平均每亩盈利还不足 200 元。其次是玉米，新田地合作社玉米的亩均生产成本能够节约 110 元（种子 10 元 + 化肥、农药 80 元 + 农机作业 20 元）；产量和价格方面，同上述小麦的计算方法一样，亩均增产的效果是 400 斤×0.8 元/斤 = 320 元，亩均提价的效果是 1500 斤×0.1 元/斤③ = 150 元。由此可知，新田地合作社的玉米增收效果合计为 110 元/亩 + 320 元/亩 + 150/元亩 = 580 元/亩。一年两季（一季小麦、一季玉米），新田地合作社的农户总共可以比普通农户多收入约 1105 元/亩。

（二）土地流转类型

1. 安徽广德华阳农场

华阳农场位于安徽省广德县桃州镇白洋村，于 2013 年 9 月注册并开始经营，是当地新农民水稻种植专业合作社（以下简称"新农民合作社"）的成员社之一，农场主是新农民合作社的理事长。截至 2015 年 7 月，华阳农场共计流转耕地 930 亩，亩均租金为 588 元/年，主要从事水稻和小麦的种

---

① 实际上，新田地合作社小麦节约的农机成本要高于 5 元，由于数据收集不足，这里仅计算了机收成本的节约情况，玉米也是一样。严格来说，新田地合作社的增收效果要大于文中所计算的结果。

② 2016 年小麦遭遇阴雨天气，新田地合作社的小麦售价比市场价约高 0.2 元/斤。

③ 2016 年荥阳的玉米市场价格约为 0.8 元/斤，新田地合作社比市场价约高 0.1 元/斤。

植与销售，典型的土地流转式规模经营。与普通农户相比，华阳农场在规模生产经营中最大的优势是提高了粮食的亩均产量和销售价格①。

（1）亩均产量的提高。华阳农场通过在粮食生产与储存环节的妥善管理显著地提高了其亩均产量。首先，华阳农场与新农民合作社的其他4个家庭农场成员社共同出资引进了粮食烘干设备，建立了粮食烘干基地，通过合作投资对粮食进行统一烘干和储藏，一方面降低了成员社的粮食烘干和储藏成本；另一方面，及时有效的烘干措施也大大减少了粮食的损耗。其次，合作社理事长每年还会聘请技术人员帮助各个家庭农场成员社解决技术方面的难题，确保粮食丰产增收。从表3中可以看出，华阳农场的水稻和小麦均比普通农户多出100斤/亩。

表3　华阳水稻种植家庭农场与普通农户的粮食单产及销售价格比较

单位：斤/亩，元/斤

	水稻		小麦	
	单产	单价	单产	单价
普通农户	900	1.12	400	1.10
华阳水稻种植家庭农场	1000	1.38	500	1.18

资料来源：作者根据调查资料整理。

（2）销售价格的提高。华阳农场生产的水稻和小麦由于品质较高，全部由县粮食储备库进行收购。如此一来，华阳农场的粮食销售不仅渠道稳定，而且价格也要高出市场价很多。从表3中显示的数据计算得知，华阳农场销售给县粮食储备库的水稻和小麦比普通农户直接在市场上销售的价格分别要高出23.2%和7.3%。

对华阳农场而言，增产提价的增收效果是怎样的呢？就水稻而言，高产高价使其亩均增收100斤/亩×1.12元/斤+0.26元/斤×1000斤/亩=372元，小麦则为100斤/亩×1.1元/斤+500斤/亩×0.08元/斤=150元。由此可知，华阳农场在一年的农作物生产周期之内，总共可以比普通农户

---

① 由于数据资料的限制，华阳农场的农资和农机作业费用的相关数据未能获取，但作为合作社的社员之一，华阳农场与其他社员统一批量购买农资等社会化服务，不难推测，农资和农机作业成本必定会低于普通农户的相应支出，这里暂时不予考虑生产成本的节约。

多收入 522 元/亩。但是有以下两点需要说明：首先，这里忽略了华阳农场节约的生产成本；其次，华阳农场流转土地的租金也没有考虑进去。尽管普通农户种地也存在耕地的隐性地租问题，可是普通农户毕竟没有实际支出土地使用费，即没有发生会计核算上的成本，关于这一问题，后文将会进行进一步讨论。单对华阳农场而言，当把土地租赁费加以考虑时，农场的增收则变为 522 元/亩 - 588 元/亩 = -66 元/亩。当然，如果把华阳农场的农资和农机作业等生产成本的节约都计算在内，该农场仍然可能会获得比普通农户更高的收入。尽管如此，土地租金支出对农场粮食增收效果的负面影响也是不容忽视的。据农场主杨世传反映，华阳农场一年的土地租金支出就有 54.684 万元，到 2015 年，农场已负债 35 万元，贷款资金全部都用于购买农资和支付土地租金了。

2. 吉林农安天地丰合作社

天地丰合作社位于吉林省农安县杨树林镇东白村，于 2013 年 5 月注册成立，主要进行玉米的种植、销售以及对外提供农机作业服务。截至 2016 年 7 月，天地丰合作社的耕地面积合计为 1170 亩，都是 2015 年流转而来，亩均租金为 447 元/年。与华阳农场一样，天地丰合作社实行的也是土地流转式的规模经营。显然，规模化经营也促进了天地丰合作社粮食亩均产量和价格的提高以及亩均生产成本的降低。

（1）亩均产量和销售价格的提高。天地丰合作社的玉米产量和销售价格之所以能够比普通农户的要高，源于其在玉米生产中所采用的技术指导和管理方法。首先，天地丰合作社接受了科研单位提供的专门技术指导，同时政府也通过示范园的示范推广项目为合作社提供了一定的技术支持。其次，天地丰合作社还雇有专门的工人负责玉米的日常田间管理，最终使玉米产量比普通农户要高出很多，如普通农户的玉米产量为 2300 斤/亩，而天地丰合作社的玉米产量为 2500 斤/亩。不仅如此，天地丰合作社的玉米品质还得到了县粮食储备库的认可，并与其签订了固定的收购合同，价格则要高于普通农户的市场销售价。如县粮食储备库对合作社玉米的收购价为 0.85 元/斤，而普通农户的玉米市场销售价为 0.8 元/斤。

（2）亩均生产成本的降低。天地丰合作社生产成本降低的来源主要是农机作业成本的节约。2013 年，天地丰合作社成立初期，便购置了 15 台拖拉机、3 台收割机、3 台耕种机和 10 台烘干机。如果按照普通农户的亩均农机作业成本为 125 元①计算，天地丰合作社除去每亩农机作业的燃料和机械维修费支出 20 元，可节约农机作业成本大概 105 元/亩。当然，雇用农机手作业需要支付服务费，而且农机具还有折旧费用，但天地丰合作社也通过为其他农户提供农机作业服务来赚取收入，所以暂时忽略农机手服务费和机械折旧费的支出。此外，天地丰合作社批量购买农资获得的价格优惠，也会促进其粮食生产成本的降低。

与前两家新型农业经营主体相比，天地丰合作社粮食价格的提高程度比较低，那么其增收的效果又是怎样的呢？同样，高产高价也使得天地丰合作社获得了增收，其效果分别是 200 斤/亩×0.8 元/斤 = 160 元/亩，2500 斤/亩×0.05 元/斤 = 125 元/亩。而关于天地丰合作社节约生产成本的情况，本文缺少具体的数据，但通过当地实际调研的经验可推测，批量购买农资最多节约 100 元/亩，加上节约的农机作业成本 105 元/亩，天地丰合作社的增收效果合计为 160 元/亩 + 125 元/亩 + 100 元/亩 + 105 元/亩 = 490 元/亩。显然，天地丰合作社的年实际增收效果不会大于 490 元/亩。在此基础上，除去合作社的土地租赁费支出 447 元/亩，所剩余的增收则寥寥无几，仅为 43 元/亩。一旦农资和农机作业成本的节约程度达不到 100 元/亩和 105 元/亩，那么天地丰合作社的盈利将可能低于普通农户的收入。据合作社理事长反映，土地流转所需要的大量资金是制约合作社发展的最主要因素，为了维持合作社的正常运转，到 2016 年，天地丰合作社已负债 75 万元。

（三）小结与进一步讨论

通过前文的案例分析可知，3 家从事粮食规模经营的新型农业经营主体与普通农户相比，都获得了增收。表 4 对 3 家主体增收的详细情况进行了总结。总的来看，无论是实行土地托管的新田地合作社，还是实行土地流转的华阳农场和天地丰合作社，其粮食的销售价格、亩均产量都得到了提高；生产成本方面，也同样实现了降低，本文由于没有取得华阳农场成本相关方面的数据而未对此进行核算，即便如此，其亩均增收也有 522 元/年。然

---

① 作者在吉林省农安县对普通农户的农机作业成本的大概支出情况的调研平均计算得到。

而一旦将华阳农场和天地丰合作社的土地租金考虑在内，结果将会产生很大的不同。如表4所示，当把土地租金作为成本进行核算时，华阳农场与普通农户相比，增收程度显著下降，甚至到了负值；而天地丰合作社的亩均增收也下降到了43元/年。并且从全国各地的土地流转情况来看，华阳农场和天地丰合作社的土地租赁价格还不是很高，个别省份的租金可达1000元/亩，此时，租地种粮将无利可图。

表4 3家新型农业经营主体的增收效果比较

序号	经营主体名称	销售价格高于市场价	亩均增产	亩均成本降低	亩均土地租金	亩均增收	备注
1	河南荥阳新田地种植专业合作社	正常年份0.1~0.15元/斤；灾害年份0.2~0.25元/斤	玉米400斤 小麦200斤	玉米110元 小麦85元	——	1105元	——
2	安徽广德华阳水稻种植家庭农场	水稻0.26元/斤 小麦0.08元/斤	100斤		588元/年	522元（不计土地租金） −66元（计土地租金）	没有考虑生产成本的节约
3	吉林农安天地丰种植专业合作社	0.05元/斤	200斤	205元	447元/年	490元（不计土地租金） 43元（计土地租金）	生产成本的节约为合理推测所得数据

资料来源：作者根据调研资料整理所得。

从经济学的角度出发，普通农户耕种自家的承包地存在隐性成本，但在会计成本核算中，一般不会加以考虑。本文从实际情况出发认为，土地流转的规模经营主体应该考虑土地成本，而普通农户则不需要考虑土地的隐性成本。原因在于像华阳农场和天地丰合作社这样的土地流转主体，在生产中会实际支出土地租金，巨额的土地租赁费也成了阻碍其发展和进行各项生产投资的主要障碍，如前所述，华阳农场因支付土地租金负债35万元，天地丰合作社负债75万元。但普通农户则没有支付土地租赁费方面的资金压力。也就说，资金压力会影响经营主体的生产投资，进而影响到农业的产出效益。所以，在核算土地流转主体的成本收益时，根据事实，本文认为要将其土地租金成本单独考虑进去。由此得出以下结论：土地流转规模经营的增收效果不如土地托管的增收效果。

此外，劳动的监督成本核算比较困难，所以在本文中我们忽略了人工成本。但事实上，土地托管和土地流转除了土地租金支出的不同，劳动力的工作努力程度及成本也存在一定的差异。土地托管模式下，农户自己种地，合作社提供服务；而土地流转模式下，规模经营主体需要雇用农户进行生产。显然，农户被雇用时的劳动积极性必然低于其自我雇用时，这种现象很有可能会使得土地流转模式下的粮食产量和品质在相同的技术和农资投入条件下，低于土地托管模式下的产量和品质。关于该问题，需要进一步专门、细致的研究。显然，本文的主要目的在于对土地托管和土地流转所呈现出的经营效果进行初步地比较分析，不免会存在以上所提及的欠妥之处。

五 研究结论与政策启示

（一）研究结论

第一，规模经营与家庭承包经营相比，通过采用先进的技术、稳定的销售渠道和科学合理的管理模式等能够提高粮食的销售价格和亩均产量。这一点在土地托管和土地流转两种模式中都得到了体现。规模经营主体更易接触到先进的种植技术和采用科学合理的管理方式，因此可以促进粮食产量和品质的提高。价格方面，规模经营主体的粮食品质一般较高，且销量偏大，从而在粮食的销售中具备较强的议价能力和有助于建立稳定的销售渠道，最终使其获得了比普通农户更高的销售价格。

第二，规模经营与家庭承包经营相比，不一定能够降低粮食的亩均生产成本。通常来说，规模经营主体的农资和农机作业成本都要低于传统小农户，这在土地托管和土地流转的案例分析中都得到了验证。但不同的是土地流转的规模经营主体会产生较大的土地租赁成本，从而限制了其粮食生产成本的降低。综上可知，在土地托管模式下，粮食规模经营主体的增收效果是比较显著的；而土地流转模式下，粮食规模经营主体由于需要支付土地租赁费而增收效果较差。

（二）政策启示

针对上述研究结论，为了促进我国农业规模经营的发展和加速农业现代化建设的步伐，特提出以下对策建议。

第一，减少对土地流转规模经营主体的补贴，严禁地方政府为了政绩而大肆推进土地租赁；鼓励各级政府将更多的扶农资金投放在农业基础设施建设方面，同时加大农业技术研发，创新粮食品种以提高经济效益。

第二，地方政府要积极贯彻落实对新型职业农民的技能培训，一是为了培养新型农业规模经营主体的带头人，以便带动各地农民通过土地托管或股份合作等方式实现规模经营，提高粮食种植效率，增加经济收入；二是为了培育专门的农业社会化服务组织，便于为规模经营主体提供完善的配套服务。

第三，要为规模经营主体的农产品销售创造良好的市场竞争环境，诸如提供全面及时的市场信息服务等，并鼓励涉农龙头企业与农业规模经营主体签订固定的购销合同，同时要为农业规模经营主体提供相应的法律咨询服务以便其在与企业合作的过程中维护自身权益。

第四，要对种子、化肥、农药以及农机等农业生产资料的生产厂家或企业做好资质审查和产品质量检验，以确保农业规模经营主体能够以相对较低的价格购买到质量较高的农业生产资料，提高生产效益。

参考文献

贺雪峰，2014，《澄清土地流转与农业经营主体的几个认识误区》，《探索与争鸣》第2期。

黄祖辉、陈欣欣，1998，《农户粮田规模经营效率：实证分析与若干结论》，《农业经济问题》第11期。

李谷成、冯中朝、范丽霞，2010，《小农户真的更加具有效率吗？来自湖北省的经验证据》，《经济学》（季刊）第1期。

罗伯特·K. 殷，2004，《案例研究设计与方法》，重庆大学出版社。

许庆、尹荣梁、章辉，2011，《规模经济、规模报酬与农业适度规模经营——基于我国粮食生产的实证研究》，《经济研究》第3期。

张忠明、钱文荣，2008，《不同土地规模下的农户生产行为分析——基于长江中下游区域的实地调查》，《四川大学学报》（哲学社会科学版）第1期。

Abey, Arun, Booth, A., Sundrum, R. M. 1981. "Labour Absorption in Indonesian Agriculture." *Bulletin of Indonesian Economic Studies*, 17 (1): 36 – 65.

Booth, Anne, Sundrum, R. M. 1984. Labor Absorption in Agriculture: Theoretical Analysis and Empirical Investigations. Oxford University Press.

Carter, M. R., Wiebe, K. D., 1990. "Access to Capital and its Impact on Agrarian Structure and Productivity In Kenya." *American Journal of Agricultural Economics*, 72 (5): 1146 – 1150.

Eswaran, Mukesh, Kotwal, A. 1986. "Access to Capital and Agrarian Production Organization." *Economic Journal*, 96: 482 – 498.

Feder, Gershon, 1985, "The Relationship between Farm Size and Farm Productivity: The Role of Family Labor, Supervision, and Credit Constraints." *Journal of Development Economics*, 18: 297 – 313.

Kuma, N. N., Berry, A., Cline, W. R., et al. 1980. "Agrarian Structure and Productivity in Developing Countries." *Southern Economic Journal*, 82 (3): 420.

Sen, Amartya, K. 1962. "An Aspect of Indian Agriculture." *Economics Weekly*, 14: 243 – 246.

Steven, M., Helfand, Edward, S. Levine. 2004. "Farm Size and the Determinants of Productive Efficiency in the Brazilian Center-West." *Agricultural Economics*, 31: 241 – 249.

Wadud, Md, Abdul, White, Ben. 2002, "The Determinants of Technical Inefficiency of Farms in Bangladesh." *Indian Economic Review*, 37 (2): 183 – 197.

Comparative Analysis about the Income-growth Effect of Different Grain Scale-management Patterns

—Based on the Survey of Three New Agricultural Business Entities

Mu Nana

Abstract: Grain scale-management is one of the important issues that China's agricultural modernization construction is being faced with. Through studying three new agricultural business entities. First, the grain yield and sale price of different grain scale-management operators are usually higher than small farmers; Second, under land trusteeship, production cost per acre of grain scale-management operators will be decreased and the income-growth effect is obvious; however, under land transfer, the production cost per acre of grain scale-management operators mainly depends on land rent and the income-growth effect is bad. Finally based on the above conclusion, this paper puts forward several policy suggests for promoting China's agricultural scale-management and accelerating its agricultural modernization construction.

Key words: grain; scale-management; land trusteeship; land transfer; income-growth

农户加入农民合作社对粮食生产率的影响：
一个农户模型及实证分析[*]

张 琛 彭 超 钟 真 孔祥智[**]

摘 要 本文通过构建一个包含静态和动态农户家庭生产行为的理论模型，运用2009~2013年全国农村固定观察点大样本微观农户数据，以农户是否从农民合作社获得分红作为衡量农户是否加入农民合作社的依据，建立随机前沿生产函数模型，分析了农户加入农民合作社对农户家庭粮食生产率的影响。研究结论表明：农户加入农民合作社能够显著提升农户家庭粮食生产率水平。从短期来看，农户加入农民合作社能够增加单位劳动力农业生产性资料投入量，缩短生产前沿面的距离；从长期来看，农民合作社通过农业社会化服务的方式可以实现社员农业生产性资料投入的合理化，实现农户粮食生产率水平的提升。因此，本文认为，完善农民合作社盈余分配制度，充分发挥农民合作社农业社会化服务的外溢作用，拓宽农

---

[*] 本文为国家自然科学基金"成员异质性、合作社理论创新与农民专业合作社发展政策体系构建"（批准号71273267）、国家自然科学基金国际合作与交流项目"变化市场中农产品价值链转型及价格、食品安全的互动关系——以蔬菜、渔产品和乳制品为例"（批准号71361140369）和教育部人文社会科学重点研究基地重大项目"我国新型农业经营体系构建与实践案例研究"（批准号14JJD790030）的阶段性成果。感谢世界银行农业组首席经济学家Madhur Gautam在论文写作中给予的帮助。

[**] 张琛，中国人民大学农业与农村发展学院博士研究生，主要研究方向为农业政策分析、合作经济；彭超，农业部农村经济研究中心副研究员，主要研究方向为农业补贴、农业机械化；钟真，中国人民大学农业与农村发展学院副教授，主要研究方向为农户经营行为、农业社会化服务、农业机械化；孔祥智，中国人民大学中国合作社研究院院长，农业与农村发展学院二级教授、博士生导师，主要研究方向为农业政策分析、合作经济。

产品价值链和大力发展农村新产业新业态是提升农户粮食生产率的重要举措。

关键词 农民合作社 生产率 农户模型

一 引言

自2007年《中华人民共和国农民专业合作社法》实施以来，农民专业合作社（以下简称"农民合作社"）的数量呈现出快速增长的趋势。截至2016年底，全国已有农民合作社179.4万家，入社农户占全国农户总数的44.4%。作为衔接小农户与大市场的重要组织形式，农民合作社已成为促进农民增收、实现贫困户脱贫的重要组织形式。Ma和Abdulai（2016）、Ahmed和Mesfin（2017）分别采用内生转换模型对中国和埃塞俄比亚的研究发现，加入农民合作社能够显著提升农户的家庭福利。Verhofstadt和Maertens（2015）的研究结果表明，农民合作社对卢旺达农村贫困人口的减少具有显著影响。张琛和高强（2017）对两家农民合作社的案例分析也证实了农民合作社是脱贫攻坚的重要组织形式。

生产率水平的提升是农业增效的重要标志。理论层面上，农民合作社能够提升农户生产率水平已被证实。张晓山（2009）认为农民合作社通过专业化分工与服务、内部横向一体化替代外部纵向一体化的方式，降低了不确定性和交易成本，实现了农业分工与合作。由于样本数据和研究方法的不同，不同学者在实证层面上对农民合作社提升农户生产率的认识存在着不一致性。有学者对尼日利亚水稻和马铃薯的种植户的研究发现，合作社社员对农户生产技术效率具有显著正向影响（Idiong，2007；Adewumi & Adebayo，2008）。王太祥和周应恒（2012）通过对河北和新疆两省（区）387个梨农的研究发现，"合作社+农户"模式能够提高农户生产效率。Abate等（2014）对埃塞俄比亚农户的研究也证实了农民合作社能够提升社员农业生产率。苏昕和刘昊龙（2017）运用2010~2014年省际面板数据，研究表明农民合作社平均成员数量的提高有助于实现农业生产率水平的提升。也有一部分学者对农民合作社能够提升社员生产率水平这一观点持反对意见，认为农民合作社并不能显著提升社员农业生产率。Bravo-Ureta和

Lee（1988）对新英格兰奶业合作社社员和非社员的研究发现，农民合作社社员与非社员的生产率并不存在显著差异。黄祖辉和朋文欢（2016）运用倾向值匹配方法解决样本选择偏误后，研究发现参与农民合作社并不能显著提升农户的生产率，合作社服务功能弱化是其主要原因。Agbo 等（2015）通过构建博弈矩阵，认为农民合作社虽然能够实现统一销售，但随着农产品交易量的上升，农户产销积极性的降低不利于农业生产效率的提升。

现有文献中会出现农民合作社对农户生产率影响结果的不一致，主要原因有以下三个方面：第一，农民合作社定义的模糊。许多学者对农民合作社的发展存在质疑，加入合作社的农户究竟是不是合作社社员值得商榷。因合作社的亲资本性，传统的"一人一票"为基础的民主控制的本质规定性正在发生变化（黄祖辉、邵科，2009），成员边界游移的现象也逐步显现（李琳琳、任大鹏，2014）。邓衡山和王文烂（2014）认为中国绝大多数的合作社不具备"所有者与惠顾者同一"这一本质规定。可能存在着农户虽然是合作社社员，但不享受合作社社员的权利，也不履行合作社成员的义务，甚至是"被加入"到合作社（潘劲，2011；王鹏、霍学喜，2012），单纯以农户是否加入农民合作社作为判定农民合作社社员的指标有失偏颇。第二，研究样本的局限性。现有研究对合作社社员生产率的实证分析样本量较小，因而研究结论缺乏可信性。第三，研究对象的单一性。农户家庭作为一个微观决策主体，同时存在着内部种植多样化的特性，研究中单纯分析某一种作物生产率不能完全涵盖农户生产决策的投资。

针对已有研究中存在的问题，本文采用如下办法进行解决：第一，采用农户是否是从农民合作社中获得红利收入这一指标作为衡量农户是否为农民合作社社员的依据。这是因为，农民合作社要求"所有者与惠顾者同一"（邓衡山、王文烂，2014）。农户从农民合作社中获得红利收入，可以肯定农户与农民合作社发生了实际交易或是在农民合作社具有股金。因此，采用这一指标能够在一定程度中避免单纯依据"是否加入合作社"这一传统指标判断农户是否是农民合作社社员所带来的局限性。农户不享受农民合作社社员的权利，也不履行农民合作社成员义务的可能性极低。第二，本文选取全国层面大样本微观农户数据作为研究样本，以解决现有研究样本量不足的问题。第三，本文摒弃了以往研究对单一作物的分析，从农户家庭这一微观决策单元出发,充分考虑到农户种植的多样性。

二 理论分析

农户的生产行为是一个连续的、动态的过程(Singh et al.,1986)。为此,本文构建了一个包含静态和动态的理论分析模型,以期能够从短期和长期两个角度全方面考虑农户加入农民合作社对其生产率水平的影响。静态模型能够反映出农户在短期内的最优行为选择,动态模型则能够考虑农户在不同时期的最优行为选择。

(一)静态模型

依据 Nakajima(1986)和蔡基宏(2005)的分析,本文在构建农户模型时充分考虑中国农村劳动力的快速流动和土地流转行为大量出现这一现实情形。假定农户满足家庭效用最大化这一条件,c 表示消费,l 表示闲暇时间,其中 $U_c>0, U_l>0, U_{cc}<0, U_{ll}<0, U_{lc}<0$。假设该农户拥有初始土地禀赋为 $\overline{A}$,劳动力初始禀赋为 $\overline{L}$,时间禀赋为 $\overline{T}$,农产品销售价格为 P_S,资本的价格利率为 r,劳动力价格为 w,生产性投资的价格为 p。由于劳动力市场的快速发展,多种外在因素诱导会促使农村劳动力向外流动(Cai et al.,2010;张琛等,2017),这意味着农户中一部分劳动力外出务工获得非农收入,一部分劳动力从事农业生产,假定 A_f 表示农户自家土地,A_h 表示转入的土地,则用于农业生产的土地为 $A=A_f+A_h$,A_m 表示转出的土地,L_A 表示用于农业生产的劳动力,L_W 表示从事非农就业的劳动力,T_A 表示从事农业生产的时间,T_W 表示外出务工的时间。假定农户生产函数为 $F(L,I,A)$,其中 I 表示农业生产性投资,生产函数满足规模报酬不同的特征,即 $F(L,I,A)=Af\left(\dfrac{L}{A},\dfrac{I}{A}\right), F_A>0, F_L>0, F_I>0, F_{LL}=\dfrac{f_{11}}{A}<0, F_{II}=\dfrac{f_{22}}{A}<0$,$F_{LA}=f_{11}\left(\dfrac{-L}{A^2}\right)+f_{12}\left(\dfrac{-I}{A^2}\right)>0, F_{IA}=f_{21}\left(\dfrac{-L}{A^2}\right)+f_{22}\left(\dfrac{-I}{A^2}\right)>0, F_{LI}=\dfrac{f_{12}}{A}>0$。农户会根据自身家庭的情况以及外界形式的变化进行农业生产,因此农民面临的优化问题为:

$$\text{Max } U(c,l) \tag{1}$$

$$s.t. \ c = P_S F(L,I,A) - pI - rA_h + wT_W \tag{2}$$

$$L_A + L_W \leq \overline{L} \tag{3}$$

$$T_A + T_W + l \leq \overline{T} \tag{4}$$

$$A_f + A_m \leq \overline{A} \tag{5}$$

$$c, l, L_A, L_W, T_A, T_W, I \geq 0 \tag{6}$$

要素市场完善,由此可以得到:

$$F_I = f_2 = \frac{p}{P_S} \tag{7}$$

构建拉格朗日函数,分别对 c 和 l 求偏导可以得出:

$$U_c P_S F_L = U_l \tag{8}$$

令 $P_S = 1$,表示为相对价格。对(8)式运用隐函数定理求导,可以得出:

$$\frac{dL}{dT_W} = \frac{\frac{-f_{22}}{A}[U_{cc}wf_1 - U_{cl}(f_1 + w) + U_{ll}]}{\frac{U_c}{A^2}(f_{11}f_{12} - f_{12}^2) + \frac{f_{22}}{A}\alpha} \tag{9}$$

$$\frac{dI}{dT_W} = \frac{\frac{f_{12}}{A}[U_{cc}wf_1 - U_{cl}(f_1 + w) + U_{ll}]}{\frac{U_c}{A^2}(f_{11}f_{12} - f_{12}^2) + \frac{f_{22}}{A}\alpha} \tag{10}$$

$$\frac{dI}{dL} = \frac{dI}{dT_W} \times \frac{dT_W}{dL} = -\frac{f_{12}}{f_{22}} > 0 \tag{11}$$

其中,$\alpha = U_{cc}f_1^2 - 2U_{lc}f_1 + U_{ll} < 0$,$\beta = f - \frac{L}{A}f_1 - \frac{I}{A}f_2 > 0$。因为 $F_{LA} > 0$ 和 $F_{IA} > 0$,因此 $f_{11}f_{12} - f_{12}^2 > 0$。进一步由(7)式和(8)式可以得出:

$$\frac{dI}{dA} = \frac{I}{A} \frac{\frac{U_c}{A^2}(f_{11}f_{12} - f_{12}^2) + \frac{f_{22}}{A}\alpha + \frac{U_{cc}f_1 f_{12}}{N}\beta - \frac{U_{lc}f_{12}}{N}\beta + \frac{L}{IA}f_{12}\alpha}{\frac{U_c}{A^2}(f_{11}f_{12} - f_{12}^2) + \frac{f_{22}}{A}\alpha} < \frac{I}{A} \tag{12}$$

$$\frac{dL}{dA} = \frac{L}{A} \frac{\frac{U_c}{A^2}(f_{11}f_{12} - f_{12}^2) - \beta \frac{U_{cc}f_1 f_{22}}{L} + \beta \frac{U_{lc}f_{22}}{L}}{\frac{U_c}{A^2}(f_{11}f_{12} - f_{12}^2) + \frac{f_{22}}{A}\alpha} < \frac{L}{A} \tag{13}$$

$$\frac{\mathrm{d}I}{\mathrm{d}L} = \frac{\mathrm{d}I}{\mathrm{d}A} \times \frac{\mathrm{d}A}{\mathrm{d}L} = \frac{I}{L} \frac{\frac{U_c}{A^2}(f_{11}f_{12} - f_{12}^2) + \frac{f_{22}}{A}\alpha + \frac{U_{cc}f_1f_2}{N}\beta - \frac{U_{lc}f_{12}}{N}\beta + \frac{L}{IA}f_{12}\alpha}{\frac{U_c}{A^2}(f_{11}f_{12} - f_{12}^2) - \beta\frac{U_{cc}f_1f_{22}}{L} + \beta\frac{U_{lc}f_{22}}{L}} < \frac{I}{L} \quad (14)$$

随着城镇化进程的快速发展，大量农村劳动力外出务工获得工资性收入，造成现有留守在农村从事农业生产的劳动力多为"993861"部队。农业生产的老龄化和女性化，导致农业生产过程中劳动力投入数量和质量的不断降低，这在一定程度上不利于农业生产。农户加入农民合作社能够充分解决农业生产老龄化和女性化的问题。农民合作社通过农业社会化服务的形式，指导农户更加有效地使用农业生产资料，降低生产资料价格，使得每单位劳动力可以拥有的生产性资料投入量增加，即农业生产性投资 I 不断增加，依据（14）式，每单位劳动力所拥有的生产性资料投入量提升，促进农业生产率水平的提升。

（二）动态模型

农户农业生产行为并非一成不变，是处于一个动态变化的过程中，即农户成为农民合作社社员后生产行为决策势必会受到影响。此外随着农户加入农民合作社的时间变长，时间因素也会进一步影响农户的生产行为决策，进而影响农户生产率水平。借鉴 Leight（2016）的研究，本文假定农户追求利润最大化，生产函数仍满足规模报酬不变的假定。本文在跨期选择中将农业生产性投资作为流量进行考虑。F_t 表示第 t 期农业生产性资料投资量，其产出弹性为 α_c；F_{t-1} 表示第 $t-1$ 期农业生产性资料投资量，此时农户还没有加入农民合作社，没有对农业生产性资料投入进行合理利用，其产出弹性为 α_f。γ 表示农户农业生产性资料使用分配比率，一方面随着农户加入农民合作社，农民合作社通过农业社会化服务的形式对农户农业生产进行指导，农户更加合理地将农业生产性资料投入进行分配，以期获得更大的产出利润。假定农户每一期的农业产出为 Y_t，当期的利润为 π_t。

$$Y_t = AL_t^{\alpha_l} N_t^{\alpha_n} F_t^{\alpha_c} (1-\gamma) F_{t-1}^{\alpha_f} \quad (15)$$

（15）式中 L_t 表示土地投入，N_t 表示劳动力投入。

$$\pi_t = P_t Y_t - C_t \quad (16)$$

（16）式中 P_t 表示农产品销售价格，C_t 表示农业生产总成本，π_t 表示

第 t 期农户获得的利润。此外，本文定义 σ_t 是农户当期农业生产过程中没有合理利用农业生产性资料，下一期所获得的收益为：

$$\sigma_t = \frac{\partial \pi_{t+1}}{\partial F_t} = \alpha_f A_{t+1} L_{t+1}^{\alpha_L} N_{t+1}^{\alpha_N} F_{t+1}^{\alpha_f - 1} \tag{17}$$

根据（15）式~（17）式，构建拉格朗日函数对劳动力和农业生产性资料投入进行求导，可以得出：

$$0 = \frac{P_t \alpha_N A_t L_t^{\alpha_L} F_{t-1}^{\alpha_f} N_t^{\alpha_N - 1} F_t^{\alpha_c}}{P_t \alpha_c A_t L_t^{\alpha_L} F_{t-1}^{\alpha_f} F_t^{\alpha_c - 1} N_t^{\alpha_N} + (1 - \gamma) P_{t+1} \sigma_t} - \frac{w_t}{r_t} \tag{18}$$

（18）式中 w_t 表示劳动力成本，r_t 表示农业生产性资料投入品的成本。为了方便进行推导，令：

$$\eta_1 = P_t \alpha_N A_t L_t^{\alpha_L} F_{t-1}^{\alpha_f} N_t^{\alpha_N - 1} F_t^{\alpha_c} \tag{19}$$

$$\eta_2 = P_t \alpha_c A_t L_t^{\alpha_L} F_{t-1}^{\alpha_f} F_t^{\alpha_c - 1} N_t^{\alpha_N} + (1 - \gamma) P_{t+1} \sigma_t \tag{20}$$

根据（19）式~（20）式，（18）式可以表示为：$0 = \frac{\eta_1}{\eta_2} - \frac{w_t}{r_t}$。令 $\psi = \frac{\eta_1}{\eta_2} - \frac{w_t}{r_t}$，可以得出：

$$\psi'(\gamma) = \frac{\eta_1}{\eta_2 \times \eta_2} \tag{21}$$

$$\begin{aligned}\psi'(F) = -\frac{1}{\eta_2 \times \eta_2} \big[& \eta_2 P_t \alpha_N \alpha_c A_t L_t^{\alpha_L} F_{t-1}^{\alpha_f} F_t^{\alpha_c - 1} N_t^{\alpha_N - 1} \\ & - \eta_1 P_t \alpha_c (\alpha_c - 1) A_t L_t^{\alpha_L} F_{t-1}^{\alpha_f} F_t^{\alpha_c - 2} N_t^{\alpha_N} \\ & - \eta_1 P_{t+1} (1 - \gamma) A_{t+1} L_{t+1}^{\alpha_L} F_t^{\alpha_f} \alpha_p (\alpha_F - 1) F_t^{\alpha_f - 2} F_{t+1}^{\alpha_c} N_{t+1}^{\alpha_N} \big]\end{aligned} \tag{22}$$

根据（21）式和（22）式及隐函数求导法则能够得出 $\frac{dF}{d\gamma} < 0$，这意味着随着农户加入农民合作社，农户将逐步合理利用农业生产性资料。随着农民不断接受农民合作社提供的社会化服务，γ 将不断提升，农业生产性资料投入量 F_t 随之减少。农户能够充分利用农业生产性资料，逐步缩小与技术前沿面的距离，有助于提升农业生产效率。为了进一步衡量农民合作社农业社会化服务对于农业生产性资料投入的作用效果，本文进一步设定农户合理使用农业生产性资料的最优投入量为 $F_t^B = \frac{w_t \alpha_c}{r_t \alpha_N} N_t$，没有合理使用农

业生产性资料的最优投入量为 F_t^{NB}，其中 F_t^{NB} 为（18）式最优解。根据隐函数求导法则能够得出 $\dfrac{\mathrm{d}(F_t^{NB}-F_t^{B})}{\mathrm{d}\alpha_f}>0$，这说明农民合作社通过提供农业社会化服务能够有效地实现农业生产性投入要素边际收益的提升，进而提高要素的使用效率。

三 数据来源、模型设定与变量选取

（一）数据来源

本研究采用农业部全国农村固定观察点大样本微观农户数据，探究农户加入农民合作社对其粮食生产率的影响。农业部全国农村固定观察点是20世纪80年代中期经中央书记处批准建立，由中共中央政策研究室和农业部具体组织指导的组织，在全国各省份连续跟踪调查农村工作，在微观层面上提供农户全景性的生产生活数据资料。农业部全国农村固定观察点所涉及的农户微观数据具有以下两个方面的鲜明特征及优势：一是调查范围广、样本量大。该调查覆盖了全国绝大多数省份，每年调查2万户左右。二是内容丰富。调查涵盖了农户家庭生产、消费、就业、生活及其他各项活动，十分具有代表性。由于从2009年起，农业部农村固定观察点在"家庭全年收支情况"部分中涉及农民合作社相关问题，为此本文选取2009～2013年的数据进行分析。

（二）模型设定

已有文献通常采用一步法和两步法测度农户农业生产率。本文采用一步法并借鉴 Aigner 等（1977）和 Meeusen 等（1977）的使用随机前沿生产函数模型的方法对生产技术效率进行测算，函数的一般形式为：

$$\mathrm{Ln}y_{it}=\mathrm{Ln}f(x_{ij},t/\beta)+V_{it}-U_{it} \qquad(23)$$

同时参照 Battese 和 Coelli（1995）提出的对前沿函数和技术无效率函数的参数进行估计的随机前沿生产函数模型，本文设定的具体模型为：

$$\mathrm{Ln}y_{it}=\alpha_0+\sum\mathrm{Ln}x_{it}+\beta t+v_{it}-u_{it} \qquad(24)$$

y_{it} 表示第 i 个农户第 t 年粮食亩均收入；x_{it} 表示第 i 个农户第 t 年各投入要素；t 为时间趋势；v_{it} 表示随机误差项，服从正态分布；u_{it} 是独立于 v_{it} 的非负随机变量，表示样本单元的技术无效率部分。一般情况下假定 u_{it} 服从均值为 u_{it}，方差为 σ_u^2 的截断正态分布。

样本单元的技术无效率函数为：

$$u_{it} = \delta_0 + \sum_{k=1}^{n} \delta_k z_{it} + \varepsilon \qquad (25)$$

（25）式中，ε 为服从极值分布的随机变量；z_{it} 表示决定技术无效率的外生变量；δ_0 和 δ_k 分别表示待估参数。根据（24）式和（25）式，可以通过最大似然法估计得出：

$$\delta^2 = \delta_u^2 + \delta_v^2, \gamma = \delta_u^2 / (\delta_u^2 + \delta_v^2) \qquad (26)$$

（26）式中，γ 取值为 0 到 1 之间，反映随机扰动项中技术无效项所占的比例。γ 越接近于 0，表明实际产出与最大可能产出的差值主要来自不可控的随机因素，使用 OLS 即可实现参数估计；γ 越趋近 1，说明误差越是主要来源于技术无效率，随机前沿生产函数模型更为适合刻画农户粮食生产过程。

（三）变量选取

模型估计过程中考虑的是农户家庭层面的粮食生产率，因此需要考虑农户种植的所有粮食作物品种。具体来说，本文将农业部全国农村固定观察点的农户所涉及的 6 种粮食作物（小麦、玉米、水稻、大豆、薯类、其他粮食作物）进行加总分析。产出变量选取加总后的农户亩均粮食作物产值对数，投入变量共选取了 9 个变量：粮食作物种植面积对数、肥料投入对数、有机肥投入占比、劳动力投入对数、雇用劳动力与自家劳动力投入比例、其他物质资料投入对数和固定资产投入对数。其中，种植面积对数是加总农户所有粮食作物的种植面积对数，肥料投入对数、劳动力投入对数、其他物质资料投入对数均是加总农户所有粮食作物费用后的每亩投入金额。值得注意的是，之所以考虑农户层面的生产率，主要包括以下两个方面的原因：一是全国农业部农村固定观察点所涉及的农户数据并非地块层面的数据，倘若直接按照品种类型进行分析可能存在偏误；二是农户种植粮食作物存在多样性，一些生产成本投入（如固定资产）无法精确地涵盖每一种作物生产，会对生产函数的估计结果产生影响，不能全面地反映出农户真实农业生产状况。

在技术无效率项选取中，本文选取了是否是农民合作社社员、非农产业收入对数、是否接触互联网、家庭劳动力基本信息（老龄劳动力个数①、女性劳动力个数）、家庭外出务工时间比例、农产品销售比例、氮肥施用比例、是否是党员以及年份虚拟变量。其中非农产业收入主要指的是农户在建筑业、工业、交通运输业、餐饮业、文化服务业等非农领域所获得的收入。是否接触互联网这一变量能够反映农户能否接触到互联网，是衡量新业态（"互联网+"）对生产率影响的代理变量②。农户家庭劳动力基本信息能够反映出当前农户进行粮食生产过程中劳动力的主要特征，主要考虑农业生产的老龄化和女性化情况。农户家庭外出务工时间比例这一变量是反映农户家庭成员外出务工从事非农就业的代理变量③，采用家庭外出务工时间比例能够全面地反映出农户家庭的就业状况，避免以往单一考虑户主特征所带来的局限性。农产品销售比例这一变量反映的是农户农产品销售情况，销售比例较高意味着农户具有较高的商品化率，进而从农产品需求侧反作用于农户的农业生产，影响农户的生产行为，对生产率水平产生影响。氮肥施用比例这一变量指的是农户购买尿素的金额除以农户购买化肥总金额，用以反映农业生产中氮元素的投入量，氮元素是农作物植物体内氨基酸和蛋白质的组成部分，对农作物生长起着非常重要的作用，但是氮元素的过量投入也会对农作物生产产生不利影响，进而不利于农业产出。是否是党员这一变量反映的是农户的社会资本，已有研究已证实农户的社

---

① 本文将年龄为65岁及以上的农村家庭人口定义为老龄人口，与胡雪枝、钟甫宁（2012）的定义有所不同。胡雪枝、钟甫宁（2012）将60岁作为界定农户是否是老龄农户的指标。随着人口结构的快速变化，现如今从事农业生产的人口年龄也不断增大，许多学者将农村老龄人口界定为65岁及以上（Zhong, 2011；刘华军、刘传明，2016）。

② 虽然农户接触互联网并不一定是为了更好地服务于农业生产，但本文认为这一变量是基于已有数据衡量农户接触新业态的最优选择，这也为农户更好地参与"互联网+"提供了物质基础。

③ 农业部全国农村固定观察点中有关农户家庭信息中外出务工时间包括本乡镇内从事非农劳动时间和外出就业时间，这里本文考虑的是外出就业时间。

会资本能够实现生产率水平的提升（苏小松、何广文，2013）。年份虚拟变量用于反映农户随着时间的变化对农户生产率的影响。随机前沿生产函数所涉及的所有数据均以 2003 年为基期按照各省份的居民消费价格指数进行了平减，以消除价格因素对估计结果的干扰。具体来说，模型估计中主要变量描述性统计如表 1 所示。

表 1　各户粮食作物产值随机前沿生产函数主要变量定义及描述性统计

变量名称	定义	样本数	平均值	标准差	最大值	最小值
Lny	亩均粮食作物产值对数	65792	6.141	0.435	4.008	7.067
$Lnland$	粮食作物种植面积对数	67978	1.696	1.007	-2.303	4.093
$Lnfer$	肥料投入对数	67135	3.845	2.495	-11.512	5.472
$Organfer\_ratio$	有机肥投入占比	67978	0.081	0.174	0	1
$Lnlabor$	劳动力投入对数	66974	4.037	5.622	-11.513	7.806
$Hlabor\_ratio$	雇用劳动力与自家劳动力投入比例	67978	0.013	0.071	0	5.278
$Lnothercost$	其他物质资料投入对数	67762	4.155	2.103	-11.513	5.991
$Lnfixcapital$	固定资产投入对数	67111	3.430	6.586	-11.513	10.175
$Coop$	是否是农民合作社社员	67978	0.004	0.063	0	1
$Lnngincome$	非农产业收入对数	67978	-4.625	8.005	-9.210	19.807
$Internet$	是否接触互联网	67978	0.092	0.289	0	1
$Aglabor\_old$	老龄劳动力个数	67974	0.161	0.461	0	4
$Aglabor\_female$	女性劳动力个数	67974	0.802	0.399	0	1
$Nonfarm\_ratio$	家庭外出务工时间比例	67978	0.298	0.339	0	1
$Sale\_ratio$	农产品销售比例	67978	0.467	0.398	0	1
$Nitrogen\_ratio$	氮肥施用比例	67978	0.310	0.268	0	1
$Party\_member$	是否是党员	67978	0.148	0.355	0	1
$Lnfarmsize$	土地经营规模对数	66751	1.984	1.025	-2.303	4.920

四　实证结果

表 2 显示了农户粮食作物产值的随机前沿生产函数估计结果。在生产函数方程中，分别设定两种不同情形的生产函数，一个是不考虑有机肥投入

占比、雇用劳动力与自家劳动力投入比例，另一个是考虑有机肥投入占比、雇用劳动力与自家劳动力投入比例，进而判断估计结果的稳健性。表2的估计中，模型（1）~模型（3）显示了不考虑有机肥投入占比、雇用劳动力与自家劳动力投入比例情况下农户粮食作物农业生产函数估计结果。农户粮食作物生产率的估计方法为一步法，模型（1）是只考虑生产函数不考虑技术无效率项情形下的估计结果，模型（2）是在模型（1）的基础上考虑技术无效率项，模型（3）是在模型（2）的基础上进一步加入技术无效率项。模型（4）~模型（6）显示了考虑有机肥投入占比、雇用劳动力与自家劳动力投入比例情况下农户粮食作物产值生产函数估计结果。与模型（1）~模型（3）相似，模型（4）~模型（6）分别呈现了随机前沿生产函数中不加入技术无效率项、加入技术无效率项和进一步加入技术无效率变量三种情形下的估计结果。

表2 农户粮食作物产值随机前沿生产函数估计结果

项目	不考虑有机肥投入占比、雇用劳动力与自家劳动力投入比例			考虑有机肥投入占比、雇用劳动力与自家劳动力投入比例		
	(1)	(2)	(3)	(4)	(5)	(6)
$Lnland$	-0.076***	-0.087***	-0.073***	-0.078***	-0.089***	-0.741***
	(-44.91)	(-52.89)	(-42.66)	(-46.00)	(-53.63)	(-43.18)
$Lnfer$	0.017***	0.016***	0.015***	0.018***	0.016***	0.015***
	(21.69)	(20.33)	(18.97)	(22.40)	(20.54)	(18.89)
$Organfer\_ratio$	—	—	—	-0.053***	-0.022**	-0.001
	—	—	—	(-6.05)	(-2.52)	(-0.12)
$Lnlabor$	-0.001***	-0.001***	-0.001***	-0.001***	-0.001***	-0.001***
	(-5.21)	(-3.95)	(-4.34)	(-5.59)	(-4.38)	(-4.74)
$Hlabor\_ratio$	—	—	—	0.281***	0.242***	0.223***
	—	—	—	(12.57)	(12.07)	(11.13)
$Lnothercost$	0.043***	0.045***	0.044***	0.042***	0.045***	0.044***
	(43.20)	(44.86)	(44.24)	(42.74)	(44.45)	(43.92)
$Lnfixcapital$	0.001***	0.001***	0.002***	0.001***	0.001***	0.002***
	(4.61)	(7.28)	(11.00)	(4.93)	(7.37)	(10.89)
Year 2010	0.005	-0.011**	-0.029***	0.005	-0.011**	-0.013***
	(1.26)	(-2.21)	(-2.63)	(1.27)	(-2.13)	(-2.59)

续表

项目	不考虑有机肥投入占比、雇用劳动力与自家劳动力投入比例			考虑有机肥投入占比、雇用劳动力与自家劳动力投入比例		
	(1)	(2)	(3)	(4)	(5)	(6)
Year 2011	0.032***	0.036***	0.031***	0.032***	0.037***	0.031***
	(7.61)	(7.33)	(6.30)	(7.60)	(7.45)	(6.38)
Year 2012	0.062***	0.059***	0.054***	0.062***	0.060***	0.055***
	(14.58)	(11.99)	(11.06)	(14.66)	(12.13)	(11.20)
Year 2013	0.028***	0.023***	0.174***	0.029***	0.024***	0.019***
	(6.64)	(4.68)	(3.51)	(6.85)	(4.90)	(3.74)
常数项	6.557***	6.398***	6.390***	6.550***	6.391***	6.384***
	(259.58)	(294.54)	(299.99)	(258.81)	(294.95)	(300.51)
年份虚拟变量	已控制	已控制	已控制	已控制	已控制	已控制
γ	—	0.978***	0.974***	—	0.979***	0.974***
Wald	13929.91	16071.51	15479.38	14116.80	16257.86	15638.93
Prob > chi(2)	0.000	0.000	0.000	0.000	0.000	0.000
似然函数值	−26372.333	−22874.733	−21862.708	−26265.391	−22788.857	−21792.301
样本数	63402	63398	62282	63402	63398	62282

注：括号外的数字为估计系数，括号内的数字为该系数下的 t 值；**、*** 分别代表 5%、1% 显著性水平。

表 2 中的模型（2）、模型（3）、模型（5）、模型（6）的 γ 估计值分别为 0.978、0.974、0.979 和 0.974，均通过了 1% 水平的显著性检验，这说明影响样本农户农业生产率的各项随机因素对技术无效率解释率达到了 97% 以上，只有不到 3% 来自统计误差等外部因素。γ 估计值的结果表明随机前沿生产函数的估计结果较为合理，可以用来作为分析农户生产率的工具。

从表 2 的估计结果可以看出，模型（1）~ 模型（6）中粮食作物种植面积对数变量的估计系数均为负，通过 1% 水平下显著性水平检验，这表明土地的产出弹性为负。中国农业经营规模存在着土地细碎化问题，此外样本农户粮食种植的规模在 5 亩左右，远远还没达到实现土地规模经济的要求。模型（1）~ 模型（6）中肥料投入对数变量的估计系数为 0.015 ~ 0.017，通过了 1% 水平下显著性检验，这说明增加肥料投入能够提升粮食作物的产出，肥料投入增加 1%，粮食作物产出将增加 0.015% ~ 0.017%，这也与我国粮食作物生产中高化肥投入带来高产出的实际情况相吻合。模型（4）~模型（5）中有机肥投入占比变量的估计系数为负，且通过1%水平下显著性检验，而模型（6）的有机肥投入占比变量没有通过显著性水平检验，这说明当有机肥投入占比下降时，将不利于粮食产出水平的增加。这是因为，施用有机肥能够改良土壤，增加土壤肥力，但化肥的过度施用已造成土地质量的下降，不利于农业的可持续生产。模型（1）~模型（6）中劳动力投入对数变量估计系数为负，通过了1%水平下显著性检验，说明劳动力投入的增加不利于粮食作物产出水平的增加。估计系数为-0.001，说明当劳动力投入增加1%，农业产出将减少0.001%，主要原因在于粮食作物的机械化水平近年来得到快速提升，农业机械已成为替代劳动力的重要方式（周振等，2016）。根据农业部农机化司的数据显示，2015年三大粮食（小麦、玉米和水稻）的综合机械化水平分别为93.66%、78.12%和81.21%①。模型（4）~模型（6）中雇工劳动力与自家劳动力投入比例变量系数为正，均通过了1%水平下显著性检验，这说明增加雇工也能够有效提升农业产出，增加劳动的有效供给仍是提升粮食产出的重要方式。模型（1）~模型（6）中其他物质资料投入对数变量和固定资产投入对数变量的估计系数均为正，均通过了1%水平下显著性检验，这说明增加种子、农业机械服务费用、农药、农膜等其他物质资料投入以及增加农户固定资产存量有助于粮食作物产出的增加。模型（1）~模型（6）中其他物质资料投入对数变量的估计系数为0.042~0.045，说明其他物质资料投入增加1%，粮食作物产出将增加0.042%~0.045%。固定资产投入对数变量的估计系数在模型（1）~模型（6）中的估计系数为0.001~0.002，这说明固定资产投入增加1%，粮食作物产出将增加0.001%~0.002%。年份虚拟变量除2010年外，估计系数均为正，均通过了1%水平的显著性水平检验，这说明随着时间的推移农户粮食作物产出水平得到了不断上升。

表3显示了影响种粮农户生产率水平的重要因素，其中模型（1）~模

---

① 综合机械化水平是按照机耕、机播和机收水平以0.4、0.3、0.3的权重加权计算。其中，2015年小麦机耕、机播和机收水平分别为97.06%、87.54%和95.23%，玉米机耕、机播和机收水平分别为98.94%、42.26%和86.21%，水稻机耕、机播和机收水平分别为89.92%、86.62%和64.18%。

型（4）分别不考虑加入有机肥投入占比、雇用劳动力与自家劳动力比例及考虑加入两种情形下的估计结果。

表3　农户粮食作物产值技术无效率项随机前沿生产函数估计结果

项目	不考虑有机肥投入占比、雇用劳动力与自家劳动力投入比例		考虑有机肥投入占比、雇用劳动力与自家劳动力投入比例	
	（1）	（2）	（3）	（4）
Coop	-3.916***	-3.301***	-4.100**	-3.401**
	（-3.32）	（-3.60）	（-3.29）	（-3.61）
Lnngincome	-0.008***	-0.013***	-0.009**	-0.014**
	（-1.86）	（-3.53）	（-1.96）	（-3.56）
Internet	-1.741***	-1.174***	-1.794***	-1.183***
	（-6.25）	（-6.84）	（-6.04）	（-6.75）
Aglabor_old	0.349***	0.371***	0.371***	0.383***
	（4.57）	（5.98）	（4.55）	（6.00）
Aglabor_female	-0.175***	-0.382***	-0.190***	-0.391**
	（-2.07）	（-4.91）	（-2.14）	（-4.91）
Nonfarm_ratio	-0.916***	-0.555***	-0.958***	-0.573***
	（-5.69）	（-5.50）	（-5.55）	（-5.52）
Sale_ratio	-5.899***	-4.718***	-6.121***	-4.787***
	（-7.24）	（-9.35）	（-6.94）	（-9.19）
Nitrogen_ratio	0.357***	0.499***	0.335***	0.482***
	（2.93）	（4.79）	（2.65）	（4.58）
Party_member	-0.279***	-0.245***	-0.279***	-0.239***
	（-5.50）	（-3.07）	（-2.67）	（-2.95）
Year.2010	-0.238*	-0.269*	-0.239*	-0.269**
	（-1.85）	（-2.60）	（-1.78）	（-2.55）
Year.2011	0.215*	0.073	0.246*	0.086
	（1.77）	（0.76）	（1.77）	（0.88）
Year.2012	-0.050	-0.170*	-0.043	-0.168
	（-0.41）	（-1.69）	（-0.33）	（-1.64）
Year.2013	0.079	-0.075	0.092	-0.070
	（0.63）	（-0.73）	（0.70）	（-0.67）

续表

项目	不考虑有机肥投入占比、雇用劳动力与自家劳动力投入比例		考虑有机肥投入占比、雇用劳动力与自家劳动力投入比例	
	(1)	(2)	(3)	(4)
Lnfarmsize	—	1.043***	—	1.062***
	—	(7.15)	—	(7.08)
Lnfarmsizesq	—	-0.071***	—	-0.073***
	—	(-3.49)	—	(-3.52)
常数项	-3.663***	-4.461***	-3.865***	-4.550***
	(-5.50)	(-7.36)	(-5.34)	(-7.27)
样本数	63398	62282	63398	62282

注：括号外的数字为估计系数，括号内的数字为该系数下的 t 值；*、**、*** 分别代表 10%、5%、1% 显著性水平。

从表3的估计结果可以得出，是否是农民合作社社员这一变量在模型（1）~模型（4）中，估计系数均为负，均通过了1%水平下的显著性检验，这说明农户加入合作社能够显著提升农户粮食作物生产率水平，并且估计结果是稳健的。农户非农产业收入对数这一变量在模型（1）~模型（4）中的估计结果均为负，估计系数为 -0.014 ~ -0.008，通过了1%或5%水平下的显著性检验，这说明农户从事第二、三产业获得收入能够提升农户粮食作物的生产率水平。充分发挥第一、二、三产融合，是提升农户粮食作物生产率水平的一条有效途径。是否接触互联网变量在模型（1）~模型（4）中的估计系数为负，均通过了1%水平下显著性检验，这说明农户接触互联网能够实现生产率水平的提升。因此，大力发展新业态是实现农户粮食作物生产率水平提升的重要路径。模型（1）~模型（4）中农户家庭劳动力基本情况中老龄劳动力个数和女性劳动力个数的估计系数分别为正和负，均通过了1%或5%水平下显著性检验，这说明农业生产的老龄化不利于粮食作物生产率水平的提升，而女性化则有助于提高农户粮食作物生产率水平。老龄化的劳动力因生理因素和年龄因素，难以接受新技术、掌握新方法，无法实现农户粮食作物生产率水平的提升，而女性化则可以通过借助农业社会化服务以及农业生产性服务等多种渠道方式进行农业生产。农户家庭外出务工时间比例这一变量在模型（1）~模型（4）中的估计系数均为负,通过了1%水平下显著性检验,这说明农户外出务工并不会对粮食作物生产产生负面影响,这一结论与Chen等(2009)的研究结论相一致。模型(1)~模型(4)中农产品销售比例变量估计系数均为负,通过了1%水平下显著性检验,这说明农产品销售比例的提升将有助于提高农户粮食作物生产率。完善农户流通环节,拓宽农产品产业链、延伸价值链,促使农户加入价值链,分享价值增值,进而农户粮食作物生产率水平得到提升。氮肥施用比例变量在模型(1)~模型(4)中的估计系数均为正,均通过了1%的显著性水平检验,这说明当前中国粮食作物生产过程中农户氮元素投入呈现出过量的现象,需警惕其对农业生产的不利影响。模型(1)~模型(4)中,是否是党员这一变量的估计系数均为负,也均通过1%水平下显著性检验,表明农户的政治身份能够实现农户粮食作物生产率水平的提升。党员作为农户的一种政治身份,能够借助自身的关系网络,获得广泛的资源,增强自身收入水平(程名望等,2016)。模型(1)~模型(4)中年份虚拟变量部分没有通过显著性水平检验,这说明技术变化能够提升农户粮食作物生产率水平,但效果并不十分显著。模型(2)和模型(4)中农户土地经营规模对数和土地经营规模对数平方项的估计系数分别为正数和负数,均通过了1%水平下显著性检验,说明农户土地经营规模变量与农户粮食作物生产率水平二者的关系是正"U"形,即随着规模的扩大,粮食作物生产率水平呈现出先下降后上升的趋势,这一结论与Newell等(1977)和张忠明和钱文荣(2010)的观点相一致,扩大农户土地经营规模将充分发挥规模经营优势,可以预期的是新型农业经营主体将是未来的发展趋势。

五 结论与讨论

与以往文献不同,本文以农户是否从农民合作社获得分红作为判断农户是否是农民合作社社员的重要依据,遵循"所有者与惠顾者同一"这一本质规定,构建了一个包含静态和动态的农户家庭生产行为的理论模型,并借助全国农村固定观察点大样本微观农户数据进行了实证分析。理论模型结论表明,农户加入农民合作社从短期和长期两个方面有助于实现农户生产率水平的提升,短期能够实现农户单位劳动力可使用的农业生产性资料投入量增加，缩短与生产技术前沿面的差距，长期通过接受农民合作社提供的农业社会化服务，动态地实现农业生产性资料投入的合理化，减少农业生产性资料的无效使用。实证模型结果也证实了农户加入农民合作社能够显著提升农户家庭粮食作物的生产率水平这一结论。此外，农产品销售比例、农户家庭外出务工时间比例、非农产业收入对数、是否接触互联网、是否是党员和女性劳动力个数对农户粮食作物生产率具有正向影响，氮肥施用比例、劳动力的老龄化不利于农户粮食作物生产率水平的提升。

因此，实现农户粮食作物生产率水平的提升需要做到以下四个方面，首先，完善农民合作社的盈余分配制度。农民合作社盈余分配制度是促进农民合作社绩效水平提升的重要途径（周振、孔祥智，2015），也是实现"所有者与惠顾者同一"这一本质规定的必然选择，是真正发挥农民合作社提升农户生产率水平作用效果的保障；其次，发挥农民合作社农业社会化服务的外溢功能，通过给予社员农业生产方面的指导，实现社员要素的合理配置；再次，拓宽农产品产业链，延伸价值链。农产品价值链的延伸能够使农户充分分享价值增值收益，提高农户农产品商品化率，从需求侧反作用于农业生产，提升生产率水平；最后，大力发展农村新业态。通过加快实施"互联网＋"现代农业行动，以信息技术为依托，提升农户生产率水平。

参考文献

蔡基宏，2005，《关于农地规模与兼业程度对土地产出率影响争议的一个解答——基于农户模型的讨论》，《数量经济技术经济研究》第3期。

程名望、史清华、Jin Yanhong、盖庆恩，2016，《市场化、政治身份及其收入效应——来自中国农户的证据》，《管理世界》第3期。

邓衡山、王文烂，2014，《合作社的本质规定与现实检视——中国到底有没有真正的农民合作社？》，《中国农村经济》第7期。

胡雪枝、钟甫宁，2012，《农村人口老龄化对粮食生产的影响——基于农村固定观察点数据的分析》，《中国农村经济》第7期。

黄祖辉、朋文欢，2016，《农民合作社的生产技术效率评析及其相关讨论——来自安徽砀山县5镇（乡）果农的证据》，《农业技术经济》第8期。

黄祖辉、邵科，2009，《合作社的本质规定性及其漂移》，《浙江大学学报》（人文社会科学版）第1期。

李琳琳、任大鹏，2014，《不稳定的边界——合作社成员边界游移现象的研究》，《东岳论丛》第4期。

刘华军、刘传明，2016，《城镇化与农村人口老龄化的双向反馈效应——基于中国省际面板数据联立方程组的经验估计》，《农业经济问题》第1期。

潘劲，2011，《中国农民专业合作社：数据背后的解读》，《中国农村观察》第6期。

苏小松、何广文，2013，《农户社会资本对农业生产效率的影响分析——基于山东省高青县的农户调查数据》，《农业技术经济》第10期。

苏昕、刘昊龙，2017，《农村劳动力转移背景下农业合作经营对农业生产效率的影响》，《中国农村经济》第5期。

王鹏、霍学喜，2012，《合作社中农民退社的方式及诱因分析——基于渤海湾优势区苹果合作社354位退社果农的追踪调查》，《中国农村观察》第5期。

王太祥、周应恒，2012，《"合作社+农户"模式真的能提高农户的生产技术效率吗——来自河北、新疆两省区387户梨农的证据》，《石河子大学学报》（哲学社会科学版）第1期。

张琛、高强，2017，《论新型农业经营主体对贫困户的脱贫作用》，《西北农林科技大学学报》（社会科学版）第2期。

张琛、周振、孔祥智，2017，《撤县（市）设区与农村劳动力转移——来自江苏省的经验证据》，《农业技术经济》第7期。

张晓山，2009，《农民专业合作社的发展趋势探析》，《管理世界》第5期。

张忠明、钱文荣，2010，《农户土地经营规模与粮食生产效率关系实证研究》，《中国土地科学》第8期。

周振、孔祥智，2015，《盈余分配方式对农民合作社经营绩效的影响——以黑龙江省克山县仁发农机合作社为例》，《中国农村观察》第5期。

周振、马庆超、孔祥智，2016，《农业机械化对农村劳动力转移贡献的量化研究》，《农业技术经济》第2期。

Abate, G. T., Francesconi, G. N., Getnet, K. 2014. "Impact of Agricultural Cooperatives on Smallholders' Technical Efficiency: Empirical Evidence from Ethiopia." *Annals of Public and Cooperative Economics*, 85 (2): 257 – 286.

Adewumi, M. O., Adebayo, F. A. 2008, "Profitability and Technical Efficiency of Sweet Potato Production in Nigeria." *Journal of Rural Development*, 31 (5): 105 – 120.

Agbo, M., Rousselière, D., Salanié, J. 2015. "Agricultural Marketing Cooperatives with

Direct Selling: A Cooperative-non-cooperative Game." *Journal of Economic Behavior & Organization*, 109 (1): 56 – 71.

Ahmed, M. H., Mesfin, H. M. 2017. "The Impact of Agricultural Cooperatives Membership on the Wellbeing of Smallholder Farmers: empirical Evidence from Eastern Ethiopia." *Agricultural and Food Economics*, 5 (1): 1 – 20.

Aigner, D., Lovell, C. A. K., Schmidt, P. 1977. "Formulation and Estimation of Stochastic Frontier Production Function Models." *Journal of Econometrics*, 6 (1): 21 – 37.

Battese, G, E., Coelli, T. J. 1995. "A Model for Technical Inefficiency Effects in a Stochastic Frontier Production Function for Panel Data." *Empirical Economics*, 20 (2): 325 – 332.

Bravo-Ureta, B., E., Lee, T. C. 1988. "Socioeconomic and Technical Characteristics of New England Dairy Cooperative Members and Nonmembers." *Journal of Agricultural Cooperation*, 3: 12 – 27.

Cai, F., Wang, M. 2010. "Growth and Structural Changes in Employment in Transition China." *Journal of Comparative Economics*, 1: 71 – 81.

Chen, Z., Huffman, W. E., Rozelle, S. 2009. "Farm Technology and Technical Efficiency: Evidence from Four Regions in China." *China Economic Review*, 20 (2): 153 – 161.

Idiong, I. C. 2007. "Estimation of Farm Level Technical Efficiency in Smallscale Swamp Rice Production in Cross River State of Nigeria: A Stochastic Frontier Approach." *World Journal of Agricultural Sciences*, 3 (5): 653 – 658.

Leight, J. 2016. "Reallocating Wealth? Insecure Property Rights and Agricultural Investment in Rural China." *China Economic Review*, 40: 207 – 227.

Ma, W., Abdulai, A. 2016. "Does Cooperative Membership Improve Household Welfare? Evidence from Apple Farmers in China." *Food Policy*, 58: 94 – 102.

Meeusen, W., Van, Den, Broeck, J. 1977. "Efficiency Estimation from Cobb-Douglas Production Functions with Composed Error." *International Economic Review*, 18 (2): 435 – 444.

Nakajima, C. 1986. *Subjective Equilibrium Theory of the Farm Household*. Amsterdam: Elsevier.

Newell, A., Pandya, K. Symons, J. 1997. "Farm Size and the Intensity of Land Use in Gujarat." *Oxford Economic Papers*, 49 (2): 307 – 315.

Singh, I., Squire, L., Strauss, J. 1986. *Agricultural Household Models: Extensions, applications, and policy*. The World Bank.

Verhofstadt, E., Maertens, M. 2015. "Can Agricultural Cooperatives Reduce Poverty? Heterogeneous Impact of Cooperative Membership on Farmers' Welfare in Rwanda." *Applied E-*

conomic Perspectives and Policy, 37（1）：86 – 106.

Zhong, H. 2011. "The Impact of Population Aging on Income Inequality in Developing Countries：Evidence from Rural China." *China Economic Review*, 22（1）：98 – 107.

The Effect of Farmers' Participation in Farmer Cooperatives on Grain Productivity： A Household Model and Empirical Analysis

Zhang Chen　Peng Chao　Zhong Zhen　Kong Xiangzhi

Abstract：In this paper, we construct a theoretical model of a static and dynamic behavior of household production, use the national rural fixed observation point large sample data of farmers from 2009 to 2013, define whether farmers receive dividends from farmers' cooperatives as a measure of whether farmers join the farmer cooperatives, analyses the influence of joining in farmers' cooperatives for household grain productivity on the basis of the establishment of stochastic frontier production function model. The results show that farmers' participation in farmers' cooperatives can significantly increase the productivity of the family's grain crops. In the short term, farmers join to farmers' cooperatives can increase the agricultural inputs of unit labor, to shorten the distance to the production frontier. In the long run, the farmer cooperatives will realize the rationalization of farmers' input of agricultural productive materials and realize the improvement of the grain productivity of the farmers through the means of agricultural social services. In addition, the sale of agricultural products, the ratio of non-agricultural income and proportion of outside working time, access to the Internet, whether it is the party members and feminization of labor force have a positive impact on farmers' grain crop productivity. Nitrogen ratio, aging of labor force is not conducive to the upgrading of the level of farmers' grain productivity. Therefore, improve the surplus distribution system of farmers' cooperatives, give full play to the spillover effect based on agricultural social service, broaden the value chain of agricultural products, develop new formats and new industries in rural areas are some important measure to improve farmers' grain productivity.

Key words: farmers' cooperatives; production rate; household models

水产品价值链视角下的新型渔业经营主体发展研究*

赵 蕾 孙慧武**

摘 要 新型渔业经营主体是实现渔业现代化的重要组织载体，代表了现代渔业建设的发展方向。如何应对产业转型升级、提高市场竞争力是新型渔业经营主体面临的重要问题。价值链理论分析是研究企业竞争优势的重要理论工具和方法。本文将价值链理论分析工具应用到新型渔业经营主体研究中，在分析水产品价值链结构、价值活动以及新型渔业经营主体行为的基础上提出优化水产品价值链、提升新型渔业经营主体竞争优势的对策建议。

关键词 渔业经营主体 水产品 价值活动

一 引言

随着我国渔业现代化的快速推进，以养殖大户、家庭农场、渔民合作社和龙头企业为代表的新型渔业经营主体在产业经济发展过程中扮演着越来越重要的角色。新型渔业经营主体是实现渔业现代化的重要组织载体，

---

* 本研究系农业部渔业渔政管理局"现代渔业建设重大基础性问题研究"项目（批准号 YSH201703160411）子课题的研究成果。

** 赵蕾，中国水产科学研究院副研究员、博士，研究方向为渔业经济与管理、渔业发展战略等；孙慧武，中国水产科学研究院研究员，主要研究方向为渔业经济与发展战略、渔业科技管理等。

代表了现代渔业建设的发展方向。新型渔业经营主体组织化、专业化和社会化程度的提高，有利于降低生产成本，推动渔业生产规模效益、技术装备和管理水平的不断提高。但在更加开放和竞争激烈的市场环境下，新型渔业经营主体如何应对产业转型升级、提高市场竞争力、提高水产品供给对需求变化的适应性和灵活性，这是培育和发展新型渔业经营主体绕不开的重要问题，也是渔业供给侧结构性改革的内在要求。价值链分析是研究企业竞争优势的重要理论工具和方法。目前我国学者对水产品价值链的研究鲜少涉及对其中经营主体行为、利益分配及价值活动等分析，为此，本研究将价值链理论分析工具应用到新型经营主体研究中，通过分析水产品价值链结构、价值活动以及新型渔业经营主体行为，有助于对产业链中产品和服务进行优化管理，提高经营主体的生产效率和竞争优势。

二 水产品价值链分析

（一）水产品价值链及特点

1985年美国经济学家迈克尔·波特在其所著的《竞争优势》一书中首次提出价值链概念，他认为企业在进行设计、生产、销售、物流以及辅助其产品的过程中所产生的各种互不相同但又相互影响、紧密关联的生产经营活动可以用价值链来表示（勾维民等，2012），即这些从供应商的原材料获取到最终产品消费服务之间各个环节活动形成了一个创造和生产价值的动态过程。尽管波特的价值链侧重从微观层面来分析企业内部价值增值活动以及企业从中获得的竞争优势，可是其构建的经典价值链分析模型为研究更宏观层面的产业竞争优势提供了一个重要理论分析工具。随着价值链理论研究的更加深入，越来越多的国内外学者开始将价值链的应用研究从微观的企业生产领域扩展到更为宏观的产业经济层面，分析产业内的价值创造和价值分配活动。

产业价值链是在更加细化产业分工的基础上，由各个组成环节之间进行大量的信息、物质、资金方面的交换活动而形成价值实现和增值。产业价值链并没有忽略其中企业内部的价值活动，而更强调在一个产业链中，每个环节上各类主体之间相互影响和相互依存的关系，以及通过这些关系不同主体进行协同分工、合作、分配，最终形成一个价值递增过程。而产品既是产业链贯穿始终的基本环节，也是产业价值链重要的价值增值来源，因此，产品价值链实质是产业上下游各相关利益主体以产品为核心进行资源整合、优势互补的价值链。基于此，笔者认为水产品价值链是渔业产业中由生产者、加工企业和服务组织等相关利益主体围绕某种水产品从育苗、养殖、捕捞、加工、储藏、运输、销售到最终消费的一系列价值创造、价值增值和价值分配的动态过程。与其他工业产品价值链不同，水产品价值链具有其自身的一些特点。

1. 价值链涉及环节众多，参与经营主体众多

水产品价值链是从生产者到消费者的水产品价值转移过程，中间涉及众多环节，既包括养殖、捕捞、加工和生产资料供应等生产经营主体，也包括技术推广、质量管理、融资和信息等服务主体，且各利益主体所处的环节（位置）不同，诉求各有不同，因而其具有多元利益链条复杂共存、市场空间巨大的特点。

2. 价值分配的"微笑曲线"表征较为明显

水产品价值链各环节价值分配的总体趋势基本上符合"微笑曲线"，即"两头高，中间低"。处于上游的育种研发等产前服务环节因为科技含量较高而容易形成进入壁垒，增值收益较高。下游的流通销售等产后环节直接面对不断变化和升级的消费需求，经营主体容易实施差异化的经营策略（涂传清，2014），因此产品增值幅度较大。只有处于价值链中游的养殖加工环节技术含量较低，且产品同质化严重，可替代性强，价值增值空间十分有限。

3. 价值链中各经营主体的利益冲突和相互合作具有动态适应性

处在水产品价值链不同环节的经营主体由于自身的禀赋条件和对资金、技术、市场信息等资源的掌握能力不同，价值获取能力必然存在着差异，这种差异会导致一定程度的利益冲突，同时，价值分配差异又会受内外环境影响而呈现动态变化，最终价值链上利益相关方会从各自利益最大化出发通过一定内在联结机制或合作关系来实现价值分配的相对公平性即均衡性。

4. 价值链系统协调成本和运行风险较高

一方面，受生产消费的分散性、地域性、季节性以及鲜活易腐性等因

素影响，水产品对加工运输中的技术支撑、物流设备、物流环节、交易次数和存储时间等要求较高，时效性较强，各环节协调成本较高；另一方面，水产品生产设施的资产专用性、较长的投资回报期、信息传递的滞后性以及市场价格的波动性等各种不确定性造成价值链系统的运营风险较大。

（二）水产品价值链的构成及价值活动

水产品价值链既不是单一的直线链条，也不是简单的价值流向链条，而是存在多个生产经营主体、服务主体以及资金、信息、技术等资源条件相互交织、关系错综复杂的多链条结构。根据水产品价值链中各环节主体之间的联系，可以将水产品价值链分为横向和纵向两个方面，横向价值链是水产品从育苗、养殖、捕捞、加工、储藏、运输、销售一系列环节中的价值增值活动。纵向价值链是各环节上的生产主体如养殖户、企业、合作社和服务主体如中介、零售商、批发商等以一定的组织模式和联结机制，通过资源交换而形成的水产品价值创造过程。横向价值链强调水产品在各环节之间的价值流动，而纵向价值链更强调利益相关方之间的纵向联系对各环节的价值活动产生的影响。

一条完整的水产品价值链必然涉及多个经营主体。分析水产品价值链中的经营主体行为，首先要了解围绕水产品价值链所开展的相关价值活动。根据波特的价值链理论，水产品价值链的增值活动分为基本活动和支持性活动（蓝占明，2012）。基本活动主要是指与水产品实体的生产经营直接相关的价值增值活动，包括育苗、养殖、捕捞、加工、储藏、运输、销售一系列价值活动，而支持性活动则是为渔业生产提供辅助服务的价值活动，包括饲料、渔具、渔药等生产资料采购，人力和基础设施投入，以及水产科研教育、技术推广、质量管理、资金服务、政策法律咨询等配套活动。基本活动和支持性活动既相互关联又相互影响，物流、资金流、信息流则是价值链各环节之间相互连接的资源纽带，如图 1 所示。

1. 基本活动

（1）生产。这是水产品价值链的起点，包括鱼苗育苗、养殖、捕捞活动。育苗是整个水产品价值链的首要环节，水产品品种的差异会直接导致养殖成本的差异，甚至即使同一品种从不同的育苗场繁育出来也有可能存

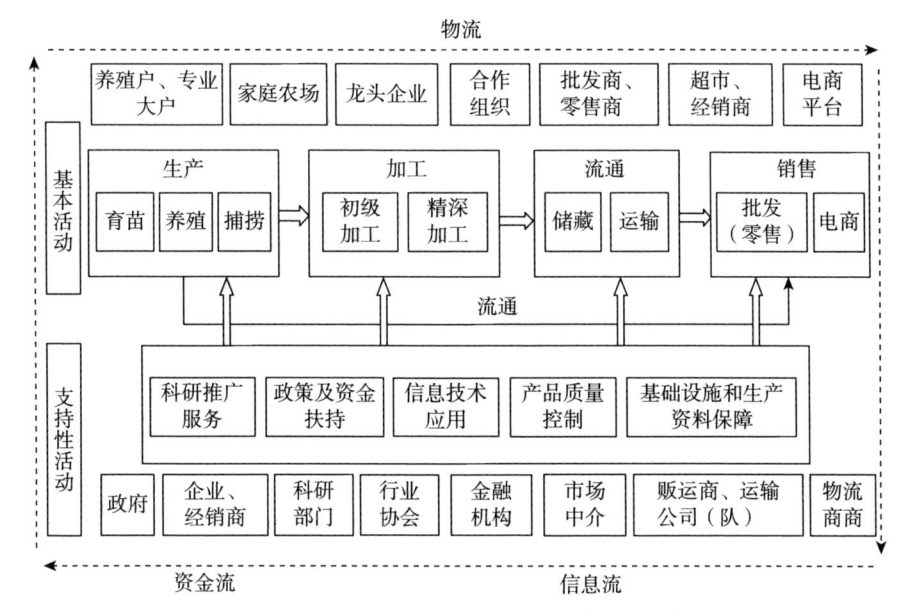

图 1　水产品价值链价值活动系

在差异。因此，育苗环节的价值实现能力能够影响到价值链下游的价值活动和利益分配。我国水产养殖业正处于由数量型向质量型转变的重要时期，这对水产苗种培育提出了更高的要求。除生长速度、单位产量外，苗种还必须具备抗病性强、逆境耐受性高等适应性特点。此外，对苗种的肉质、颜色和口感等品质性状的要求也在不断提高以迎合消费者需求。这使得水产育种过程周期长、见效慢、科技含量相对较高，成为价值链中的重要增值环节。育苗与苗种供应一般都是由专业性的科研机构或有一定规模资质的企业来完成。

养殖、捕捞环节是水产品价值链的真正起点，目前我国水产养殖环节从业者众多，主要有传统家庭养殖户和以专业大户、家庭农场、龙头企业、合作组织为代表的各类新型经营主体。其中传统家庭养殖户由于组织形式分散、技术和资源获取能力较弱、风险决策成本高、进出市场门槛较低、产品质量难以监控等因素，在价值链中分享的增值收益相对较少。合作组织则是龙头企业和渔民利益协调的重要渠道，良好的合作组织上联企业、下带养殖户，是推进渔业产业化发展的有效载体，但从实践中来看，渔民（户）、龙头企业和合作组织各方利益主体之间横向联合的利益保障机制不完善，合作组织、龙头企业在提高渔民（户）组织化程度、维护渔民（户）经济利益方面真正发挥的作用还相对有限。因此，从水产业发展趋势看，养殖环节产业链纵向一体化将成为未来提升水产品价值链增值能力的主要手段。

（2）加工。水产品加工是养殖、捕捞环节的延续，是整个水产品价值链中不可或缺的重要组成部分，也是实现水产品价值链增值增效的关键环节。目前，我国水产品加工方式主要有冷冻、冷藏、冰鲜、罐制、干腌制、鱼糜、鱼粉与鱼油、藻类加工等初级加工和精深加工。生产主体以企业为主。尽管加工技术和资金投入对养殖户构成了较高的进入门槛，可是一些养殖户仍然可以通过购置简易机械和手工初加工的形式进入该环节，也可以通过组建合作组织等方式参与加工环节的价值活动。这也导致大部分加工品的技术含量较低、产品原料质量难以保证，附加值不高，利润空间小。随着国内外水产品消费市场的不断扩大，再加上物流电商对消费者购买习惯的影响，水产加工环节的价值链增值潜力巨大。

（3）流通。水产品不同于其他畜禽类产品，可以直接作为鲜活消费品通过流通环节送到消费者手中，也可以经过加工后进入流通渠道（都晓岩、卢宁，2006）。因此，流通环节是联结上游养殖、加工与下游销售环节之间的纽带，它贯穿于整个价值链的始终。流通环节的价值活动对整个水产品价值链影响较大，流通环节对价值链增值的贡献度大小是由参与主体的服务水平、技术专业程度、组织化程度共同决定的。虽然价值链上任何一种经营主体，包括养殖（捕捞）户、加工厂、鱼贩、中介组织、经销商、批发商等都可能参与流通环节的价值活动，但是流通渠道的不同决定了水产品流通环节经营主体有所不同，也会带来流通成本的差异。交通基础设施的逐步完善和物联网技术的快速发展，使得上游水产品生产者越来越趋向于通过产销直接对接或线上交易等扁平化方式来减少流通环节、压缩生产成本、提高利润空间。水产品的储藏和运输也是流通环节中的重要价值活动，一般都由养殖（捕捞）户、加工厂、零售商、批发商外包给专业的运输公司或冷链物流商来进行。我国第三方冷链物流较为滞后，第三方冷链物流的发展将有利于降低实际物流成本，为水产品价值链收益提供更大的增值空间。

（4）销售。销售是水产品价值链中最重要的价值活动，也是影响整个价值链增殖的最重要环节。水产品包括鲜活鱼类或加工品，一般通过批发、零售等销售环节进入市场。批发商和零售商是销售环节的两大经营主体。其中，批发是生产者和零售商之间、产地和销地之间主要的销售环节，传统的以批发市场为载体进行的较大规模水产品交易活动在水产品价值链的销售环节中仍然占有重要地位。小规模的水产品销售除了以农贸市场、商店、专卖店、连锁超市等为交易平台以外，通过 B2B、B2C、C2C、O2O 等多种电商销售方式（富房、马尚平，2016），利用淘宝、京东等各大电商平台开展水产品交易正在被越来越多消费者所接受，打破了传统采购与销售之间的地域限制，促进了生产与消费的对接，减少了中间环节，节约了流通成本（祝娟，2016），消费群体也相对稳定，但这些电商销售模式的选择往往受到物流效率、水产品食用安全性等方面的影响。由于水产品质量的隐蔽性、相关利益方较多以及生产者和消费者之间产品质量信息的不对称性，销售环节上各类经营主体的营销方式以及对水产品的质量安全控制等因素在很大程度上决定了销售环节的价值实现能力。因此，未来水产品的品牌营销在增加水产品附加值、提高水产品价值链竞争优势中的作用将越加明显。

2. 支持性活动

水产品价值链上的支持性活动涉及渔业生产产前、产中、产后各个环节，为水产品价值链基本活动的实现提供辅助和支撑。一是科研推广服务，指贯穿整个水产品价值链旨在最大程度提高水产品生产效益、改善渔业生态环境的各种技术研发以及咨询与指导、人才培养与教育、人员培训等技术服务活动；二是政策及资金扶持，指围绕水产品生产和经营主体持续健康发展的各类支渔惠渔政策的落实，以及市场融资、信贷保险等方面的支持服务活动；三是信息技术应用，指通过互联网、手机等现代通信手段搭建水产品生产、经营、管理和服务平台，促进现代信息技术与水产品价值链的深度融合发展；四是产品质量控制，包括水产品质量检测、安全监管、品牌塑造、产品创新等方面，是提升水产品价值增值能力的根本保障；五是基础设施和生产资料保障，主要包括渔船修造，渔港建设，渔用设备制造，饲料、渔药等渔需物资供应。支持性活动的参与主体有政府公共服务机构、行业协会、龙头企业、科研部门以及其他社会团体和个人等，这部分活动的价值增值体现在公益性活动产生的服务价值和经营性服务收益上。

三 水产品价值链中新型经营主体行为分析

水产品价值链中每项价值活动都可以由众多参与主体来承担，其中涉及的新型经营主体包括养殖户、专业大户、龙头企业、渔民合作组织等，其参与分担水产品价值链活动的环节和行为不同，对整个水产品价值链的价值增值必然会产生一定的影响。

（一）养殖大户、家庭农场

作为水产品的初级生产者及销售者，养殖大户、家庭农场在整个水产品价值链中的地位举足轻重，经营重点是对某一水产品种或多种水产品种进行专业化、规模适度、集约化水平较高的商品化生产。养殖大户、家庭农场的生产特征改变了传统的零散养殖作业模式，发挥了渔业生产的规模效应和示范效应，很大程度上影响了水产品价值链的价值创造和生产效率。养殖大户、家庭农场在面临饲料、人工等生产成本上升、销售价格波动的市场风险、资源环境危机、自然灾害风险和政策风险等外部环境制约明显的情况下，往往选择与龙头企业、合作组织或下游的批发商、超市等销售主体进行利益联结，提高自我发展能力，从而形成多种价值结构链条。

（二）龙头企业

龙头企业是水产品价值链的核心角色，在整个价值链中具有关键性和支配性地位，具有一定规模的养殖基地、水产种苗繁育技术和行业生产管理经验，主要从事苗种繁育、水产养殖、饲料生产、水产品加工、流通或销售等专业化或一体化生产，几乎覆盖所有价值链环节，并通过纵向的利益联结机制和契约形式向渔民提供水产品良种、机械设备、饲料渔药、加工销售、技术及物流服务等，有效连接生产与销售。龙头企业的生产经营规模和盈利水平都远远超出价值链中的其他类型经营主体，拥有诸如市场、信息、资金等价值链系统的众多资源，并在这些资源配置中起主导作用。

因此，龙头企业的利润增值和创新增值是实现水产品价值链优化升级的基础，龙头企业自身能力发展与其他经营主体的利益协调对各环节利润的合理分配以及整条水产品价值链利益最大化的实现有着较为直接的影响。

（三）合作组织

合作组织是水产品价值链中的主要参与主体，也是纵向价值链上组织模式的重要功能主体，主要包括各类渔民互助组织、经济合作组织、专业协会和科技服务组织等，涉及生产、加工、购销、融资、生产性服务以及对接市场，部分渔业专业合作社也直接从事水产品的生产、加工与销售。在价值链中主要衔接生产和销售，将零散的养殖户与大市场连接起来并为社员（会员）提供生产资料采购、技术指导、市场信息、物流销售等服务，有助于降低生产者和市场的交易费用，实现交易的集中化、规模化，改善渔民的市场交易地位，提升渔民组织化程度，是引领渔民走向市场、参与竞争的主要经营组织，组织效率和规模会影响水产品价值的增值。

（四）社会化服务组织

社会化服务组织是水产品价值链中服务价值的创造主体，专注于实现价值链某一环节或某一领域服务的技术专业化和经营专业化，为价值链中其他经营主体提供物资、生产服务、技术服务、信息服务、金融服务、保险服务以及物流销售等全方位的生产服务。其主要功能是以服务的规模化带动经营规模化，降低生产成本，增加经营收益。一些行业协会或中介组织也会为渔民出面办理一些涉及切身利益的实事，充分体现了渔业社会化服务组织的产业服务功能。社会化服务组织主要向水产品价值系统提供服务增值，协助完成价值链各节点间资源和要素的集成和优化，是水产品价值链运作效率的保障，对价值链增值的贡献度大小是由其服务水平、技术专业程度、组织化程度等因素共同决定的。

四　水产品价值链中各经营主体利益分配的影响因素

产业链分工下的价值分配过程实质是价值链上各参与主体之间复杂的

动态利益博弈。水产品价值链中涉及的各类经营主体既是价值的创造者和实现者,也是价值的获得者,共同分享价值链的利益,这种利益分配受价值链内外部环境以及各个主体自身创造价值的能力等多方面因素影响,并处在一个动态变化的过程。

(一) 各经营主体的组织化程度

各类经营主体的组织程度直接影响价值链系统的运行效率和价值增值能力。目前我国水产品生产仍然以单户小规模经营模式为主,即使如家庭农场、专业大户等规模较大的生产经营主体也存在生产分散、组织化程度较低的问题,这导致了水产品流通的分散化,加剧了生产与流通之间的信息不对称,增加了生产流通过程中的产品质量安全风险和交易成本。而组织化程度较高的合作组织、龙头企业以及社会化服务组织都是具有法人资格的经济实体组织,普遍采用现代经营管理制度,资源配置效率相对较高,技术资金方面实力雄厚,对市场信息和风险的掌控能力较强。因此,组织化程度越高,在价值链中利益分配的优势就越明显。

(二) 各经营主体之间利益联结机制的选择

水产品价值链中的各环节主体通过建立某种利益联结机制进行分工协作来协调彼此之间的利益关系从而改变利益分配格局,最大限度地实现各自的利益诉求。不同的利益联结机制决定利益机制中各主体的分工以及为整个价值链增值所做的贡献大小。但在实践中,受主体自身的发展程度、在利益机制中的地位和竞争能力,以及市场交易环境和外部政策支持等因素影响,各主体的利益分配并不能与其对价值链的增值贡献相匹配,这种不匹配势必引发相关方的利益冲突,进而导致价值链的合作行为变少,不信任和对抗行为增多,价值链的价值创造变少,从而可获得利益变少(祝娟,2016)。

(三) 价值链内部信息传递的完整性和准确性

信息传递共享的完整性和准确性是影响价值链上各类经营主体利益分配的重要因素。一方面,从水产品生产者到消费者产业链上各类经营主体所处的位置不同，接收到的市场信息以及反馈必定各有侧重；另一方面，价值链各环节成员都是具有独立活动和价值创造能力的实体，成员之间存在一定的利益关联和竞争关系。成员如果只追求自身利益最大化而忽略其他成员目标，就会不可避免地发生冲突，导致信息传递的不完全共享，也会影响价值链整体利益的提升。同时，由于在价值链中的弱势地位以及自身发展条件的限制，大量的小规模分散经营主体获取信息渠道有限、成本较大。因此，信息传导机制不畅加剧了各生产经营主体之间的利益博弈，增加了市场交易中机会主义行为和道德风险发生的概率。

（四）价值链上各经营主体的风险管理能力

与农业其他类型产业相比，新型渔业经营主体在从事水产品生产流通过程中，可能会面临更多来自产业链内部和外部无法预知的风险，包括管理风险、质量风险、合作伙伴关系风险、自然风险、市场风险、社会风险等（胡秋元，2011）。风险是伴随收益的产生而存在的，任一环节的价值活动发生变化可能都会带来新的收益风险，而这些风险反过来又会影响价值链上经营主体的价值活动。不同主体的生产对象、生产规模、经营形式以及管理水平等不同，所面临的风险以及风险管理能力都会有明显的差别，同时，这些风险在市场因素的影响下，也有可能蕴含着某种机遇和利益。因此，进行有效的风险管理不仅关系到水产品价值链上各环节收益价值的实现，还会影响各类生产经营主体之间的利益分配。

五　主要结论与对策建议

价值链利益分配的均衡和稳定是实现价值链优化的基础条件。水产品价值链各环节经营主体在发挥价值创造功能的同时，也要分享来自价值链的收益。只有保障价值链中市场主体利益分配的相对公平性，才能增强价值链市场主体协作的稳定性，才能提高经营主体创造效率，进而提升水产品价值链竞争力。

（一）创新合作经营组织模式，增强各主体的协同共享效应

价值链各环节经营主体的价值活动相互关联、相互影响，影响的利弊

和程度主要取决于各主体在价值链条上的位置。因此，必须加强各环节经营主体之间的协调配合、建立科学有效的利益联结机制，实现各主体合理分工、互利共赢。首先，要充分发挥龙头企业资金、技术和管理优势，带动渔户和渔民合作社发展适度规模经营；鼓励家庭农场通过牵头或参与组建合作社，或与合作社联合，或组建行业协会等方式，加强互助合作与相互交流。其次，探索各类风险保障机制，引导龙头企业与从事同类水产品生产的家庭农场、专业大户和合作社等进行联合与合作，通过订单合作、示范基地、直供直销、利润返还等方式建立稳定的经济利益共同体，打通水产品产销通道，提高渔业组织化程度。最后，支持龙头企业、合作社、涉渔院校和科研院所成立产业联盟，实现在技术研发、成果推广应用、品牌营销等方面的信息互通和优势互补。

（二）减少非价值增值活动，提高产业链的价值增值效率

价值链包含产业链上所有产品或服务的价值增值活动，以最低的成本获取最大的价值是价值链的增值目标。因此，提升价值链增值效益必须尽可能地降低产业链内部"价值损耗"，减少从生产基地、产品加工、流通到消费的非增值环节，实现价值增值的低成本、高效率和高效益。一方面，打通产销通道，完善水产品流通机制。加快构建跨区域加工仓储冷链物流体系，促进物流配送、冷链设施设备等发展。加强水产品产地市场建设，推进与超市、学校、企业、社区等直接对接，增加边远地区的基础设施建设投资和运输流通补贴。另一方面，整合产业链各环节之间的信息流，减少因信息不对称造成的"价值损失"。加大水产品生产、经营、管理中的信息技术支持力度，疏通各主体之间信息沟通渠道。依托水产品信息网络平台建设，建立各类生产供求信息的发布体系，确保渔民及时获得各类生产技术信息、气象信息和政策法规信息等，以便更好地做出生产计划和应对措施。

（三）完善支持性活动的服务功能，为主体价值创造提供良好保障

从各级水产技术推广机构到各类民间社会化服务组织应针对不同类型

新型经营主体开展内容多元化、目标差异化的支持活动。科研院所应重点加强与家庭农场、合作社以及龙头企业等新型渔业经营主体在科技成果转化方面的合作共建，共同开发先进适用的新技术新品种，及时为合作社和渔民（户）提供生产技术指导、质量管理、疫病防疫等服务。行业协会和各类商会组织要充分发挥在新型渔业经营主体之间的联结作用，以及在教育培训、品牌营销、市场推介信息服务和法律咨询等方面的社会服务作用。健全金融政策支持体系，提高对新型经营主体尤其是专业大户、家庭农场以及合作组织等的政策指向性和效能，加大新型渔业经营主体的信贷支持力度，灵活确定承贷主体，减少贷款融资审批流程。扩大各类农业补贴在渔业中的应用范围，重点支持渔机渔具购置、生态节水养殖设备购置、池塘标准化改造等基础设施建设维修等渔业生产用途。

（四）拓展产业链供给与需求端的关联度，提升水产品价值增值空间

水产品通过产业链供给端与需求端的衔接实现价值传递，最终在消费市场实现价值累加。因此，必须在稳定和强化供需之间联系的基础上，立足于面向"需求端"的市场开发和价值实现来积极优化"供给端"产品、拓展产业链。第一，要保障水产品的安全性，建立健全水产品质量分级标准体系，支持专业大户、家庭农场及合作社等经营主体开展质量管理体系和无公害水产品认证等，给予品牌龙头企业质量检验检疫补贴，减轻企业负担；第二，鼓励家庭农场和专业大户通过合作社或行业协会集成区域品牌优势，支持水产品地理标识认证，大力开展品牌宣传推介与营销，提高品牌的知名度和影响力；第三，发掘和保护渔业中具有历史、地域和品牌特色的重要农业文化遗产，鼓励当地政府在保持传统渔村（渔港）风貌、传承渔文化的基础上积极发展休闲渔业和旅游开发，打造形式多样、有地方特色、有文化内涵的水产品品牌；第四，加强重点品种水产品价格监测、分析和预警，探索建立科学的水产品分级定价体系，以"优质优价"倒逼生产标准化、质量品牌化，增强水产品品牌的收益示范效应。

（五）改善经营主体短期行为，促进产业链可持续发展

经营主体的生产经营不仅是经济行为，也是生态环境行为（孙运宏、

宋林飞，2016）。渔业进入门槛较低，进出市场的资本投入成本相对较低，而受水域滩涂养殖使用权、土地流转期限限制以及地租成本不断上升等影响，导致急功近利的掠夺性短期行为和以牺牲生态环境为代价的规模化经营较为普遍，不利于渔业生产长期投资（阮荣平等，2016），加之自然资源价格扭曲与不健全的市场机制客观上鼓励了粗放型、低效率的生产经营行为。一是提高入渔门槛，加快推进养殖权制度建设，创新养殖水面流转方式，稳定渔民产权预期收益，探索生态养殖利益补偿制度，强化经营主体的生态环境保护意识；二是改善生产条件，从苗种、投入品、生产操作规范和流程等方面强化产业链上游管理，带动渔业标准化规模生产；三是推行采用节水、节药和资源循环利用等健康生态养殖新模式，加快技术创新，增强环境保护和可持续发展能力；四是加大养殖污染防治专项资金的投入，引导渔业生产经营主体增加低毒、高效、低残留化学鱼药与生物鱼药施用比例，切实提高渔业综合生产效能。

参考文献

都晓岩、卢宁，2006，《论提高我国渔业经济效益的途径——一种产业链视角下的分析》，《中国海洋大学学报》（社会科学版）第3期。

富房、马尚平，2016，《水产品电子商务销售模式的可行性分析及发展对策》，《农村经济与科技》第21期。

勾维民、李赟、印明昊，2012，《价值链视角下的山东省渔业发展研究》，《河北渔业》第9期。

胡秋元，2011，《渔业产业链发展的价值链——风险链双链及其互动机制》，《科技创业月刊》第4期。

蓝占明，2012，《基于价值链的供应链物流信息管理研究》，《现代经济信息》第5期。

阮荣平、徐一鸣、郑凤田，2016，《水域滩涂养殖使用权确权与渔业生产投资——基于湖北、江西、山东和河北四省渔户调查数据的实证分析》，《中国农村经济》第5期。

孙运宏、宋林飞，2016，《新型农业经营主体发展与乡村治理创新》，《南京社会科学》第4期。

涂传清，2014，《基于农户增收的生鲜农产品流通价值链分工与组织优化研究》，华南理工大学博士学位论文。

祝娟，2016，《商贸产业价值链的利益分配与均衡性研究》，《商业经济研究》第21期。

Research on the Development of New Fishery Management Subject from the Perspective of Aquatic Product Value Chain

Zhao Lei Sun Huiwu

Abstract: Modernization, and represents the development direction of modern fisheries construction, but how to deal with the industrial transformation and upgrading, improve market competitiveness is an important problem to develop the new fishery management subjects. Value chain analysis is an important theoretical tool and method for the study of competitive advantage of enterprises. In this paper, the theory of value chain analysis tools is applied to the study of new management subjects to put forward policies and suggestions to optimize the water product value chain and enhance the competitive advantages of new fishery operators based on the analysis of structure of the aquatic products value chain, value activities and new business entities behavior.

Key words: new fisheries management subjects; aquatic product; value activities

海外撷英

农户加入合作社能提升农户家庭福利吗?
来自中国苹果种植户的证据*

Wanglin Ma　Awudu Abdulai

摘　要　本文采用中国截面田野调查数据,探讨了合作社对农户家庭福利的影响,选取了苹果产量、净收益和家庭收入3个指标进行衡量,并采用了内生转换回归模型解决选择性偏差。实证结果表明:合作社对农户的苹果产量、净收益和家庭收入具有正向显著的影响。此外,小规模农户往往比中大规模农户能够更多地从合作社中受益。

关键词　合作社　个人利益　苹果种植　中国

一　引言

在发展中国家,农民专业合作社是一种重要的制度安排,它可以帮助小农户从农产品生产和销售中获益(World Bank,2006)。例如,农民专业合作社可以增强农民在市场上的谈判能力,获得更有竞争力的投入和产出品价格,降低市场交易成本和减少信息不对称,提高农产品安全和质量标准(Hellin et al.,2009;Holloway et al.,2000;Jia et al.,2012;Markelova et al.,2009;Moustier et al.,2010;Trebbin,2014;Valentinov,2007)。农

---

* 本文译自 Ma, W., Abdulai, A. 2016. "Does Cooperative Membership Improve Household Welfare? Evidence from Apple Farmers in China." *Food Policy*, 58: 94 – 102。译者:张琛,中国人民大学农业与农村发展学院博士研究生,主要研究方向为农业政策分析、合作经济。

民专业合作社有助于实现农业经济增长，因此越来越受到投资者、政府机构和学术界的广泛关注（Abebaw & Haile，2013；Deng et al.，2010）。

中国政府已采用诸多政策支持推动农民专业合作社的发展，例如 2007 年颁布出台《中华人民共和国农民专业合作社法》，旨在实现农民专业合作社的可持续发展。尽管政府做出了很多努力，可是根据农业部的统计资料显示，2013 年只有 25.2% 的农户参与农民专业合作社，出现这种现象的原因是村庄内部的农户签订销售合同的交易成本很高，导致很多村庄没有农民专业合作社（Deng et al.，2010；Francesconi & Wouterse，2015；Ito et al.，2012）。

一些研究表明，农民专业合作社促进农民采纳新农业技术，提升了家庭福利（Abebaw & Haile，2013；Fischer & Qaim，2012；Francesconi & Heerink，2011；Ito et al.，2012；Verhofstadt & Maertens，2014a，2014b）。Abebaw 和 Haile（2013）对埃塞俄比亚的研究发现，加入合作社社员对化肥的使用具有正向显著的影响，而最近的一项对卢旺达的研究也发现合作社社员更倾向于使用良种、有机肥和农药（Verhofstadt & Maertens，2014a）。Ito 等（2012）对中国瓜农的研究结果也表明，加入合作社能够促进瓜农收入水平的提升。现有研究中在考察合作社对社员影响的时候，大部分研究采用了能够解决样本选择性偏差的 PSM 方法（Abebaw & Haile，2013；Bernard et al.，2008；Fischer & Qaim，2012；Ito et al.，2012；Verhofstadt & Maertens，2014b）。例如 Verhofstadt 和 Maertens（2014b）采用 PSM 方法考察卢旺达合作社对社员福利的影响，具体用农户收入和贫困发生率进行衡量，研究结果表明农民专业合作社能有效地提升农村收入，减少农村贫困。但是，PSM 方法也存在一些缺陷，无法考虑诸如先天技能和风险感知等不可观测因素，进而可能导致估计结果有偏差。

本文旨在通过鉴别影响农户加入合作社的决策因素和估计合作社对社员家庭作物产量、净收益以及农户收入效果两个方面进行研究，并采用甘肃、陕西和山东的 481 个苹果农户的最新数据进行实证分析。

本文对农户选择成为合作社社员的过程建立计量经济学模型，农户预期从合作社获得较高的净收益率。本文采用内生转换模型的方法来考虑选择性偏差（Lokshin & Sajaia，2004），这种方法能够有效地分析决定农户加入合作社的影响因素和合作社对社员福利指标（如苹果产量、净收益以及家庭收入）的影响。

二 中国苹果产业和农民专业合作社概述

中国是世界最大的苹果生产国，2012 年，中国共生产苹果 3849 万吨（占世界总产量的 49.67%），其次是美国和土耳其，分别生产 4.11 万吨和 289 万吨。中国苹果主产区在渤海湾地区（山东、辽宁、河北三省）和西北黄土高原地区（陕西、山西、河南和甘肃四省）。其中，甘肃、陕西和山东的苹果种植面积占中国苹果种植面积的 50% 以上，2012 年达到了 54.17%。甘肃、陕西和山东三省的地形属于丘陵和山地，同时具有适合苹果种植的土壤和天气条件，这些都为优质苹果生长创造了有利条件。

虽然相比中国的其他地区，甘肃、陕西和山东三省在苹果种植和销售方面有更好气候和市场环境，但是甘肃、陕西和山东三省之间也具有明显差异。具体来说，山东省降雨量较多，基础设施较为发达，为出口创造了良好条件。山东省农户除生产苹果外，也生产梨、桃、樱桃、花生、玉米和杏等其他水果和经济作物，并向国际市场销售。相比之下，甘肃和陕西两省的降雨量较少，基础设施（如公路和电信）较为落后，农户只能依靠种植玉米和马铃薯作为额外收入来源，生产的苹果主要在国内销售。

中国尽管是最大的苹果生产国，但在世界市场上，只有大约 3% 的中国苹果生产者将苹果销售到国际市场，这主要原因是中国农户在生产过程中使用大量农药，无法达到国外食品安全和质量标准。此外，高交易成本和信息不对称问题的大量存在也影响了农户从事苹果生产和市场营销。

鉴于苹果生产和流通在中国所受到的限制，中国政府已致力于发展苹果种植的农民专业合作社。作为一种制度创新，农民专业合作社能促进农户接近农产品供应链，提高社员吸收新技术的能力，降低生产和营销成本，实现农民收入水平的提升（Zheng et al.，2012）。合作社在为社员提供先进的生产技术和即时的市场信息方面承担着重要角色，也有助于获得政府支持和补贴。合作社带来的促进生产的技术包括果园管理办法（例如修剪、拉枝）、有效率的利用投入品（例如化肥和农药）、质量控制和虫害管理。

同时，合作社以合理的价格为社员集中性地购买生产资料，提供农资服务。合作社也为农户提供市场服务，具体包括提供价格信息和进入营销渠道的信息，尽可能地实现小农户与大市场的对接。农民专业合作社提供的服务在不同地区有所不同。例如，在甘肃省和陕西省，苹果合作社主要向社员提供生产服务，而提供的农产品分销服务有限。相比之下，山东省的合作社对社员既能提供技术服务，也能提供分销服务。

三 数据来源和描述性统计分析

本研究使用的数据来自2013年9～12月在中国进行的农户调查。样本观测单位使用了多级采样程序。第一，根据中国苹果主要生产区特征有针对性地选择了甘肃省、陕西省和山东省。第二，在省级密集生产苹果的标准下选择了4个地区。其中包括甘肃静宁县，陕西洛川县，山东栖霞、莱阳市等。第三，利用当地农业局提供的资料，从这些地区随机选出6个农民专业合作社。第四，随机选出与选定区各合作社有关的3个村庄。第五，随机在每个村庄选出25～30户，包括合作社社员和非社员，共计481户。收集的数据包括苹果生产和销售信息（如投入使用、成本、收益率和产出价格），家庭收入以及家庭和农场特征（如年龄、教育程度、土地规模和资产所有权）。

表1列出了分析中使用的变量定义和统计分析数据。本文使用的虚拟变量是是否是合作社社员，如果家庭属于农民专业合作社社员，取值为1；如果不是，取值为0。研究中使用的结果变量是苹果产量、净收益和家庭收入。净收益以苹果亩均总收益与可变成本的差值计算，投入包括化肥、农药、雇用劳动力、袋子、灌溉、土地水分保护的薄膜以及给苹果着色。从表1可以看出，样本中约43%的家庭属于农民专业合作社社员。样本户主的平均年龄约49岁，平均土地规模为5.07亩。这说明大多数农户是小规模生产者，平均每个家庭包括4～5名社员。

表1 变量定义与描述性统计

变量名称	定义	均值	标准差
合作社社员	是=1；否=0	0.43	0.50
苹果产量	每亩苹果产量（千克）	2218.46	820.29

续表

变量名称	定义	均值	标准差
净收益	苹果亩均总收益与可变成本的差值（元）	7540.34	3911.82
家庭收入	人均家庭收入（元）	15884.81	8566.27
年龄	户主年龄（年）	48.63	10.25
教育程度	农户受教育程度最高年限（年）	7.60	2.87
家庭规模	农户家庭居住人员数（人）	4.33	1.44
劳动力投入	亩均劳动力投入天数（天）	101.26	42.95
土地规模	苹果园的面积（亩）	5.07	3.24
电脑	拥有电脑=1；没有电脑=0	0.32	0.47
拓展联系	获得政府提供的服务=1；没有获得=0	0.38	0.49
信贷约束	获得信贷=1；没有获得=0	0.53	0.50
沙土	是=1；否=0	0.38	0.49
黏土	是=1；否=0	0.45	0.50
肥土	是=1；否=0	0.17	0.37
甘肃	是=1；否=0	0.17	0.37
陕西	是=1；否=0	0.40	0.49
山东	是=1；否=0	0.43	0.50
邻居是否是合作社社员	是=1；否=0	0.33	0.47

注：1 亩 = 1/15 公顷。

合作社社员和非社员特征的差异见表2。合作社社员受教育程度高于非社员。社员的家庭规模和土地规模都比较大。特别是，社员有很大概率拥有电脑，这代表其本身的富裕以及能够便利地获取生产和营销信息。与非社员相比，合作社社员倾向于与政府推广机构建立更牢固的联系。在其他家庭和地块层面的特征，例如社员与非社员之间在社员年龄和获得信贷的难易程度上也存在一定差别。

表2 合作社社员与非社员的差异特征

变量名称	社员	非社员	差值
年龄（年）	48.45（0.66）	48.78（0.66）	-0.33
教育程度（年）	8.05（0.17）	7.27（0.19）	0.78***
家庭规模（人）	4.57（0.10）	4.14（0.08）	0.43***

续表

变量名称	社员	非社员	差值
土地规模（亩）	5.51（0.24）	4.73（0.18）	0.78***
电脑	0.38（0.03）	0.27（0.03）	0.11**
拓展联系	0.50（0.03）	0.29（0.03）	0.21***
信贷约束	0.57（0.03）	0.51（0.03）	0.07
沙土	0.44（0.03）	0.34（0.03）	0.09**
黏土	0.37（0.03）	0.51（0.03）	-0.14***
肥土	0.20（0.02）	0.15（0.03）	0.05
邻居为合作社社员	0.56（0.03）	0.16（0.02）	0.40***
劳动力投入	105.58（3.05）	97.98（2.54）	7.61*
苹果产量（千克）	2310.81（64.07）	2148.10（43.90）	162.71***
净收益（元）	8654.38（301.88）	6691.55（199.87）	1962.84***
家庭收入（元）	17538.88（620.79）	14624.57（487.22）	2914.31***

注：*、**、***分别代表10%、5%、1%的显著性水平。

苹果产量、净收益和家庭收入在社员与非社员之间的差异如表2所示。从表2中可以看出，社员平均每亩苹果产量比非社员高162.71千克，这在统计学上有显著差异。此外，社员平均每亩净收益和人均家庭收入均显著。这些描述性统计表明，与非合作社社员相比，农民专业合作社在提高社员生产力和福利方面发挥了重要作用。然而，表2中的结果不能用于推论合作社对苹果产量、净收益和家庭收入的影响，因为简单的平均差异比较没有考虑一些复杂因素，比如容易观测到的家庭和农场特征（例如年龄、教育程度、土地规模、家庭规模和资产所有权）以及不易观测到的因素（例如农民的天生技能、风险观念和社员选择动机）。

四 实证分析

（一）选择成为合作社社员

研究框架提出了苹果种植户选择成为或不成为合作社社员的假定。本文认为农户是风险中性者，考虑到加入合作社获得的预期潜在收益为 D_M^*，没有加入合作社的预期收益为 D_N^*，本文定义加入合作社和没有加入合作社的预期潜在收益差值为 D_i^*，其中：$D_i^* = D_M^* - D_N^*$。当 D_i^* 大于 0 时，农户选择成为合作社社员。然而，D_i^* 是无法观测的，但是能够由一系列观测变量表示出来，如（1）式所示：

$$D_i^* = Z_i\beta + \mu_i，当 D_i = 1 \quad D_i^* > 0 \tag{1}$$

D_i^* 是一个二元选择变量，取 1 表示农户加入合作社，取 0 表示没有加入合作社。Z_i 表示农户家庭层面和农场层面的特征变量，例如户主年龄、受教育程度、农村规模、家庭规模等。μ_i 是误差项，满足零均值和正态分布，β 是待估系数。成为合作社社员的概率可以表示为（2）式，F 为累积正态分布。

$$Pr(D_i = 1) = Pr(D_i^* > 0) = Pr(\mu > -Z_i\beta) = 1 - F(-Z_i\beta) \tag{2}$$

考虑到合作社社员的潜在收益，本文假定农民是理性的，实现苹果生产过程中的利润最大化具体可以表示为（3）式：

$$\pi_{max} = PQ(R,Z) - OR \tag{3}$$

P 表示苹果出售价格；Q 表示苹果总产量；O 表示苹果投入品价格；R 表示苹果投入变量；Z 表示一系列农户特征和农场特征。Q 的生产函数满足 $\partial Q/\partial R > 0$ 和 $\partial^2 Q/\partial^2 R < 0$。因此，净收益是一系列投入要素、产出要素、加入合作社以及家庭和农场特征的函数。

$$\pi = \pi(P,O,D,Z) \tag{4}$$

对（3）式进行一阶求导可以得出苹果产出供给函数：

$$Q = Q(P,O,D,Z) \tag{5}$$

由（4）式和（5）式可以得出，苹果生产的净收益和苹果产量由一系列投入要素、产出要素、是否加入合作社以及家庭和农场特征所表示。

（二）影响评价和选择性偏误

本文分析合作社社员对苹果产量、净收益和家庭收入方面的影响。考虑到一系列的产出变量（苹果产量、净收益和家庭收入）是被解释变量的线性函数，将产出函数定义为：

$$Y_i = X_i\alpha + D_i\eta + \varepsilon_i \tag{6}$$

Y_i 表示产出变量，X_i 表示家庭特征（如年龄、受教育程度和家庭规模）、农场和区位特征（如土地规模）、金融和制度变量（如拓展联系和信贷约束）。D_i 是一个虚拟变量，用于表示农户是否加入合作社。α 和 η 是待估系数，ε_i 表示随机干扰项。

（6）式中农户是否选择成为合作社社员是外生决定的。农户加入合作社可能存在着自选择的情况，主要是由其自身特征，而不是被随机决定的。因此，OLS 估计将会是有偏误的。此外，一些不可观测的变量也会对（1）式中的 μ_i 和（6）式中的 ε_i 产生影响，进而会导致两个误差项存在着相关性，从而产生不一致的估计结果，即 $corr(\mu_i, \varepsilon_i) \neq 0$。例如，一方面，如果一个农户的福利指标（如苹果产量、净收益和家庭收入）低于平均水平，但是具有较高的动机提升苹果品质，则更倾向于加入合作社，这可能会导致负的选择性偏误，并低估了处理效应。另一方面，如果一个农户的苹果产量高于平均水平，更可能成为合作社社员，同时他们选择是否加入合作社会受邻居是否加入合作社影响，这会导致正向的选择性偏误，进而高估了处理效应。

在非实验性的田野调查中，传统的方法如 PSM 已被广泛地使用于解决选择性偏误的问题。然而，正如之前所提及的，PSM 方法估计合作社社员的处理效应仅仅适应于可观测的非均质性。本文将采用内生转换模型（ESR）解决选择性偏误。内生转换模型既能解决可观测因素所导致的选择性偏误，也能够解决因不可观测因素所导致的选择性偏误的问题（Lokshin & Sajaia，2004；Narayanan，2014；Shiferaw et al.，2014）。这种方法采用完全信息下极大似然估计方法同时估计选择方程和产出方程。

（三）ESR 模型

内生转换模型包括两个阶段。第一个阶段是选择方程，用于决定农户是否加入合作社，如（1）式所示。第二个阶段包括两个状态方程，分别是合作社社员和非合作社社员。模型设定为：

$$\text{状态 1：} Y_{iM} = X'_i \beta_{iM} + \varepsilon_{iM} \quad \text{当 } D_i = 1 \tag{7a}$$

$$\text{状态 2：} Y_{iN} = X'_i \beta_{iN} + \varepsilon_{iN} \quad \text{当 } D_i = 0 \tag{7b}$$

Y_{iM} 和 Y_{iN} 是产出变量，用以反映合作社社员和合作社非社员苹果产量、净收益和家庭收入情况。X'_i 表示一系列能够影响产出变量的内生解释变量。ε_i 表示随机干扰项。

（1）式中的 Z_i 与 X'_i 允许相互重叠，合适的模式设定是至少有一个变量在 Z_i 中但并没有出现在 X'_i 中。因此，选择方程（1）式是由状态方程中所有的解释变量加上 1 个或 2 个工具变量组成。有效的工具变量能够使农户加入合作社但不影响产出。本文选取邻居是否是合作社社员作为工具变量，以往的研究表明农户选择加入合作社受到邻居是否加入合作社的影响（Ito et al.，2012）。然而，邻居成为合作社社员并不会影响农业生产率和收入。为了获得对工具变量的有效性进行检验，本文分别采用简单的 Probit 模型用于选择方程，采用 OLS 对方程结果进行估计，保证工具变量能够满足与农户加入合作社有显著影响，但对产出变量无关。进一步的相关性结果证实选取的工具变量的有效性：与苹果产量、净收益和家庭收入没有相关性。

（7a）式和（7b）式考虑到可观测因素所导致的选择性偏误。然而，一些不可观测因素仍然会导致选择方程和结果方程之间随机扰动项存在着相关性。ESR 模型将不可观测因素作为缺失变量。尤其是在估计完选择方程后，逆米尔斯比率 λ_{iM}、λ_{iN} 和协方差 $\sigma_{\mu M} = cov(\mu_i, \varepsilon_{iM})$、$\sigma_{\mu N} = cov(\mu_i, \varepsilon_{iN})$ 能够由（7a）式和（7b）式计算出来，进而得到（8a）式和（8b）式：

$$Y_{iM} = X'_i \beta_{iM} + \sigma_{uM} \lambda_{iM} + \gamma_{iM} \quad D_i = 1 \quad (8a)$$

$$Y_{iN} = X'_i \beta_{iN} + \sigma_{uN} \lambda_{iN} + \gamma_{iM} \quad D_i = 0 \quad (8b)$$

λ_{iM} 和 λ_{iN} 能够控制来自不可观测因素造成的选择性偏误，误差项 γ_{iM} 和 γ_{iN} 满足零均值。Lokshin 和 Sajaia（2004）提出的完全信息下极大似然估计能够用来同时对选择方程和结果方程进行估计。

ESR 模型估计中，相关系数 $\rho_{\mu M} = \sigma_{\mu M} / \sigma_\mu \sigma_{iM}$ 和 $\rho_{\mu N} = \sigma_{\mu N} / \sigma_\mu \sigma_{iM}$ 是选择方程（1）式和结果方程式（8a）和式（8b）协方差计算结果，具有经济含义。一是如果 $\rho_{\mu M}$ 和 $\rho_{\mu N}$ 在统计上是显著的，这意味着存在着不可观测因素所导致的选择性偏误。因此，要考虑可观测因素和不可观测因素的选择性偏误是解决处理效应偏误的先决条件。二是如果 $\rho_{\mu M}$ 和 $\rho_{\mu N}$ 存在着替代的迹象，说明农民加入合作社主要是考虑到其比较优势，如社员与非社员相比具有较高的平均收入，则农户选择加入合作社更加具有独立性。三是如果 $\rho_{\mu M} > 0$ 意味着存在着负向选择偏误，表明低于平均产出的农民更愿意加入合作社，反之如果 $\rho_{\mu M} < 0$，则表明具有正向的选择性偏误。

（四）处理效应估计

根据 Lokshin 和 Sajaia（2004）的研究，ESR 模型中的系数能够反映平均处理效应（ATT）。可观测和不可观察的"反事实"组的结果可以由（9a）式和（9b）式所示：

$$农户是合作社社员：E(Y_{iM}/D=1) = X_i\beta_{iM} + \sigma_{\mu M}\lambda_{iM} \quad (9a)$$

$$农户不是合作社社员：E(Y_{iN}/D=1) = X_i\beta_{iN} + \sigma_{\mu N}\lambda_{iN} \quad (9b)$$

因此，由（9a）式和（9b）式可以推导出无偏的处理效应（ATT）为：

$$ATT = E(Y_{iM}/D=1) - E(Y_{iN}/D=1) = X_i(\beta_{iM} - \beta_{iN}) + \lambda_{iM}(\sigma_{\mu M} - \sigma_{\mu N}) \quad (10)$$

（五）对潜在内生性的处理

在（1）式中，一些解释变量如拓展联系、信贷约束可能存在着潜在的内生性。尤其是农业科技推广人员向农户传递新技术，鼓励农民加入合作组织。一些合作社能够帮助社员从金融机构获得信贷服务。因此，这两个变量在农户决定加入合作社这一决策中存在着潜在的内生性。

考虑到因变量的特性，本文采用 Rivers 和 Vuong（1988）提出的方法解决潜在内生性问题。这一方法是将潜在内生变量在第一阶段中作为其他解释变量的函数，再加上一系列的工具变量，如（11）式所示：

$$G_i = Z_i\beta + S_i\varpi + \xi_i \quad (11)$$

G_i 表示潜在的内生变量；Z_i 表示一系列农户特征和农场特征；S_i 表示工具变量，β 和 ϖ 表示待估系数，ξ_i 表示残差项。值得注意的是，所选取的工具变量需要对潜在内生解释变量具有较强的显著性，但是并不会决定农户是否选择加入合作社。因此，两个工具变量从（1）式中排除，这两个变量包括对推广接触的认知程度和农户获得信贷的距离。这些变量分别在两个方程中进行回归。此外，需要注意的是，这两个工具变量在 ESR 模型中并不与邻居是否是合作社社员这一变量相关。最终，考虑到可观测因素和残差预测，（11）式可以表示为：

$$D_i^* = Z_i\beta + G_i\eta + R_i\kappa + \theta_i \tag{12}$$

R_i 表示（11）式中内生变量的残差（Wooldridge，2010），β、η、κ 表示待估系数，θ_i 是残差项。内生变量将在第二阶段估计过程中被看成是外生的，式中通过增加适合的残差作为控制变量。这种方法估计的结果会是稳健的，满足豪斯曼内生检验的（Wooldridge，2015）。

五 结果与讨论

表 3～表 5 呈现的是对农户加入合作社影响因素的估计结果，以及合作社对社员苹果产量、净收益和家庭收入影响的估计结果。如前所述，FIML 联合估计了选择和产出方程。在表 3～表 5 的第二列，呈现的是选择方程，体现农户选择加入合作社的决定因素。表 3～表 5 的第三列和第四列是产出方程的估计结果，分别体现合作社对社员和非社员的苹果产量、净收益和家庭收入的影响。此外，对于在第一阶段所进行的关于包括拓展联系和信贷约束在内的潜在内生变量所做回归的残差，其估计也列在表 3～表 5 的第二列。这些残差并不显著异于零，表明系数估计是一致的（Wooldridge，2010）。在接下来的章节中，本文首先在表 3～表 5 选择方程的基础上，一起讨论选择加入合作社的若干决定因素，随后讨论合作社对社员苹果产量、净收益和家庭收入的影响。最后，介绍平均处理效应（ATT）的估计结果。

表 3　农户决定加入合作社以及对苹果产量的影响

变量	选择方程	苹果产量	
		社员	非社员
常数项	-5.392 (1.518) ***	6.578 (0.604) ***	6.860 (0.405) ***
年龄	0.023 (0.050)	-0.022 (0.016)	0.007 (0.013)
年龄二次型	-0.0002 (0.001)	0.0003 (0.0002) *	-0.0001 (0.0001)
教育程度	0.058 (0.027) **	0.013 (0.009)	-0.015 (0.007) **
家庭规模	0.071 (0.061)	0.030 (0.017) *	0.023 (0.016)
劳动力投入	0.380 (0.183) **	0.192 (0.059) ***	0.187 (0.053) ***
土地规模	0.130 (0.029) ***	-0.029 (0.010) ***	-0.052 (0.009) ***
电脑	0.395 (0.169) **	0.184 (0.048) ***	-0.067 (0.048)

续表

变量	选择方程	苹果产量	
		社员	非社员
拓展联系	0.856（0.404）**	0.137（0.054）**	0.017（0.050）
信贷约束	0.148（0.653）	0.268（0.040）***	0.008（0.037）
沙土	1.419（0.386）***	0.272（0.133）**	0.085（0.089）
黏土	-0.427（0.234）	-0.034（0.065）	-0.096（0.056）*
甘肃	1.444（0.401）	0.018（0.148）	-0.136（0.101）
陕西	0.226（0.369）	-0.230（0.126）*	0.153（0.088）*
邻居为合作社社员	0.433（0.137）***		
Res（推广接触）	-0.092（0.166）		
Res（信贷约束）	0.018（0.323）		
$Ln\sigma_{\mu M}$		-1.229（0.101）***	
$\rho_{\mu M}$		0.620（0.188）**	
$Ln\sigma_{\mu N}$			-1.145（0.078）***
$\rho_{\mu N}$			-0.784（0.106）***
LR-test	9.14***		
似然函数值	-301.229		
观察值	481	481	481

注：*、**、*** 分别代表10%、5%、1%的显著性水平。

表4 农户决定加入合作社以及对净收益的影响

变量	选择方程	净收益	
		社员	非社员
常数项	-5.247（1.507）***	9.101（0.878）***	9.163（0.678）***
年龄	0.025（0.051）	-0.055（0.026）**	-0.009（0.020）
年龄二次型	-0.0002（0.001）	0.001（0.0003）**	-0.00002（0.0002）
教育程度	0.036（0.028）**	0.033（0.014）**	-0.017（0.012）
家庭规模	0.107（0.062）*	0.009（0.028）	0.019（0.025）
劳动力投入	0.445（0.182）**	-0.035（0.093）	0.013（0.090）
土地规模	0.132（0.031）***	-0.051（0.015）***	-0.047（0.019）**
电脑	0.468（0.174）***	0.338（0.075）***	-0.026（0.084）
拓展联系	0.793（0.463）*	0.159（0.087）*	0.228（0.096）**

续表

变量	选择方程	净收益	
		社员	非社员
信贷约束	-0.621 (0.739)	0.437 (0.066)***	0.105 (0.058)*
沙土	1.387 (0.439)***	0.492 (0.205)**	0.126 (0.148)
黏土	-0.492 (0.244)**	-0.048 (0.104)	-0.206 (0.092)**
甘肃	1.429 (0.440)***	0.691 (0.226)***	0.346 (0.172)**
陕西	0.226 (0.402)	0.045 (0.205)	0.173 (0.135)
邻居为合作社员	0.514 (0.140)***		
Res（推广接触）	-0.063 (0.194)		
Res（信贷约束）	0.391 (0.365)		
$Ln\sigma_{\mu M}$		0.596 (0.164)***	
$\rho_{\mu M}$			
$Ln\sigma_{\mu N}$			-0.781 (0.063)***
$\rho_{\mu N}$			-0.239 (0.390)
LR-test	4.12***		
似然函数值	-548.694		
观察值	481	481	481

注：*、**、***分别代表10%、5%、1%的显著性水平。

表5 农户决定加入合作社以及对家庭收入的影响

变量	选择方程	家庭收入	
		社员	非社员
常数项	-6.109 (1.518)***	8.183 (0.664)***	8.754 (0.545)***
年龄	0.041 (0.053)	-0.024 (0.019)	0.035 (0.017)**
年龄二次型	-0.0004 (0.001)	0.0003 (0.0002)*	-0.001 (0.0002)***
教育程度	0.035 (0.029)**	0.011 (0.011)	-0.014 (0.010)
家庭规模	0.089 (0.062)	-0.167 (0.021)***	-0.202 (0.020)***
劳动力投入	0.441 (0.188)**	0.231 (0.073)***	0.080 (0.069)
土地规模	0.137 (0.030)***	0.118 (0.011)***	0.126 (0.0135)***
电脑	0.352 (0.180)**	0.287 (0.057)***	-0.025 (0.067)
拓展联系	0.468 (0.486)**	0.295 (0.066)***	0.072 (0.066)

续表

变量	选择方程	家庭收入	
		社员	非社员
信贷约束	-0.261 (0.732)	0.211 (0.050)***	0.017 (0.049)
沙土	1.289 (0.425)***	0.583 (0.154)***	0.175 (0.119)
黏土	-0.318 (0.248)	-0.093 (0.079)	-0.140 (0.075)*
甘肃	1.104 (0.428)	0.577 (0.172)***	0.180 (0.135)
陕西	0.376 (0.408)	0.223 (0.155)	0.202 (0.115)*
邻居为合作社社员	0.848 (0.160)***		
Res(推广接触)	0.136 (0.206)		
Res(信贷约束)	0.194 (0.366)		
$Ln\sigma_{\mu M}$		-1.039 (0.079)***	
$\rho_{\mu M}$		0.547 (0.178)**	
$Ln\sigma_{\mu N}$			-0.922 (0.058)***
$\rho_{\mu N}$			-0.354 (0.221)
LR-test	4.95***		
似然函数值	-439.18		
观察值	481	481	481

注：*、**、*** 分别代表10%、5%、1%的显著性水平。

（一）参与合作社的决定因素

在表3～表5选择方程中，土地规模变量是正向而且显著不等于零的，这表明拥有土地规模较大的农民更可能加入合作社，这个发现与Bernard和Spielman（2009）和Ito等（2012）所研究的结果是一致的。劳动力投入变量估计系数为正，通过了显著性水平检验，这表明投入更多劳动力的家庭更有可能参加合作社。是否拥有计算机是决定参加合作社的重要因素，这一发现与Fischer和Qaim（2012）的研究结果相一致。Fischer和Qaim（2012）指出有效的沟通手段可以促进农民组织的形成。土壤类型和区域变量的系数也显著异于零，表明具有显著的集群效应，这揭示了在农业气候变化、环境资源、当地农业制度安排以及基础设施可得性方面存在差异。

（二） 对苹果产量的影响

表3中，无论是对社员还是非社员，劳动力投入的变量都会对苹果产量产生显著的正向影响，这表明劳动力是实现苹果高产量的一个重要决定因素。土地规模变量对合作社社员和非社员的苹果产量都有负向的显著影响，这表明较大的土地规模不利于苹果产量提升。土地规模和生产率之间成反比关系，与 Abdulai 和 Huffman（2014）和 Kleemann 等（2014）得出的结果一致。拥有电脑对合作社社员的苹果产量有正向显著的影响。计算机网络可能是至关重要的，可以减少搜索市场相关的信息成本，并且降低农民专业合作社推荐新技术的不确定性。

拓展联系变量对社员苹果产量有正向显著的影响，反映了政府推广服务对提高农业生产力具有积极作用。信贷约束这个变量对合作社社员的苹果产量有正向显著的影响，这个研究结果符合资本准入的概念。土壤类型这一变量对社员和非社员的苹果产量有着不同的影响。具体来说，沙土土壤往往对社员的苹果产量有显著正向影响，而黏土对非社员的生产力有显著负向影响。土壤变量的结果表明如果忽略环境变量，生产力估计方程可能是有偏误的（Abdulai & Huffman，2014）。

（三） 对净收益的影响

表4给出了合作社对社员净收益的影响估计结果。年龄变量的系数是负向显著的，这表明年轻的农民从苹果销售中获得更高的净收益。教育程度变量对社员和非社员的净收益影响存在差异，合作社社员教育程度变量的估计结果为正，通过了显著性水平检验，这表明更好的教育可以帮助社员获得足够的市场信息，以实现苹果能以较低成本进行出售。拥有计算机这个变量对社员的净收益具有显著的正向影响，但并不对非社员产生影响。在一定程度上，计算机等方便的现代设备可以加强社员与合作社二者之间的市场信息互动频率，从而降低投入成本和提高产品价格，最终提高苹果生产的净收益。这一结果与 Mishra 等（2009）的研究结果是一致的。Mishra 等（2009）认为计算机是生产过程中重要的管理工具。拓展联系和信贷约束这两个变量对社员和非社员的净收益都有正向显著的影响。省份虚拟变

量估计结果表明，位于甘肃的合作社社员和非合作社社员与位于山东的合作社社员和非社员相比往往会获得更高的净收益。

（四）对家庭收入的影响

样本中的农户并不是专门从事苹果生产的，存在着其他农业生产活动。本文也研究了合作社对社员家庭收入的影响。这是因为合作社可能给农户种植其他作物带来好处，而这些好处不能完全被苹果生产的净收益所涵盖。表5显示了合作社对农户家庭收入影响的估计结果。计量结果表明土地规模对社员和非社员农户家庭收入具有显著的正向影响。土地规模变量的估计结果表明小规模的苹果生产是有利可图的。合作社社员和非社员家庭规模变量的系数都显著为负，这表明较大的家庭规模可增加农业劳动力的供给，但不利于家庭收入水平的提升。信贷约束对合作社社员的家庭收入有正向显著影响。

表3～表5的下部呈现的是选择方程（1）的误差项 μ_i 和产出方程（7a）和（7b）的误差项 ε_i 之间协方差项的相关系数（$\rho_{\mu M}$ 和 $\rho_{\mu N}$），并且这些数字有经济学解释（Abdulai & Huffman, 2014; Lokshin & Sajaia, 2004）。第一，在表3～表5中，$\rho_{\mu M}$ 和 $\rho_{\mu N}$ 具有统计显著性，说明存在选择性偏误。这表明在给定选择参加合作社的情况下，可观测因素和不可观测因素都会影响农户是否选择加入合作社，进而影响苹果产出结果。因此，未纠正的选择性效应可能会带来有偏误的系数估计结果。第二，$\rho_{\mu M}$ 和 $\rho_{\mu N}$ 有相反的迹象，这表明农户是基于比较优势进而选择加入合作社。第三，$\rho_{\mu M}$ 在表3～表5中均为正向，表明选择偏误是负向的。以上结果表明，苹果产量、净收益和家庭收入低于平均水平的农民更容易选择参加农业合作社。负向选择偏误是相当合理的，因为农民专业合作社预期能够提高农业生产绩效和农户福利。

（五）估计处理效应

表6显示了对平均处理效应（ATT）的估计结果，揭示了参加合作社对农户苹果产量、净收益和家庭收入的影响。不同于表2给出的简单平均差异，ATT的估计结果通过可观察和不可观察的特征解释了选择偏误。结果

表明,加入合作社的果农比没有加入合作社的果农苹果产量提高 5.36%。收入方面,加入合作社的果农比没有加入合作社的果农净收益和家庭年均收入分别提高 6.06% 和 4.66%。表 6 的结果表明,农民专业合作社在提高农业绩效和提高农民收入方面发挥了重要作用,这与 Bernard 和 Spielman (2009) 在埃塞俄比亚以及 Verhofstadt 和 Maertens (2014b) 在卢旺达的研究结果相一致。

表 6 农户加入合作社对苹果产量、净收益和家庭收入的影响

项目	平均产出		ATT	t 值	变化率 (%)
	社员	非社员			
苹果产量	7.66 (0.33)	7.27 (0.27)	0.39	22.25***	5.36
净收益	8.92 (0.39)	8.41 (0.28)	0.51	21.37***	6.06
家庭收入	9.66 (0.36)	9.23 (0.42)	0.43	22.26***	4.66

注：*** 代表 1% 的显著性水平。

为了深入了解加入合作社对不同群体农户的影响,本文对不同土地规模的农户加入合作社对苹果产量、净收益和家庭收入的影响进行了进一步分析。表 7 的结果表明,在不同土地规模的群组里,加入合作社往往显著正向地影响苹果产量和家庭收入。当土地规模小于 6 亩时,加入合作社增加了社员 6.29% 的苹果产量。然而,对于中、大规模土地,加入合作社时,社员苹果产量分别增加 4.81% 和 4.66%。这一发现与先前观察到的土地规模和生产力之间的负相关关系是一致的。此外,表 7 中的结果还表明,加入合作社对净收益和家庭收入的影响将随着土地规模从小型、中型到大型的增加而减少。表 7 的结果表明,一般来说,种植规模较小的农民相比中型和大型农民能够从农业合作社获得更多利益。这些研究结果符合 Ito 等 (2012)

表 7 不同规模下农户加入合作社对苹果产量、净收益和家庭收入的影响

项目	分类	平均产出		ATT	t 值	变化率 (%)
		社员	非社员			
苹果产量	小规模 (6 亩以下)	7.94 (0.20)	7.47 (0.15)	0.47	19.36***	6.29
	中等规模 (6~10 亩)	7.64 (0.27)	7.27 (0.19)	0.37	12.06***	4.81
	大规模 (10 亩以上)	7.41 (0.26)	7.08 (0.27)	0.33	9.96***	4.66

续表

项目	分类	平均产出		ATT	t 值	变化率（%）
		社员	非社员			
净收益	小规模（6 亩以下）	9.18（0.25）	8.49（0.16）	0.69	20.96***	8.13
	中等规模（6~10 亩）	8.92（0.33）	8.49（0.30）	0.43	10.99***	5.06
	大规模（10 亩以上）	8.68（0.40）	8.27（0.31）	0.41	9.58***	4.96
家庭收入	小规模（6 亩以下）	9.59（0.25）	9.07（0.27）	0.52	16.97***	5.73
	中等规模（6~10 亩）	9.58（0.35）	9.16（0.37）	0.42	12.90***	4.59
	大规模（10 亩以上）	9.80（0.41）	9.44（0.32）	0.36	10.29***	3.81

注：*** 代表1%的显著性水平。

对中国的研究结果以及 Fischer 和 Qaim（2012）对肯尼亚的研究结果，即加入合作社更有利于土地规模较小的农户，但与 Verhofstadt 和 Maertens（2014b）对卢旺达的研究结果相矛盾。

六 结论与政策启示

本文探讨了中国苹果种植户选择加入农民专业合作社的影响因素，以及合作社对社员苹果产量、净收益和家庭收入的影响。本研究利用2013年从甘肃、陕西和山东三省随机抽取的481户农户层面的横截面数据，通过对合作社社员和非社员之间苹果产量、净收益率和家庭收入的简单比较，对一些显著的差异进行分析。这些比较仅仅是描述性的，其并没有考虑到影响这种差异的复杂因素，所以本文还采用了内生转换模型考虑一些可观测不可观测因素，以解决选择偏误的问题。研究结果表明，如果福利指标（苹果产量、净收益和家庭收入）在估计时不考虑参与合作社的决策，那么就会导致样本选择偏误。本文研究结论表明存在负向的选择偏误，这意味着在苹果产量、净收益和家庭收入方面低于平均水平的农民更容易选择加入合作社。

实证结果表明，合作社与社员苹果产量、净收益和家庭收入之间存在着正向显著的关系。加入合作社的果农苹果产量提高5.36%、净收益率提升6.06%以及家庭收入提升4.66%。这一估计结果还会因土地规模不同而产生差异，规模较小的农户加入合作社所实现农业生产率和收入水平的提升要高于中等规模和大规模的农户。这一发现表明，合作社在增加小农收入和减少中国农村贫困方面可以发挥重要的作用。此外，农民加入农民专业合作社的影响因素中，土地规模、劳动力投入和是否拥有电脑等因素对农户决定是否加入合作社的决策是显著的。

本文的研究结果表明，农民专业合作社有助于提高农业生产力以及提高农民收入。因此，政府应该继续支持合作社的发展。此外，政府可以通过支持合作社的方式改善合作社的营销策略，从而确保合作社产品能以更高的价格出售。这些措施可以鼓励其他农民加入这些合作社，实现生产的高质量，保证食品安全，实现合作社与国际市场的对接。

农户拥有电脑这一变量是影响农户加入合作社的重要因素。这表明政府提高农村互联网基础设施的政策将大大增加农户加入合作社的数量，提升产品国际竞争力。拓展联系和信贷约束这两个变量正向显著地影响农户加入合作社，这说明良好的技术推广服务和信贷服务将利于农户加入合作社，实现福利水平的提升。正如 Deng 等（2010）所指出的，中国农民专业合作社在信贷便利方面为其社员提供的帮助很少。因此，政府可以制定适当的政策，在这方面对农户予以大力支持。

参考文献

Abdulai, A., Huffman, W. 2014. "The Adoption and Impact of Soil and Water Conservation Technology: An Endogenous Switching Regression Application." *Land Economics*, 90 (1): 26-43.

Abebaw, D., Haile, M. G. 2013. "The Impact of Cooperatives on Agricultural Technology Adoption: Empirical Evidence from Ethiopia." *Food Policy*, 38: 82-91.

Bernard, T., Spielman, D. J. 2009. "Reaching the Rural Poor through Rural Producer Organizations? A Study of Agricultural Marketing Cooperatives in Ethiopia." *Food Policy*, 34 (1): 60-69.

Bernard, T., Taffesse, A. S., Gabre-Madhin, E. 2008. "Impact of Cooperatives on Smallholders' Commercialization Behavior: Evidence from Ethiopia." *Agricultural Economics*, 39 (2): 147-161.

Deng, H., Huang, J., Xu, Z., et al. 2010. "Policy Support and Emerging Farmer Professional Cooperatives in Rural China." *China Economic Review*, 21 (4): 495-507.

Fischer, E., Qaim, M. 2012. "Linking Smallholders to Markets: Determinants and Impacts of Farmer Collective Action in Kenya." *World Development*, 40 (6): 1255 – 1268.

Francesconi, G. N., Heerink, N. 2011. " Ethiopian Agricultural Cooperatives in an Era of Global Commodity Exchange: Does Organisational form Matter?" *Journal of African Economies*, 20 (1): 153 – 177.

Francesconi, G. N., Wouterse, F. 2015. "Promoting the Role of Farmer-Based Organizations for Value Chain Integration: The Tension between a Program's Targeting and an Organization's Investment Strategy." *Agricultural Economics*, 46 (4): 527 – 536.

Hellin, J., Lundy, M., Meijer, M. 2009. " Farmer Organization, Collective Action and Market Access in Meso-America." *Food Policy*, 34 (1): 16 – 22.

Holloway, G., Nicholson, C., Delgado, C., et al. 2000. "Agroindustrialization through Institutional Innovation Transaction Costs, Cooperatives and Milk-Market Development in the East-African Highlands." *Agricultural Economics*, 23 (3): 279 – 288.

Ito, J., Bao, Z., Su, Q. 2012. "Distributional Effects of Agricultural Cooperatives in China: Exclusion of Smallholders and Potential Gains on Participation." *Food Policy*, 37 (6): 700 – 709.

Jia, X., Huang, J., Xu, Z. 2012. "Marketing of Farmer Professional Cooperatives in the Wave of Transformed Agrofood Market in China." *China Economic Review*, 23 (3): 665 – 674.

Kleemann, L., Abdulai, A., Buss, M. 2014. "Certification and Access to Export Markets: Adoption and Return on Investment of Organic-certified Pineapple Farming in Ghana." *World Development*, 64: 79 – 92.

Lokshin, M., Sajaia, Z. 2004. "Maximum Likelihood Estimation of Endogenous Switching Regression Models." *Stata Journal*, 4: 282 – 289.

Markelova, H., Meinzen-Dick, R., Hellin, J., et al. 2009. "Collective Action for Smallholder Market Access." *Food Policy*, 34 (1): 1 – 7.

Mishra, A. K., Williams, R. P., Detre, J. D. 2009. "Internet Access and Internet Purchasing Patterns of Farm Households." *Agricultural & Resource Economics Review*, 38 (2): 240 – 257.

Moustier, P., Tam, P. T. G., Anh, D. T., et al. 2010. "The Role of Farmer Organizations in Supplying Supermarkets with Quality Food in Vietnam." *Food Policy*, 35 (1): 69 – 78.

Narayanan, S. 2014. "Profits from Participation in High Value Agriculture: Evidence of Heterogeneous Benefits in Contract Farming Schemes in Southern India." *Food Policy*, 44: 142 –

157.

Rivers, D., Vuong, Q. H. 1988. "Limited Information Estimators and Exogeneity Tests for Simultaneous Probit Models." *Journal of Econometrics*, 39 (3): 347 – 366.

Shiferaw, B., Kassie, M., Jaleta, M., et al. 2014. "Adoption of Improved Wheat Varieties and Impacts on Household Food Security in Ethiopia." *Food Policy*, 44: 272 – 284.

Trebbin, A. 2014. "Linking Small Farmers to Modern Retail through Producer Organizations-Experiences with Producer Companies in India." *Food Policy*, 45: 35 – 44.

Valentinov, V. 2007. "Why are Cooperatives Important in Agriculture? An Organizational Economics Perspective." *Journal of Institutional Economics*, 3 (1): 55 – 69.

Verhofstadt, E., Maertens, M. 2014a. "Can Agricultural Cooperatives Reduce Poverty? Heterogeneous Impact of Cooperative Membership on Farmers' Welfare in Rwanda." *Applied Economic Perspectives and Policy*, 2: 1 – 21.

Verhofstadt, E., Maertens, M. 2014b. "Smallholder Cooperatives and Agricultural Performance in Rwanda: Do Organizational Differences Matter?" *Agricultural Economics*, 45 (1): 39 – 52.

Wooldridge, J. M. 2010. *Econometric Analysis of Cross Section and Panel Data*. MIT Press.

Wooldridge, J. M. 2015. "Control Function Methods in Applied Econometrics." *Journal of Human Resources*, 50 (2): 420 – 445.

World Bank. 2006. *China-Farmers Professional Associations Review and Policy Recommendations*. The World Bank.

Zheng, S., Wang, Z., Awokuse, T. O. 2012. "Determinants of Producers' Participation in Agricultural Cooperatives: Evidence from Northern China." *Applied Economic Perspectives and Policy*, 34 (1): 167 – 186.

Does Cooperative Membership Improve Household Welfare? Evidence from Apple Farmers in China

Wanglin Ma   Awudu Abdulai

Abstract: This paper examines the impact of cooperative membership on farm performance indicators such as apple yields, net returns and household income, using cross-sectional data from a survey of farmers in China. An endogenous switching regression model that accounts for selection bias is employed in the analysis. The empirical results reveal that cooperative membership exerts a positive and statistically significant impact on apple yields, farm net returns and household income. A disaggregated analysis also reveals that small-scale farms tend to benefit more from cooperatives than medium and large farms.

Key words: Agricultural cooperatives; Impact assessment; Apple farmers; China

农村地区的嵌入性、社会资本与学习过程

——以苏格兰生产合作社为例[*]

Angela Tregear　Sarah Cooper

摘　要　政策研究者及学者们提出,鼓励农户积极参与集体行动可以极大地促进农村地区的经济发展。农户参与村社小组、生产者协会等合作组织,有利于增加农户间知识交流与农户个人学习的机会。在现有研究中,通常用嵌入性或社会资本的概念来解释合作中的一些问题。但是目前对这些概念的解释大都偏狭隘化、领域化,导致我们对于农户之间协作与学习过程的了解十分有限。本文通过对苏格兰一家贝类养殖生产合作社的案例进行分析,探索出对这些概念更为广泛的解释。案例将展现成员与管理层之间的真实关系、通过协作产生的知识类型以及成员之间对这些知识的共享过程。分析显示,在嵌入性方面,真正对社会关系和学习状况产生影响的是行业规范和社会习惯,而非当地的文化环境;而在社会资本方面,当主要负责人掌握较多的人际关系技巧,并且成员具有共同价值观时,个体之间存在的利益冲突将不会阻碍合作。本文的研究挑战了前人对于嵌入性和社会资本概念的普遍性假设,解释了这些概念是如何影响农村地区的集体行动和学习状况的,证明了进一步扩大这些概念外延的价值所在。

关键词　小型合作组织　人际网络　知识交换　合作关系　生产合作社

---

[*] 本文译自 Angela, Tregear, Sarah, Cooper. 2016. "Embeddedness, Social Capital and Learning in Rural Areas: The Case of Producer Cooperatives." *Journal of Rural Studies*, 44: 101 - 110。
译者:赵昶,中国人民大学农业与农村发展学院硕士研究生,主要研究方向为农业政策分析、合作经济。

一 引言

农村地区的经济增长状况往往受以下不利因素的影响：偏低的人口迁入和迁出率、市场较远的距离、较少的农业企业数量。近年来，政策制定者力图通过发展农户个体和企业之间稳定的人际协作关系来改善这些不利因素，推动规模经济或规模生产的实现，从而进一步促进知识交流。《共同农业政策农村发展条例》（CEC，2011）中第28条和第36条明确指出公民对生产者群体支持和合作的需要，2014年至2020年的《英格兰农村发展计划》也多次提及要加强合作以应对持续性的竞争挑战。《农村研究》同样研究了协作模式下的社会网络对实现发展目标的巨大作用，比如在内源性社区（Lorendahl，1996；Brunori & Rossi，2000；Fazzi，2010）创立农业环境行动小组（Franks & McGloin，2007；Taylor，2010）和小型企业集群（Phyne et al.，2006）。实际上，社会网络本身已被认为是农村地区人际活动的重要方式（Murdoch，2000；Kalantaridis & Bika，2006），该领域的众多研究者抽象概括出嵌入性和社会资本的概念并对这一现象进行动态解释。

迄今为止，学者已经对农户与企业之间的相互合作关系进行了多方面实证研究，包括公共和私人行为者之间的关系（Taylor，2010；Wellbrock et al.，2013）、公共治理的作用（Brunori & Rossi，2007），以及这种合作对新自由主义抵制的程度（Mooney，2004；Stock et al.，2014）。虽然嵌入性和社会资本的概念在研究中频繁出现，但是解释与应用的过程都较为狭隘，不能完全捕获农村地区合作关系的复杂性。因此，本文将采取更为广泛的观点来解释嵌入性和社会资本的概念，对于了解农村地区知识交换的动态过程十分有利。现有研究主要倾向于强调社会关系与学习之间的联系，特别是强调个体间通过互动而创建的默认共识与经验（Ingram，2008；Proctor et al.，2012）。知识交流与共享取决于权力、互惠和信任的关系维度（Sligo & Massey，2007；Fisher，2013），这些将嵌入性和社会资本视为概念性的关注点。尽管知识交流与社会关系的相互依存度越来越受到人们的关注，但是在农村合作领域尚未对参与者学习过程进行研究。本文研究的主要目标在于：（1）调查农村合作集体中个体间关系的现实情况，探索个体之间如何相互联系与合作；（2）调查合作中产生的知识类型及其是否会在个体之间传播；（3）给出嵌入性和社会资本的扩大性解释，将其与现有理论基础结合在一起，得出农村地区合作过程与知识交换的新视角。

本文所选案例是苏格兰的一家小型贝类养殖合作社，位于该国偏远的沿海和岛屿边缘。生产性合作社在农业与自然资源部门的比例相对较高，例如在农场销售方面，欧盟所有生产性合作社的平均市场份额为40%（Bijman et al.，2012），现有研究合作社概念的文献主要出现在相关专业文献（例如《合作社杂志》《合作研究杂志》）、农业企业领域（Cook & Chaddad, 2004；Chaddad & Iliopoulos，2013）以及组织和管理研究领域（Hamstreet, 2006；Boone & Ozcan，2014），对合作形式的研究很少成为对农村研究的主要方向（Ortiz-Miranda et al.，2010），尽管 Emery（2015）和 Kasobov（2015）的研究给出了对农民合作方面的深刻见解，但是仍未涉及合作社之间的联系方式与知识的传递过程。正如 Mooney（2004）所言，合作社成员与管理者的经验有助于我们了解集体合作发生的动态过程。因此，本文通过对生产性合作社进行研究，一方面引起大家对这种组织形式的重视；另一方面则希望给农村小企业的合作带来新思路。本文先从农村地区社会网络、协作模式和知识交流几个方面进行了文献回顾，给出了嵌入性和社会资本的扩展性概念，分别解释了它们是如何对生产性合作社内部的知识交流产生影响的，随后介绍案例情况并给出调查结果，最后一部分是全文的讨论和结论。

二 农村地区的社会网络、协作和知识交流

（一）农村地区的社会资本与嵌入性解释

近二十年，大量农村社会学和小型企业发展领域的学者们从社会网络的角度解释各自领域的发展过程。在农村社会学中，区域性被概念化为差异化（Marsden，1998）的混合空间（Taylor，2010），跨空间的行为者、团体和机构之间的复杂又多层次的相互作用会引发各种经济效应（Murdoch，2000；Brunori & Rossi，2007）。同样，在对小型企业成长的研究中，学者已经从自身特点导向转向了以创业网络、集群或环境概念为基础的理论导向

(Capello，1999；Hudson，1999；Kalantaridis & Bika，2006）。大多数学者的关注点都在自发性与积极性上，也就是一个地方的个体共同追求一个事业或目标的积极性，例如发展农业旅游线路（Brunori & Rossi，2000）或创建一个协会解决当地的环境问题（Taylor，2010）。群众的自发性与积极性程度是从以下几方面得出的：内生发展的原则（Franks & McGloin，2007）、文化经济的角度（Ray，1999）、自身权力所能涉及的程度，以及个人对于当地资源和资产的动用程度，尤其是它们所嵌入社区的社会文化结构（Lorendahl，1996）。许多作者强调现有社会关系以及社会资本的组成对于有效合作至关重要（Huggins，2000；Laschewski et al.，2002；Phayne et al.，2006），具体来说，学者认为社会网络密集程度越高的地方（Putnam，2000），个体之间的联系就越紧密（Granovetter，1973），这就是合作企业未来发展的"软平台"（Ring et al.，2009）。在内生性经济发展的文献中，强大的社会资本通常与该地区人口稳定和长期居民相关，他们为社会关系的发展提供了相互信任的机会（Laschewski et al.，2002；Kalantaridis & Bika，2006）。而在其他研究中，社会资本更多地被概念化为个体所掌握的能力或技能，如听力、谈判、妥协和博弈能力（Proctor et al.，2012；Klerkx & Proctor，2013）。综上所述，农村合作中的社会资本一方面源于个人技能与行为之间的相互作用；另一方面源于当地社会特征以及合作本身所嵌入的社会网络。

除此之外，社会资本对农村地区的知识交流也至关重要。密集的社会网络关系更有利于成员之间的知识学习和经验分享（Lawson & Lorenz，1999；Johannisson et al.，2002）。强有力的社会关系纽带会促进默认知识的交流（Polanyi，1966），这是因为互惠相容的社会关系促进了个体对这种非书面化知识的理解（Hassanein & Kloppenburg，1995；Oreszczyn et al.，2010；Morgan，1995；Hudson，1999）。正如 Proctor 等（2012）表明，默认知识作为社会关系互动的结果，是在实践中创造的，反过来又体现出社会关系的特征。因此，社会关系、知识学习之间彼此密切相关，并以动态的方式相互作用。

过于紧密的社会关系也可能对合作产生负面效应，不利于知识学习的流动。当合作过于紧密、资本过于联合时，成员将面临"过度嵌入"的挑战。Uzzi（1997）提出，在这种"过度嵌入"的情况下，个体倾向于过度依赖内部合作者，排斥那些拥有重要技能或战略信息的外部成员。因此，合作社内部新信息流动凝滞，导致成员思想的惯性停滞（Hakasson & Ford, 2002）。换言之，"过度嵌入"往往带来"合作关系高度发达与成员头脑欠缺发达"的矛盾，渐渐地成员会丧失学习的能力。因此，学者认为社会网络与紧密合作之间存在着利益权衡关系。一方面是紧密的内部关系与多样化外部关系的平衡（Fisher, 2013）；另一方面是强弱关系之间的平衡，即内部关系和社会资本之间的平衡（Putnam, 2000；Klerkx & Proctor, 2013）。这种平衡可以通过合作社内部的"边界跨越者"来调节，他们作为内部动员的代理人（Borgen, 2001），会促进内部和外部社会网络的联系（Oreszczyn et al., 2010；Wellbrock et al., 2013）。许多存在弱关系的农村地区呈现高密度的社会网络（Atterton, 2007）和社会资本（Ring et al., 2009）。虽然这为农户个体提供了良好的"软平台"（Jack, 2005；Sligo & Massey, 2007），但是同时也面临较高的"过度嵌入"风险（Ring et al., 2009）。

总体而言，现有文献给出了不同形式的社会资本对合作社成员之间内在关系产生的影响，以及成员内部的知识学习和经验交换，但尚未研究社会关系和社会资本之间的相互关系。现有研究多以局部区域化的方式来解释嵌入性，即通过当地的社会特征来解释该地农村合作关联的问题。这种局部区域化解释是否太过狭隘？合作社内部的社会关系和学习过程是否可以通过非区域性的嵌入形式更有力地解释？此外，农村合作的社会资本是否如文献所示仅仅为社会网络特征和个人社交技能的组合，是否还涉及其他方面？这些问题将通过案例一一揭示。

（二）生产合作社的社会关系与知识交流

作为相对正式化（Varamaki & Versalainen, 2003）的小企业合作形式，生产合作社被定义为"成员拥有、成员控制、成员受益的农业生产组织"（Cook, 1997）。合作形式多种多样，比如农机合作社、农资供应合作社等，主要目的是分摊资本密集型设备的成本，提高成员的生产效率。我们主要研究营销型合作社，该类型合作社通过单一的身份生产和销售成员的产品。在英国，农业生产合作社的运营机制采用民主制，即最基本的"一人一票"

制进行决策。治理权属于理事会，理事长和副理事长由成员选举产生。具体业务通常由理事会（Chadad & Iliopoulos，2013）任命的总裁或委托团队办理。会员通常需要支付一定的入会费用，即退社成本的现金估值，用来代替传统合作社所没有的股份。因此，合作社的管理运营与私营企业有很大差异，理事长作为合作社成员有特殊的地位，但在企业中不存在这种特权职位。社员可以获得交易权利（合作社有效地充当其商品的可靠买家，并以较高的价格支付给成员），并获得个人投资机会。但是成员的最终收益是无法预估的，退社不会返还入社费。

如上所述，加入合作社的好处十分明显。第一，成员可以通过合作社实现更大的数量产出，进一步销售给规模更大、距离更远的购买者；第二，正式的组织运营结构对成员产出质量和产品的一致性有正向约束作用，可以促进成员收益的增加；第三，规模合作有利于合作社形成自己的文化品牌；第四，民主所有制结构促进了合作社成员的密切联系（Mooney，2004；Stock et al.，2014）。除了上述优势，合作社对促进社员之间的知识交流也产生一定的积极作用。具体来说，合作社这种非垂直化的决策结构有助于成员之间的对等交流（Oreszczyn et al.，2010；Goulet，2013），特别是有利于对默认经验与技术诀窍的交流。此外，通过外聘项目经理与管理团队，合作社可以有效内化相关的商业专业知识（例如业务战略、财务、市场营销）。最后，管理团队也可以作为成员之间的知识和信息纽带，促进成员间的交流，甚至有可能发挥"边界跨越者"的作用（Oreszczyn et al.，2010），通过汇集外部成员的思想和知识（例如外出会议、实地考察），进而对内部成员有效传播。

然而，当考虑到有关社会资本和"过度嵌入"的问题时，成员联系紧密的合作社便暴露出一些缺陷。从本质上讲，紧密的成员关系与稳定的运营方式促进了合作社的长久发展，使得成员极少面临失业问题。虽然这种稳定性有利于形成强社会关系，但是农业生产合作社也因此面临着"过度嵌入效应"的风险（Borgen，2001），合作关系越稳定所面临风险越大。这是因为合作社的形式化运营（Hassanein，1999；Mooney，2004；Goulet，2013）容易导致成员产生壁垒心态，缺乏长远眼光，从而缺乏创新精神。因此，紧密内部联系可能使他们陷入"无所事事"的状态，固定的行动模式与不变的合作方式不利于知识学习和经验交流。在成员数量较多的合作组织中（如英国农业许多部门）（Emery，2015；Kasobov，2015），这种负面影响更为显著，内部成员的知识交换意向会进一步削弱。但是外聘的管理团队则有助于减少这些问题，但这又取决于管理团队的技能与管理者的能力（即个人社会资本）（Nilsson，2001）。鉴于文献中提到的这些风险，需要有研究能够说明合作社成员和管理层之间的真实关系，以及合作社作为知识交流载体的参与程度。在进行调查时，我们用嵌入性和社会资本的扩大化概念来解释合作社内部关系与成员知识学习的问题。

三 研究方法

本文采用案例研究方法，对一家苏格兰贝类养殖合作社进行分析。所有类型的合作方式中，销售合作是合作社对成员做出的最高承诺，这要求合作社要拥有相当广泛的知识技能才能有效运行（例如在质量控制、财务和谈判中尤其需要）（Kasobov，2015），选取销售型农业生产合作社有利于对社会关系及知识交流过程进行研究（这意味着我们在这里所确定的社会互动和知识交换的一些模式可能不会轻易地转移到其他形式的农村合作中。例如，在贝类养殖合作社认定的商业知识可能不适用于农业环境合作）。数据收集方面，我们通过与10位知情人进行访谈来获得，他们包括合作社现任和前任的主席、总经理、6名成员、非执行董事会成员，以及与该合作社密切合作的相关行业协会机构负责人。这样便能获得合作社内部和外部信息。访谈持续了60～120分钟，通过半结构化访谈方式，对受访者进行面对面访问。所有的访问记录都进行了完全转录。我们与现任主席、非执行董事会成员和一名普通成员进行了3次后续访谈，旨在确认我们提出的命题的可靠性，进一步加深对其中特定观点的理解。

四 案例介绍

贝类养殖合作社是一家销售型农业生产合作社，它对成员生产的贝类进行收获、加工，并销售到英国的零售市场。20世纪90年代初合作社由苏格兰西海岸的几位贻贝和牡蛎种植者牵头成立，他们相互之间不存在竞争关系，在共同努力下收获与销售。贝类销售市场在当时属于新生市场，贝类产品只能在有限的网点进行销售。之后的10年内合作社规模迅速扩大，到21世纪初期，为了增加产量并延长产业链，规避生产的季节性，北莱茵河畔的贝类养殖者被邀请加入到合作社，自此合作社的成员达到20位，其中约有一半的成员居住在北部岛屿附近的地区，而西海岸的成员分散在西部沿岸的岛屿和沿海地带。该合作社的治理过程中遵循了一个传统的模式，即从社员中选出理事会，任命一名理事长和副理事长。此外按照惯例，合作社所有的业务活动都委托给由理事会外聘的管理团队。少数非社员在理事会担任咨询职务，负责其各自的专业领域，例如在金融、商业战略和协同合作方面（这种安排在北欧的合作社中相对较为普遍，但其他地方相对罕见）（Chaddad & Iliopoulos, 2013）。在结构上，贝类养殖合作社的突出特点是高度的垂直整合。销售方面，20世纪90年代后期以来，合作社在苏格兰中部地区经营了一家工厂，对成员收获的贝类进行统一清理分级工作，一方面将产品包装进行现场销售；另一方面将产品用酱汁煮熟并真空包装，运往英国主要食品的配送中心，分拨到全国超市的鲜鱼柜台。生产方面，合作社所有的贻贝都是在绳索上生长的，成熟的贻贝在海水中释放微小的气体，并自主停留在种植者放置的绳索上，三年内成熟。虽然饲养过程不涉及饲料或农药的使用，但维持一个健康的生产场所不仅对当地海洋条件和生物环境（如潮汐、潮流、盐度、捕食者、毒素）有所要求，还对各种设备的持续性使用有所要求（如绳索、线条、漂浮物、筏子和采收套件）。合作社生产的贻贝个头很大，不含沙砾，均在工厂测试方案的监控下产出，质量很高。

因此，贝类养殖合作社是一个非常成功的案例。在结构和管理上，它具有传统生产合作社的所有职能，同时也是营销协作的完美代表，政策制定者一直对其提供各种支持。贝类养殖合作社的成员散布在比较偏僻的地区，在这种特殊的地理因素下该如何对合作社进行管理？合作社成员之间的联系有多强大？它的社会资本是什么样的？如何在合作社内部进行知识交流与经验共享？贝类养殖合作社的成员和管理团队十多年来一直非常稳定，这个案例揭示了嵌入性还是"过度嵌入"效应？接下来我们将根据农村合作中社会关系和知识交流方面的论据来解释。

五　案例结果

（一）贝类养殖合作社的成员与管理者之间是如何相互关联的？

我们调查的第一个问题是成员对合作社的主观感知，包括合作社成员与整个合作社的关系以及成员和管理层在多大程度上拥有共同的目标。实际上，所有成员都表示对合作社具有强烈的认同感，认为加入合作社明显存在利益优势。社会关系方面，受访者表示成员间的关系十分紧密，但是现实中的生活方式影响了他们互动的频率和深度。

> 每个人都了解彼此的想法，我们之间一直都有非正式的联系，而且自从加入了这个合作社，我们和西海岸的人进行了很多的接触。（受访者4，北部岛屿）

> 事实上，我们仅仅在我们这个区域内生产、生活，很少与北岸成员交流。不过我有点内疚，目前仅限于跟上合作社发展的步伐，没有更多去尝试开发新的养殖技术。（受访者11，西海岸）

另外，根据区域差异来对西海岸成员和北部岛屿成员作了区分。需要注意的是，这个区分不仅仅是地理上的划分，还包括两个地区地方监管和融资环境的区分（北部岛屿被认为更加适合现场开发）。此外，尽管合作社最早在西海岸成立，现在生产的重心已经转移到北部岛屿地区，现在北部岛屿地区的成员在过去5~10年间一直追求高增长战略，西海岸成员则相反。对于一些受访者来说，这些差异性与各自面临的商业前景有关。虽然成员的个人利益和合作社目标并不总是一致的，但实际上这些问题是比较敏感的，需要加以重视。

> 我认为人们在一起合作，必须协调不同的成员使其统一目标才行。（受访者10，西海岸）

> 在过去两年中只有一两个新成员加入，所以我们早就经过了与社员共同讨论工作方式、克服工作困难的阶段了。（受访者4，北部岛屿）

成员生产目标的差异通过管理者的行动得到了进一步证明。理事会对不同成员的类型（规模与增长方向差异）十分清楚。为保证公平，过去几年中理事会已经制定了针对不同类型成员的投票方式。具体来说，每个人投票权的份额中有50%是由"一人一票"原则决定的，而剩余50%则由其产量决定。这种方式可以鼓励成员实现更多的共同目标。

在成员管理关系方面，受访者认为合作的关键是如何解决利益冲突，但会员和管理层之间存在的潜在对立关系却是难以避免的。

> 合作社的原则是为社员带来更好的收益，但在整个生产过程中，原材料价格是经营成功的关键，这就存在两难困境，合作社的管理人员试图给社员最好的收购价格，但是为了吸引更多的消费者还要尽量降低原材料的成本价格。（受访者10，西海岸）

因此，理事会必须解决许多销售型合作社常见的问题。如何在竞争利益冲突下保持良好的成员管理关系（Mooney，2004），特别是协调成员对自己与合作社之间贸易（例如处理价格和分级损失）的关注、管理层对生产工厂的关注（例如确保供应合同、最大限度地提高工厂的吞吐量效率）之间的关系。以英国为例，研究表明这种矛盾十分难处理，一方面成员不了解管理层的作用，另一方面成员不愿意支付这一投入成本（Kasobov，2015）。然而在贝类养殖合作社，我们发现成员们充分认可管理团队所取得的成就，这是成员将现有团队的能力与过去已经离职的经理作比较而得出的结果。具体来说，这源于8年前在专业非执行董事的协助下对合作社和管理团队进行的一次全面的财务评估，这个评估是在合作社试图改变其商业环境的背景下进行的，尽管成员们最终选择不进行变革，但这件事却使得成员更为认可管理团队的财务评估能力。

> 这就像是非执行经理告诉我们："我知道你有一个长期的管理激励计划，但它一文不值。（受访者9，西海岸）
> 我们将合作社从农场转变为商业化组织，接受良好的外部管理，改变经营战略，改变业务目标，同时有长期激励计划资助社员。对于

合作型企业来说，这是相当革命性的变革。（受访者6，北部岛屿）

我们对管理团队都有非常高的评价。找到这些外聘的业务经理是十分困难的，因为存在很多需要权衡的利益者，包括大生产者、小生产者、客户、员工，确实需要一个特殊的人来平衡这么多的因素。（受访者1，董事会成员）

受访者还表明了近年来理事会在解决各种困难、处理成员关系等问题方面做出的重大贡献。总而言之，我们发现合作社虽然只有20个成员，其中绝大多数已经入社十多年。但是在合作社内部，成员之间利益和经营目标仍然存在着相当大的异质性，甚至社员和管理层之间也存在不同的利益分割。理事会成员似乎试图利用他们个人的社会资本（例如人际关系技巧和能力）来处理这些紧张局势。然而，合作社成员间内部关系确实存在一些问题，信任的问题在成熟稳定的合作社中依然不可避免。

（二）合作社的知识类型与知识流动

第二个研究的问题包括受访者认为在合作社工作需要了解哪些知识？在合作社中的学习过程是怎样的？以及如何在合作社内对学到的知识加以运用？通过我们的分析，发现可以分为3种类型的知识：生产专业知识、商业专业知识和合作社内部共识。

1. 生产专业知识

合作社成员表达了关于生产专业知识在合作社的运用情况，这些知识被用在所有需要生产技术的环节，包括从生产、收获到分配贝类，从选址、维护到洗涤及送往工厂前的分级工作。生产专业知识是任何合作社都需要涉及的一个基本领域，没有必要的技术来指导生产一定数量和质量的产品，联合就失去了意义。贝类养殖合作社的特殊之处在于，这些生产专业知识在很大程度上是由经验丰富的成员自主收集获得，而不是通过正式的课程或培训获得。受访者解释说，这是因为贝类养殖是一个年轻且高度专业化的行业，从20世纪90年代初期发展到现在，贝类养殖合作社的成员几乎都是从头开始的，他们大都是从不相关的工作（例如建设）或相关行业（捕鱼、鲑鱼养殖）转业过来的。因此，生产专业知识获取严重依赖于经验。

> 这是一个向别人、向专业文献学习的过程。刚刚开始养殖贝类时，我去新西兰待了一个月，花了几天时间和新西兰的贻贝农民在一起交流。（受访者7，北部岛屿）

> 大多数人是通过一些贸易新闻，或者只是简单的通过互联网搜索，包括视频、片段的剪辑等获得生产专业知识。养殖绳索制造商会附带发送使用教程DVD，那都是在新西兰、西班牙、法国、智利这些地方拍摄的。（受访者4，北部岛屿）

贝类养殖合作社成员的生产专业知识的形成类似于Sligo和Massey（2007）提到的新西兰奶农利用外部网络积极进行环境搜寻而学习。然而有趣的是，受访者却表明合作社成员之间很少分享生产知识。虽然在地理位置较近的成员之间确实进行过双边交流，临时的季节性工作人员也会在合作社分享一些技术，但是个别成员的小规模试验的经验似乎没有被广泛分享。到目前为止，理事会和管理团队都没有提供正式的平台来鼓励内部生产专业知识的交流。虽然近年来，在股东周年大会上设置了专门的"成员交流会议"，但社员和管理层仅仅是参与了某个论坛（讨论价格和收益的问题）而已，而没有进行生产经验和专业知识的交流。

2. 商业专业知识

第二类知识是商业专业知识，主要是指为了使合作社作为一个商业实体在市场上成功竞争，成员及管理者所需要了解的一些知识，包括商业战略、财务和营销知识。集体行动的发起者（Kasobov，2015）可以忽视这种知识，尤其是那些具有社会或环境责任的个体，因为商业专业知识是逐利的，这似乎与他们的理论目标相对立。我们认为，任何依赖外部环境产生收入的农村合作者，例如游客、零售商、政府代理机构等都需要这种形式的专业知识。从受访者对贝类养殖合作社历史发展状况的描述得知，合作社通过任命现任的管理团队而获得了商业专业知识，并成功将其内部化。他们拥有的这些商业专业知识来源于这几十年间在企业从事管理工作的经验。除此之外我们还了解到，在8年前的评估期间，理事会在会计管理和系统控制方面进行了严格的学习，其中在这方面有特殊技能的非执行董事更是帮助合作社开发出缜密的监督系统来对财务状况进行控制。因此，在商业专业领域，外聘的管理团队在贝类养殖合作社中发挥了重要作用，Ortiz-Miranda 等（2010 年）也发现，现任与前任理事长的相关技能也十分重要，正是因为他们做到了人尽其才，才做出了这些正确的用人决策。关于合作社内部如何使用和分享商业专业知识，我们观察到一个有趣的现象，许多成员都表示这些知识理所当然需要合作社管理团队来学习，而他们没有自主学习这方面知识的意愿。受访者认为管理团队在商业知识上的专业性能使他们更专注于农业生产活动。

> 交给合作社的好处就在于省心，它们会统一租赁货车来装运收获的贝类。所以我们只需要把收好的贝类放在地上，等车来了装箱，关上车门，填写表格，这一切就都完成了。（受访者 11，西海岸）

然而这并不代表合作社成员没有获得过商业专业知识。所有成员都可以将一部分产出出售给本地直销或其他非竞争性市场，这是有增长目标的成员所努力的方向，合作社会为这些人提供发展和经营自己的业务的机会和技能。此外，所有成员都有很多机会参观相关工厂，与销售团队进行交流，查看产品测试流程等。不过对于那些有这种追求的社员来说，即使是商业专业知识，也不是以正式的方式获取的。

3. 合作社内部共识

第三类是合作社内部共识，它是指所有社员都需要知道的合作社运营惯例。我们认为这是所有知识中最重要的一个，但却常常被大家所忽略。它包括两个方面的含义，具体还是用贝类养殖合作社的例子加以解释说明。首先，合作社应该让理事会来负责合作社的规则制度制定，这要求理事会有固定合作规则和正式的章程。贝类养殖合作社的做法是任命一名在法律制度与管理领域拥有专业知识的非执行董事作为顾问。自 20 世纪 90 年代中期以来，非执行董事就与合作社进行了长期合作，与合作社形成了密切的联系，他给出的规则和程序性建议在合作社面临不确定时有很大的帮助。其次，合作社要有高度统一的默认价值观，该价值观包括成员对于个人利益与集体利益的看法，以及对其他成员责任关系的看法。现有文献中社会资本的概念不能描述这种知识，这既不能用合作社的嵌入性来表达，也不能用个人技能来描述。不过我们在贝类养殖合作社确实找到了很多该类相关知识的证据。例如在2013年夏季苏格兰周边水藻爆发期间，贝类面临受毒素污染的风险，受灾的7周内只有一名成员进行了收获，这位成员单枪匹马周周不停歇地工作，耗尽自己所有库存才使管理层能够履行之前与超市供应合同的销售量。除了这个例子之外，其他受访者都表示他们十分认同的合作社利益优先的思想，并认为这对于整个合作社的可持续发展有十分重要的作用。

> 你需要有共同合作的意愿并以大局为重，在北部岛屿有几个独立人士，谁也没有加入合作社的意图，因为他们不喜欢一起工作，他们喜欢做自己的事情。（受访者7，北部岛屿）

> 这需要一个聪明的养殖者，因为你必须'打败'你脑中的一些私人利益，那就是想要最好的价格，出去获得更好的交易的思想。贪婪会激励人们走出这个合作环境，他们认为自己可以得到更好的东西。（受访者5，北部岛屿）

> 如果你对成员说，"看，我需要你这样做"，他会在星期天早上起床去做。而如果外部供应商来联系他，那么他可能会在星期二才行动。（受访者2，董事会成员）

> 养殖者必须学会适应集体，他们必须要知道，他们是合作社的一部分。如果合作社发展不好，对他们来说后果也不乐观。成员对自我利益和团体利益之间会不断进行平衡。（受访者1，董事会成员）

这类知识的获得主要依靠经验传递或成员间传播。许多受访者表示，在加入贝类养殖合作社之前，他们至少花了几年时间尝试独立销售贝类。所有受访者都称这是极具挑战性的，这是因为批发商和买家经常在短时间内更改或终止采购协议，导致受访者需要支付无法承受的时间和金钱成本。对于这些成员来说，尽管仍然存在一些内部矛盾，独立交易的艰难经历有助于解释他们集体利益至上的心态及对其他成员的责任。同时，受访者谈到在其他国家和其他水产养殖部门（如鲑鱼养殖）的反例，他们没有进行合作或选择退社经营。然而并不是所有社员都能达成独立养殖存在风险与负面效应这种共识，于是理事会面临这样一个问题，即如何知道入社申请人是否认同这种观点？社员价值观只能通过长期经验才能判断。贝类养殖合作社通过试点方法解决了这个问题：新成员首先向理事会提交入社申请，然后经过一段时间的观察和审核，理事会有权决定该申请人最终的去留（本规则是根据有专业知识的非执行董事的意见制定）。通过这种方式，理事会可以确定申请人在多大程度上对合作社共有价值观予以认同。贝类养殖合作社的做法让人联想起 Huggins（2000）描述的网络协会成功的案例，即给成员工作审核期，这使得成员们能够在退会之前制定一个相互认同的合作规则。

六　讨论

本研究的出发点是分析社会网络与合作对农村地区发展的促进作用，尤其是对于成员之间知识交流的促进作用。然而现有研究对于嵌入性和社会资本概念的界定较为狭隘化。通过对生产合作社的内部关系和知识交流的考察，我们给出了嵌入性概念更为扩大化的解释，也发现了一种尚未被提出的社会资本类型。

首先，在嵌入性方面，相关文献均表明集体行动的发展轨迹是由它们所嵌入的社会环境，即社会结构、规范和惯例决定的。个体倾向于更多关注本区域内的社会环境，所以农村地区的合作更容易产生"过度嵌入"效应，即由于长期稳定的人际关系，社区内部的强大联系可能导致成员缺乏创新思维和外部知识（Atterton，2007；Ring et al.，2009）。在研究中，我们发现贝类养殖合作社的发展有不一样的情况。贝类养殖合作社的成员分散在广泛的地理区域，尽管成员人数趋于成熟稳定，可是合作社的发展并不是由当地的社会关系驱使的。相反，我们认为解释该合作社发展的重要因素是行业因素。贝类养殖在英国是一个相对较年轻的行业，高风险高收益并存，与其他大多数农业部门相比，该行业还得到了相关机构、金融和科研基地的支持。被该行业吸引的人通常是来自其他行业的创业者，这类人群拥有高度的自主权。在这种背景下，贝类养殖者自主解决问题的能力得到了进一步培养与提升，他们以相对固定的方式独自获取生产知识。因此，该行业的行为习惯不利于成员之间的经验分享，分隔的地理条件更是不利于该合作社内部知识共享。而在生产的薄弱环节又需要与外部成员进行沟通，此时参与外部沟通的成员都被称为活跃的"边界跨越者"（Oreszczyn et al., 2010; Wellbrock et al., 2013），尽管存在一些非正式性的外部交流，可是由于合作社内部的稳定性，这种跨边界行为发生的频率就相对较低。因此，贝类养殖合作社的经验挑战了嵌入式合作的一些假设：（1）地域因素不是影响成员内部关系及学习过程的唯一因素，行业背景也可能很重要。（2）"过度嵌入"不是对内部合作关系构成挑战的唯一因素，内部成员的异质性也可能会对合作关系产生挑战。同时，领导者丰富的社会资本与个人能力有利于缓解"过度嵌入"效应。总体而言，农村地区的小型合作组织本质上是存在异质性的（Atterton, 2007; Laschewski et al., 2002; Kalantaridis & Bika, 2006），因此除了嵌入性外，研究者在解释动态合作过程时还应该考虑其他结构性变动因素。

其次，在社会资本方面，现有文献指出，社会关系较为紧密的合作组织认为要拥有自己的"软平台"（Atterton, 2007; Ring et al., 2009），行动者之间的关系应该是和谐一致的，不协调的成员关系会导致合作产生问题。贝类养殖合作社十年来发展迅速，人们认为合作社内部的成员关系应该是十分和谐一致的。但我们发现合作社内部仍存在一些利益冲突，包括基于成员地理位置（北部岛屿与西海岸）的生产目标差异、经营规模、增长潜力的差异等。这一发现符合 Hudson（1999）和 Laschewski 等（2002）的观点，成员有共同利益并不意味着微观上不存在差异性，因此不应该排斥成员异质性的存在。事实上，成员利益适度多样化对合作组织发展是有益的，这可以在一定程度上防止过度自我主义。但如果内部关系过于紧张，管理者可能会对其失去控制，那么贝类养殖合作社如何把握好这个度呢？既然成员利益并不是完全一致的，成员间的互动也不是频繁深入的，那么该合作社的社会资本如何体现的呢？关键成员的社会资本是十分重要的（Proctor et al., 2012; Klerkx & Proctor, 2013），历任理事长为了与理事会成员保持稳定的关系，会经常与成员进行电话联系，并在必要时前往成员家里进行交谈。此外，理事会在面临不同社员利益冲突时要保持客观公正，贝类养殖合作社的理事会本身就由不同规模、不同地域的社员组成，并通过公开投票的方式获得社员认同。同时，我们提出了"合作社默认共识"的概念，根据合作社成员的表述反映出的成员价值观比较一致，大家都认为长期合作带来的盈利要远远高于自立营销，他们对合作社的管理都是十分信任的。我们发现这种内部共识让人联想到 Weick 和 Robert（1993）提出的基于成员间身份识别的信任（Borgen，2001），成员普遍认为独立经营是不理性的。因此我们提出，合作社内部共识是社会资本中一个未经考证的领域，它可以通过组织内部信任关系来维持，并通过合作形式的约束来实现。总的来说，高度一致的成员利益并不是有效合作的必要条件，关键成员的个人技能会加强合作关系，成员共同拥有的集体导向价值观会对合作关系产生积极影响。

最后，我们讨论合作社内部的知识流动及其与合作关系的内在联系。在现有文献中，知识通常被认为是社会关系中的流动资源（Lawson & Lorenz，1999；Borgen，2001；Johanisson et al.，2002），比如前文中提到的生产专业知识。然而其他研究（例如 Proctor et al.，2012）强调，一些知识（特别是合作社内部共识）是通过成员之间的互动在现场创造出来的，这些知识是联系代际成员关系的纽带。很明显商业专业知识在贝类养殖合作社发挥了上述作用，即所有成员都默许学习商业专业知识存在极大的成本，同时他们对合作社外聘管理团队的商业专业知识表示强烈的赞许。Kasobov（2015）表明，贝类养殖的行业结构特征使新进入者面临着独立交易的成本。我们在贝类养殖合作社中发现生产专业专业知识是十分关键的，它本应在促进内部关系方面有很大的作用，但该合作社成员很少主动相互分享生产经验和技术，反而由于分隔的地理因素促进了自主探索能力的提升。然而合作社的管理人员需要处理生产、收获、销售等多方面的问题，更多的经验交流才有利于合理决策的提出，地理条件和行业特征阻碍了生产专业知识的交流共享。我们建议合作社的管理者充分发挥其领导能力，鼓励成员间进行更多的经验技术分享，可以通过举办各种活动、研讨会、访问以促进成员间的远程通信。

七　结论

政策研究者十分鼓励农村地区进行不同形式的合作，农村社会学和小型网络组织的现有研究提出了合作社存在诸多的好处。通过研究成员和管理层在合作社中的相互关系，我们揭示了这种社会关系是如何对知识和学习的类型产生影响的。我们对现有研究做出了三个方面的贡献。第一，创造性地提出了三种知识类型，扩大了对农村合作知识的理解范围。尽管生产专业知识是最能促进合作社效率提升的，但是其他类型的知识仍然不可忽视。第二，提出"过度嵌入"不是影响合作关系的唯一因素。第三，我们对社会资本的概念进行了创造性的研究，提出了"合作社默认共识"作为社会资本的一个新领域。它不同于社交技能层面的个人资本，也不同于人际关系层面的社会资本。

未来研究方向上，我们虽然提出"合作社默认共识"也适用于生产合作社之外的其他农村合作组织，但是对于更为宽松的存在形式还应进一步探索，即是否在成员类型更复杂的合作组织（例如由农民、开发商、保存者等组成的地方发展联盟）中表现更加明显。部门规范是生产合作社中成员行为强有力的解释因素，未来的研究可以聚焦于部门文化在其他形式的农村合作中发挥的作用。

参考文献

Atterton, J., 2007. "The 'Strength of Weak Ties': Social Networking by Business Owners in the Highlands and Islands of Scotland." *Sociologia Ruralis*, 47 (3): 229 – 245.

Bijman, J., Iliopoulos, C., Poppe, K., Gijselinckx, C., Hagedorn, K., Hanisch, M., Hendrikse, G., Kuhl, R., Ollila, P., Pyykkoonen, P., van Der Sangen, G. 2012. *Support for Farmers' Cooperatives: Final Report*. European Commission, Brussels.

Boone, C., Oozcan, S. 2014. "Why Do Cooperatives Emerge in a World Dominated by Corporations? The Diffusion of Cooperative in the U. S. Bio-Ethanol Industry, 1978 – 2013." *Academy of Management*, 57 (4): 990 – 1012.

Borgen, S. O. 2001. "Identification as a Trust-generating Mechanism in Cooperatives." *Annals of Public & Cooperative Economics*, 72 (2): 209 – 228.

Brunori, G., Rossi, A. 2000. "Synergy and Coherence through Collective Action: Some Insights from Wine Routes in Tuscany." *Sociologia Ruralis*, 40 (4): 409 – 423.

Brunori, G., Rossi, A. 2007. "Differentiating Countryside: Social Representations and Governance Patterns in Rural Areas with High Social Density: The Case of Chianti, Italy." *Jounal of Rural Study*, 23: 183 – 205.

Capello, R. 1999. "Spatial Transfer of Knowledge in High Technology Milieu: Learning Versus Collective Learning Processes." *Regional Study*, 33 (4): 353 – 365.

CEC. 2011. *Regulation of the European Parliament and of the Council on Support for Rural Development by the European Agriculture Fund for Rural Development*. European Commission, Brussels.

CEC. 2015a. *Factsheet on 2014 – 2020 Rural Development Programme of England (U)*. European Commission, Brussels.

CEC. 2015b. *Factsheet on 2014 – 2020 Rural Development Programme for Scotland (UK)*. European Commission, Brussels.

Chaddad, F., Iliopoulos, C. 2013. "Control Rights, Governance and the Costs of Ownership in Agricultural Cooperatives." *Agribusiness*, 29 (1): 3 – 22.

Cook, M., Chadded, F. 2004. "Redisigning Cooperative Boundaries: The Emergence of New Models." *American journal Agricultural. Economy*, 86: 1249 – 1253.

Cook, M. 1997. "Organisational Structure and Globalization: The Case of Useroriented Firms." in Nilsson, J., van Dijk, G. (eds.), *Agricultural Cooperatives in the Eu-ropean Union*. Trends and Issues on the Eve of the 21st Century. Van Gorum, Assen, Netherlands.

Dentoni, D., Menozzi, D., Capelli, M. G. 2012. "Group Heterogeneity and Cooperation on the Geographical Indication Regulation: The Case of the "Proscuitto di Parma" Consortium." *Food Policy*, 37: 207 – 216.

Emery, S. 2015. "Independence and Individualism: Conflated Values in Farmer Cooperation?" *Agricultural and Human Values*, 32: 47 – 61.

Fazzi, L. 2010. "Social Cooperatives and Social Farming in Italy." *Sociologia Ruralis*, 51 (2): 119 – 136.

Fisher, R. 2013. "'A Gentleman's Handshake': The Role of Social Capital and Trust in Trans Forming Information into Usable Knowledge." *Jounal of Rural Study*, 31: 13 – 22.

Franks, J., McGloin, A. 2007. "Environmental Cooperatives as Instruments for Delivering Across-farm Environmental and Rural Policy Objectives: Lessons for the UK." *Jounal of Rural Study*, 23: 472 – 489.

Goulet, F. 2013. "Narratives of Experience and Production of Knowledge within Farmers' Groups." *Jounal of Rural Study*, 32: 439 – 447.

Granovetter, M. 1973. "The Strength of Weak Ties American." *Journal of Sports Sociol*, 78 (6): 1360 – 1380.

Hamstreet, C. 2006. "Board and Cooperative Leadership that Invites Investment." *Journol Private Equity*m, 2: 131 – 138.

Hassanein, N., Kloppenburg, J. 1995. "Where the Grass Grows Again: Knowledge Exchange in the Sustainable Agriculture Movement." *Sociologia Ruralis*, 60 (4): 721 – 740.

Hassanein, N. 1999. *Changing the Way America Farms: Knowledge and Community in the Sustainable Agriculture Movement*. University of Nebraska Press.

Hudson, R. 1999. "The Learning Economy, the Learning Firm and the Learning Region: A SymPathetic Critique of the Limits to Learning." *European. Urban Regional Study*, 6 (1): 59 – 72.

Huggins, R., 2000. "The Success and Failure of Policy-implanted Inter-firm Network Initiatives: Motivations, Processes and Structure. Entrepreneursh." *Reginal Development*, 12: 111 – 135.

Ingram, J. 2008. "Agronomist-farmer Knowledge Encounters: An Analysis of Knowledge Exchange in the Context of Best Management Practices in England." *Agricutural and Human Values*, 25: 405 – 418.

Jack, S. 2005. "The Role, Use and Activation of Strong and Weak Network Ties: A Qualitative Analysis." *Jounal for East European Management Study*, 42 (6): 1233 – 1259.

Johannisson, B., Ramirez-Pasillas, M., Karlsson, G. 2002. "The Institutional Embe Ddedness of Local Inter-firm Networks: A Leverage for Business Creation." *Entrepreneursh Reginal Development*, 14 (4): 297 – 315.

Kalantaridis, C., Bika, Z. 2006. "Local Embeddedness and Rural Entrepreneurship: Case-Study Evidence from Cumbria, England." *Environmental Planning*, A 38: 1561 – 1579.

Kasobov, E. 2015. *Investigating Difficulties and Failure in Early-stage Rural Co-operatives through a Social Capital lens. European*. Urban Regional Study, http://dx.doi.org/10.1177/0969776415587121.

Klerkx, L., Proctor, A. 2013. "Beyond Fragmentation and Disconnect: Networks for Knowledge Exchange in the English Land Management Advisory System." *Land Use Policy*, 30: 13 – 24.

Laschewski, L., Phillipson, J., Gorton, M. 2002. "The Facilitation and Formalisation of Small Business Networks: Evidence from the North East of England." *Environmental Planning* C Gov. Policy, 20: 375 – 391.

Lawson, C., Lorenz, E. 1999. "Collective Learning, Tacit Knowledge and Regional Innovative capacity." *Regional Study*, 33 (4): 305 – 317.

Lorendahl, B. 1996. "New Cooperatives and Local Development: A Study of Six Cases in Jaamtland, Sweden." *Jounal of Rural Study*, 12 (2): 143 – 150.

Marsden, T. 1998. "New Rural Territories: Regulating the Differentiated Rural Spaces." *Jounal of Rural Study*, 14 (1): 107 – 117.

Mooney, P. 2004. "Democratizing Rural Economy: Institutional Friction, Sustainable Struggle and the Cooperative Movement." *Rural Sociology*, 69 (1): 76 – 98.

Morgan, K., 1995. *The Learning Region: Institutions, Innovation and Regional Renewal*. In: Papers in Planning Research No. 157. Department of City and Regional Planning, University of Wales, Cardiff.

Murdoch, J. 2000. "Networks a new Paradigm of Rural Development?" *Jounal of Rural Study*, 16: 407 – 419.

Oreszczyn, S., Lane, A., Carr, S. 2010. "The Role of Networks of Practice and Webs of Influencers on Farmers' Engagement with and Learning about Agricultural Innovations." *Jounal of Rural Study*, 26: 404 – 417.

Ortiz-Miranda, D., Moreno-Pe rez, O., Moragues-Faus, A. 2010. "Innovative Strategies of Agricultural Cooperatives in the Framework of the New Rural Development Paradigms: The Case of the Region of Valencia (Spain)." *Environmental Planning*, 42: 661 – 677.

Phyne, J., Hovgaard, G., Hansen, G. 2006. "Norwegian Salmon Goes to Market: The Case of the Austevoll Seafood Cluster." *Jounal of Rural Study*, 22: 190 – 204.

Polanyi, M. 1966. *The Tacit Dimension*. University of Chicago Press.

Proctor, A., Donaldson, A., Phillipson, J., Lowe, P. 2012. "Field Expertise in Rural Land Management." *Environmental Planning*, 44: 1696 – 1711.

Putnam 2000. *Bowling Alone the Collapse and Revival of the American Community*. Simon and Schuster, New York.

Ray, C. . 1999. "Endogenous Development in the Era of Reflexive Modernity." *Jounal of Rural Study*, 15 (3): 257 – 267.

Ring, J., Peredo, A., Chrisman, J. 2009. "Business Networks and Economic Development in Rural Communities in the United States. Entrepreneursh." *Theory Practice*, 34 (1): 171 – 195.

Sligo, F. X., Massey, C. 2007. "Risk, Trust and Knowledge Networks in Farmers' Learning." *Jounal of Rural Study*, 23: 170 – 182.

Stock, P., Forney, J., Emery, S., Wittman, H. 2014. Neoliberal Natures on the Farm: Farmer Autonomy and Cooperation in Comparative Perspective." *Jounal of Rural Study*,

36: 411-422.

Taylor, B. 2010. "Between Argument and Coercion: Social Coordination in Rural Environmental governance." *Jounal of Rural Study*, 26: 383-393.

Torre, A. 2006. "Collective Action, Governance Structure and Organizational Trust in Localized Systems of Production. The Case of the AOC Organization of Small Producers." *Entrepreneursh Reginal Development*, 18: 55-72.

Tregear, A., Arfini, F., Belletti, G., Marescotti, A. 2007. "Regional Foods and Rural Development: The Role of Product Qualification." *Jounal of Rural Study*, 23 (1): 12-22.

Varamaki, E., Versalainen, J. 2003. "Modelling Different Types of Multilateral Operation Between SMEs." *Entrepreneursh. Reginal Development*, 15: 27-47.

Wellbrock, W., Roep, D., Mahon, M., Kairyte, E., Nienaber, B., Dominguez García, M. D., Kriszan, M., Farrell, M. 2013. "Arranging Support to Unfold Collaborative Modes of Governance in Rural Areas." *Jounal of Rural Study*, 32: 420-429.

Embeddedness, Social Capital and Learning in Rural Areas: The Case of Scotland Producer Cooperatives

Angela Tregear Sarah Cooper

Abstract: To pursue development goals, policymakers and scholars alike have proposed that actors in rural areas may usefully engage in collective actions, e. g. by forming community groups, producer associations or multi-actor networks. One proposed benefit of such collaborations is the enhanced knowledge exchange and learning which may be created, and in the literature the dynamics of this are often explained via the concepts of embeddedness and/or social capital. To date however, studies tend towards a somewhat narrow, territorial, interpretation of these concepts, with the result that current understanding of how collaborations and learning evolve between rural actors is rather constrained. This paper aims to explore a broader interpretation of these concepts, through case analysis of a producer cooperative in the Scottish shellfish sector. In the case, the realities of member and management relations are revealed, along with the types of knowledge generated and the processes by which these are, or are not, shared between actors. In terms of embeddedness, our analysis reveals that, rather than the local community context which tends to dominate the literature, it is sectoral norms and habits which shape actor relations and learning most significantly in this case. In terms of social capital, we identify that tension-fuelled social relations are not in themselves a barrier to collaboration, again in contrast to existing claims, particularly where key actors have appropriate interpersonal skills, and where a values-based mindset ("cooperative know-how") is held in common. The findings therefore challenge popular assumptions about how embeddedness and social capital shape collective action and learning in rural areas, and illustrate the value of interpreting these concepts more expansively.

Key words: small firms; networks; knowledge exchange; collaboration; producer cooperatives

投稿者须知

一 本刊组稿要求

1. 注重学术价值：要求论文具有较高的学术水准，拒绝常识性的、教科书式或政策文本式的描述。

2. 注重实践意义：要求论文选题前沿，理论联系实际，对政策制定和实践发展具有一定的参考。

3. 注重写作规范：要求论文采用规范的经济学或管理学研究方法进行语言表述，主题明确、结构清晰、文字顺畅。

二 投稿

1. 稿件强调首发。所有来稿均须在文章首页以脚注形式注明是否在其他刊物或媒体（包括自媒体）上公开发表过。

2. 稿件篇幅一般不低于1万字，言之有物、言之有理的文章可以不限篇幅。

3. 稿件应附有规范的中英文对照的标题、作者姓名、单位及中英文摘要及关键词。

4. 稿件应在首页以脚注形式注明作者中文姓名、工作单位、学位、职务或职称、研究方向、通信地址、邮政编号、联系电话（宅电、单位电话、手机）、电子邮箱等。

5. 附件使用Office系统Word软件A4排版，字号为五号宋体，行间距20磅。要求：文字和图表字迹清晰，公式表达规范（复杂公式须用公式编辑器编辑），数据准确，图表内文字应以中文为主。

三 文内格式

1. 论文题目（即一级标题）：黑体三号。

2. 作者及作者单位：楷体小四号格式，作者人数原则上不超过三人。

3. 内容摘要：楷体五号格式，原则上不超过300字。

4. 关键词：楷体五号格式，原则上不超过五个。

5. 正文：全文由宋体五号、20磅行距排版书写。其中，二级标题以黑体四号字排版，题头空两格，标题序号以汉字书写（即"一、"）；三级标题以宋体四号字排版，标题序号以括号加汉字数字书写（即"（一）"）；四级标题楷体小四号字排版，标题序号以阿拉伯数字1~9书写（即"1."）；五级标题以宋体五号加粗排版，标题序号以括号加阿拉伯数字书写（即"（1）"）。无特殊情况，不出现五级以下的标题。

四　参考文献

1. 参考文献附于正文之后，所列文献应与文内相对应。

2. 文献格式一般为：作者. 发表时间. 文章名（书名）. 期刊名（出版社），卷期数。

3. 引用参考文献时应在括号内按姓名、年份的顺序注明该文献，如（科斯，1946）。如同一年份中有一个以上文献，可在年份后加 a、b、c……如正文中已有作者名字，括号内可以仅注明年份。

五　审稿

本刊实行匿名审稿制度，通过编辑部初审的论文，我们将请专家以公正和客观的态度审阅您的稿件。稿件一经评审通过即通知作者本人。文章表发后按作者数量寄送样刊若干。

热忱欢迎国内外学者踊跃投稿！稿件请发至电子邮箱：zghzjjpl@126.com。

《中国合作经济评论》编辑部

图书在版编目(CIP)数据

中国合作经济评论. 2017年第2期:总第2期/孔祥智主编. -- 北京:社会科学文献出版社,2017.10
ISBN 978-7-5201-1576-6

Ⅰ.①中… Ⅱ.①孔… Ⅲ.①中国经济-合作经济-研究 Ⅳ.①F121.24

中国版本图书馆CIP数据核字(2017)第250353号

中国合作经济评论　2017年第2期(总第2期)

主　　　编/孔祥智
副　主　编/陈卫平　钟　真　谭智心　毛　飞
本期执行主编/钟　真

出　版　人/谢寿光
项目统筹/蔡继辉
责任编辑/张艳丽

出　　版/社会科学文献出版社·皮书研究院(010)59367092
　　　　　地址:北京市北三环中路甲29号院华龙大厦　邮编:100029
　　　　　网址:www.ssap.com.cn
发　　行/市场营销中心(010)59367081　59367018
印　　装/三河市东方印刷有限公司

规　　格/开　本:787mm×1092mm　1/16
　　　　　印　张:18.75　字　数:288千字
版　　次/2017年10月第1版　2017年10月第1次印刷
书　　号/ISBN 978-7-5201-1576-6
定　　价/69.00元

本书如有印装质量问题,请与读者服务中心(010-59367028)联系

▲ 版权所有 翻印必究